MADAGASCAR

ET

LES HOVA

DESCRIPTION — ORGANISATION HISTOIRE

PAR

J.-B. PIOLET

ANCIEN MISSIONNAIRE

Avec une Carte en couleur par le P. ROBLET

PARIS

LIBRAIRIE CH. DELAGRAVE

15, RUE SOUFFLOT, 15

MADAGASCAR

ET

LES HOVA

DU MÊME AUTEUR :

MADAGASCAR, *l'Ile et ses Habitants*.
1 fort volume in-18 jésus (Challamel).

MADAGASCAR

ET

LES HOVA

DESCRIPTION — ORGANISATION
HISTOIRE

PAR

J.-B. PIOLET

Ancien Missionnaire.

Avec une Carte en couleur par le P. ROBLET

PARIS

LIBRAIRIE CHARLES DELAGRAVE

15, RUE SOUFFLOT, 15

—

1895

PRÉFACE

Parmi les diverses tribus ou peuplades, qui habitent Madagascar et que l'on désigne sous le nom générique de *Malgaches :* Sakalava, Bara, Betsileo, Betsimisaraka, etc., il en est une qui, par sa situation et, surtout, par ses prétentions, mérite une étude à part, c'est celle des Hova[1]. Établis dans la province d'Imerina, au centre même de la grande île africaine, à peu près complètement maîtres du pays des Betsileo au sud et de celui des Betsimisaraka à l'est; occupant, par des gouverneurs et de petites garnisons, quelques autres postes à l'intérieur et tous les points importants des côtes, les Hova ont été depuis longtemps reconnus par les Anglais comme les souverains de l'île entière, et enfin, acceptés comme tels par la France dans

[1]. Le mot de *Hova* est un terme impropre, employé dans un tout autre sens à Madagascar. Dans le langage courant de Tananarivo, en effet, il veut dire : gens du peuple, roturiers, par opposition aux castes nobles ou Andriana, et appeler Hova un membre de la noblesse, serait lui faire une véritable injure. C'est *Ambaniandro* (sous le jour) qu'il faudrait dire, ou bien, terme de mépris fréquemment employé, *Amboalambo* (chiens, porcs). Mais puisque l'usage a consacré parmi nous le mot de *Hova*, le mieux est de le conserver.

le funeste traité de 1885. En fait, ils ne possèdent pas la moitié de l'île, mais ils prétendent bien en être les uniques souverains et ne souffrir aucun concurrent, à plus forte raison, aucun dominateur ou protecteur.

Ce sont donc nos adversaires en apparence résolus d'aujourd'hui; ceux que nos soldats vont combattre et soumettre. Mais ce seront nos subordonnés et nos auxiliaires de demain, d'autant plus utiles et plus précieux que nous saurons mieux nous en servir, et par conséquent, que nous les aurons mieux étudiés et les connaîtrons davantage. Il ne saurait donc être sans intérêt de se demander qui sont ces Hova, quel est leur pays, leur langue, leur nombre, leur puissance; d'étudier leurs mœurs, leur organisation, leurs coutumes, leurs qualités et leurs défauts, leur armée et leur gouvernement, leur organisation intérieure et leur histoire; de se rendre compte de leurs aspirations, de leurs aptitudes, de leurs ressources et de pressentir leur avenir.

C'est ce que j'ai voulu essayer de faire. Après une première étude nécessairement plus courte et plus rapide, sur *Madagascar et ses Habitants*[1], j'ai repris le même travail sur les Hova. Comme pour le premier volume, je me suis entouré pour celui-ci de toutes les précautions nécessaires pour en faire un livre sérieux et utile. J'ai vu beaucoup des choses que je raconte; j'en ai puisé beaucoup d'autres dans un livre précieux entre tous et pas assez connu, *Vingt ans à Madagascar* du Père Abinal,

---

1. Aug. Challamel, éditeur, 5, rue Jacob. In-18 jésus.

complété et édité par le Père de La Vaissière; j'ai consulté aussi avec profit M. Martineau, *Madagascar en 1894*,
Pasfield Oliver, Foucard, etc.; enfin, je me suis renseigné, pour mille détails, auprès des hommes les plus com-
pétents dans les choses de Madagascar, les mêmes du reste
qui m'avaient si bienveillamment aidé dans mon premier
travail : M. Grandidier, M. Le Myre de Vilers, M. Ranchot,
M. Jully, l'amiral Miot, M. Suberbie, le Rév. Père Colin et
plusieurs autres.

A ceux-là et à tous ceux que je ne nomme pas, mes
plus sincères remerciements et l'hommage de ma plus
vive reconnaissance.

Puisse ce second travail, comme le premier, atteindre
le but pour lequel je l'ai écrit, toujours avec intérêt,
souvent avec amour et passion, c'est-à-dire faire connaître, apprécier, aimer en France la grande île africaine
où nous avons une si noble mission de civilisation chré-
tienne à remplir.

Paris, 12 février 1895.

N. B. — 1º Pour les noms propres, j'emploierai fidèlement l'or-
thographe malgache. On pourra, pour la prononciation, se servir des
remarques suivantes :

L'*e* n'est jamais muet, et se prononce comme notre *é*.

L'*o* se prononce toujours *ou*; ex. zoma, vendredi, pr. *zouma*.

La lettre *s* est toujours dure; ex. *sy* et *sikajy*, pièce de monnaie.

De même la lettre *g*; ex. gidro, espèce de maque, pr. *guidro*.

Le *j* se prononce *dz*; filanjana, chaise à porteur; pr. *filandzana*.

L'accent est fortement marqué; il est ordinairement sur la syllabe
racine; ex. Radàma.

La dernière syllabe des mots est très faiblement prononcée, et absolument nulle dans les terminaisons *ka*, *na*, *tra*, et même dans toutes les terminaisons en *a*. Radama, hova, lavitra (loin), pr. Radàmé, houve, làvitre.

2° Si l'on désire avoir une carte pour la lecture de ce livre, on consultera avec profit :

1) La grande carte de Madagascar du Rév. Père Roblet, au 1/1,000,000, chez Barrère ;

2) La carte au 1/2,500,000, publiée chez Barrère ;

3) La carte de M. Hansen au 1/3,500,000, chez Challamel ;

4) Enfin, la carte de l'Imerina dressée par le Rév. Père Roblet et M. Grandidier au 1/200,000.

MADAGASCAR

ET

LES HOVA

CHAPITRE PREMIER

L'IMERINA

I

SITUATION ET APPARENCE

La province de l'Imerina que l'on appelle également l'Ankova (pays des Hova) était déjà connue de Flacourt[1], mais sous un autre nom, celui de Vohitsangombe[2]. « Depuis la baie d'Antongil, dit en effet le vieil historien, le plus exact et le plus riche en renseignements de tous ceux qui ont écrit sur Madagascar, en venant vers le sud, tout le pays le long de la côte de la mer, a été découvert par les Français, jusqu'à la baie de Saint-Augustin, comme aussi toutes les terres qui sont par le milieu de l'île, depuis le pays des Vohitsangombe qui sont par le 19e degré d'icelle (approximativement la latitude de Tananarive) dont les provinces sont les Vohitsangombe (au centre), les Antsianaka (au nord) et l'Erindrane (ou pays des Betsileo, au sud). » Il décrit ensuite d'un mot l'état de ces contrées : « Ces pays, dit-il, sont en perpétuelle guerre les uns avec les autres, le tout pour s'entrevoler et enlever les bestiaux sous prétexte de vieilles querelles. Toutes ces provinces sont gouvernées par plusieurs tyranneaux. »

1. Vers la fin de la première moitié du xviie siècle,
2. Le mot Vohitsangombe ne se retrouverait-il pas dans celui de Vonizongobe, montagne des Vonizongo, province du nord-ouest de l'Imerina ?

Cela est en partie changé. Après plus de deux siècles de guerre, les Hova, alors une peuplade inconnue qu'il ne nomme même pas, se sont emparés de tout l'intérieur de l'île et y ont établi, en même temps, l'unité politique et une certaine unité d'administration. Mais on voit encore, de ces temps de désordre et de pillage, de nombreuses traces, par exemple, dans les fossés profonds qui défendaient jadis et entourent encore aujourd'hui les villages anciens, ou bien dans l'absence absolue de toute forêt que l'on brûlait impitoyablement afin d'éviter les surprises de l'ennemi.

Le pays des Vohitsangombe serait donc devenu l'Imerina d'aujourd'hui, un peu agrandie toutefois, car les Hova n'ont cessé d'avancer, tandis que leurs voisins, les Antsihanaka au nord et les Betsileo au sud, devaient continuellement reculer devant ceux qui furent leurs ennemis d'abord, pour devenir bientôt leurs conquérants et leurs maîtres.

A l'est seulement, la même chaîne de montagnes appelée Ambohitsimembe par Flacourt et connue maintenant sous le nom d'Ankay, forme, aujourd'hui comme alors, la limite naturelle de cette contrée.

Limites. — L'Imerina s'étend donc depuis les monts Ankay, à l'est, c'est-à-dire depuis le 45° 35' de longitude orientale, jusqu'au delà du lac Itasy, vers le 44° 20'; et, en latitude, depuis le pays des Antsihanaka (Ambaravarambato), un peu au sud du 18e degré, jusqu'au delà de Betafo et d'Antsirabe, au nord du 20e degré de latitude sud.

Etendue. — Évidemment ces limites ne sont ni bien déterminées, ni bien certaines, il n'y en a aucune de cette sorte à Madagascar, mais elles ne doivent pas s'éloigner beaucoup de la vérité; et l'Imerina aurait alors un peu moins de 200 kilomètres de longueur sur 150 kilomètres de large, c'est-à-dire aux environs de 30,000 kilomètres carrés, à peu près l'étendue de six départements français.

Aspect. — C'est une région montagneuse, comme tout le centre de la grande île, composée en grande partie de plateaux dénudés et de vallées parfois étroites et profondes, d'autres fois s'élargissant, surtout le long des fleuves, en plaines marécageuses.

Orographie. — L'altitude de l'Imerina dépasse généralement 1,200 mètres. Elle s'appuie à l'est sur la seconde arête faîtière, la chaîne de l'Ankay, et s'épanouit au sud en un immense massif très élevé, très accidenté, très riche en mines, le massif de l'Ankaratra.

C'est là que se trouve le sommet le plus élevé de l'île entière, le Tsiafajavona qui a près de 2,700 mètres d'élévation[1].

Hydrographie. — L'île est admirablement arrosée, traversée qu'elle est par une multitude de cours d'eau et parsemée d'un très grand nombre de lacs, dont quelques-uns sont fort remarquables, par exemple le splendide lac Itasy. En fait, chaque vallée a son ruisseau qui alimente d'innombrables rizières; chaque plaine, sa rivière ou son fleuve, et le système hydrographique de Madagascar est peut-être le plus riche et le plus complet qui existe.

De ses fleuves, je n'en citerai que trois : le Betsiboka et son affluent l'Ikopa, qui baignent toute la partie septentrionale de l'Imerina, et vont ensuite, après s'être réunis en dehors de ses limites, se jeter ensemble dans le canal de Mozambique, à Mojanga, et enfin, vers le sud, un tributaire du Tsiribihina, le Kitsamby, à qui se joignent une multitude de cours d'eau secondaires.

Ce dernier est accessible en canot jusqu'à 20 ou 25 lieues de l'Imerina, où son cours est interrompu par des rapides, mais il est peu connu. Il n'en est pas de même de l'Ikopa, le fleuve de Tananarive et de Mojanga, qui traverse la concession française des mines d'or de M. Suberbie, et sera le chemin de la future expédition française contre Madagascar. Révélée par le Père de La Vaissière, en 1884, parcourue depuis par bien des voyageurs, notamment par M. le Myre de Vilers quand il quitta Madagascar, en 1888, et le vicomte d'Anthoüard, cette route était soigneusement relevée, vers la fin de 1893, par le lieutenant-colonel de génie, le distingué M. de Beylié, en vue d'une expédition devenue dès lors inévitable.

II

CONDITIONS CLIMATÉRIQUES

Le climat de l'Imerina est meilleur et plus agréable que celui du reste de l'île. Il y fait moins chaud que sur les côtes et il y pleut moins souvent que sur le versant oriental.

La température minima, à l'observatoire de Tananarive, a été

1. Les autres sommets remarquables sont le Vodivato, nord-nord-est (1,594ᵐ), l'Ambatomala (1,871ᵐ), l'Angavokely (1,810ᵐ). (Cf. *Cosmos*, 4 août 1894, page 14.)

de 6°5 le 7 septembre 1892, et de 5°7 le 11 août 1891 ; tandis que le maximum était de 30°8 le 17 novembre 1891, et de 28°2 le 30 novembre 1892, donnant aussi une oscillation thermométrique de 23°5 en 1891, et de 21°7 en 1892.

La température moyenne, calculée sur les dix-sept dernières années, serait de 18 degrés.

D'un autre côté, les oscillations barométriques sont très légères, de quelques millimètres seulement. Ainsi, en 1891, elles ont été de 11mm87.

Il ne pleut que pendant la saison chaude, de novembre à mars ou avril. Mais alors ce sont de véritables trombes, ordinairement sous forme d'orages, qui se dissipent rapidement pour se reformer quelques heures après. Le tonnerre retentit épouvantable, répercuté dans les montagnes, la foudre éclate en maints endroits et l'eau, parfois mêlée de grêle, tombe par torrents, surtout en février où elle dure parfois plusieurs jours sans discontinuer. Alors toutes les rivières débordent et toutes les plaines deviennent de grands lacs.

La quantité moyenne d'eau calculée d'après quatre pluviomètres, situés à peu près aux quatre points cardinaux de Tananarive, était de 1,140mm en 1891, et le pluviomètre est donnait, le 7 mars, 94mm70. En 1892, la moyenne n'était que de 992mm, mais le pluviomètre est accusait pour le 2 février 107mm80.

Enfin le nombre de jours pluvieux a été de 90 en 1891, et de 91 en 1892, c'est-à-dire l'espace de trois mois; la vitesse maxima du vent a dépassé 46 kilomètres à l'heure en 1891, et presque atteint 63 kilomètres en 1892.

En dehors de ces temps de pluie, même pendant l'hiver, le ciel est magnifique, laissant bien loin derrière lui « le ciel bleu de la Provence », et l'horizon s'étend à perte de vue azuré, et magnifiquement éclairé par un soleil qui dore et embellit toutes choses, même des landes nues ou des ruines abandonnées. Parfois, on resterait assis des heures, simplement à regarder devant soi.

Mais ce beau soleil est très perfide aussi, vous tombant pendant deux ou trois mois perpendiculairement sur la tête, et malheur à l'Européen qui s'y exposerait sans être suffisamment protégé : il pourrait lui en coûter la vie. De plus, il est bien difficile de pouvoir travailler dehors depuis 10 ou 11 heures du matin jusqu'à 2 ou 3 heures du soir, tellement ardents sous ses rayons réfléchis par un sol brûlé, et je me souviens de telle promenade d'une heure ou deux où, malgré un épais parasol, j'étais littoralement épuisé,

incapable de faire 50 mètres sans en retomber de fatigue. Et tout
naturellement l'air ambiant est alors très sec, l'hygromètre de l'observatoire pouvant descendre jusqu'à 14 degrés (le 23 août 1892).

Les nuits sont peut-être encore plus belles que les jours, pures
et limpides, avec des milliers d'étoiles brillantes comme des
flambeaux, et une lune radieuse qui répand, elle aussi, des flots de
lumière.

Il semble qu'un tel pays, avec un climat aussi constant, sans
gelée et sans grandes chaleurs, devrait être très agréable à habiter,
en même temps que très sain. Et de fait, dans l'Imerina, il n'y a
pas, ou il n'y a que très peu, de ces innombrables maladies qui
menacent à tout instant notre vie ou la rendent parfois si pénible,
dans nos pays d'Europe : rhumes, rhumatismes, fluxions de poitrine,
bronchites, que sais-je encore? La lèpre et la petite vérole y règnent,
il est vrai, à l'état endémique; mais la première n'atteint qu'un
petit nombre de personnes dans des situations bien déterminées, et
il suffirait de quelques soins pour faire disparaître ou rendre
inoffensive la seconde. Quant à la phthisie, qui y a pénétré depuis
quelque temps, elle est encore loin d'y faire les mêmes ravages que
chez nous.

Mais il y a, surtout pour les étrangers, l'anémie, produit naturel
de ce climat énervant des tropiques, et je ne sais quelle usure qui
vous enlève une partie de vos forces, diminue votre énergie, va
parfois jusqu'à engourdir vos facultés. Avant tout, il y a, pour les
indigènes aussi bien que pour les étrangers, la fièvre, cette terrible
fièvre paludéenne, le général *tazo* de Radama Ier, sur lequel il
comptait avant tout, avec la forêt, pour défendre son pays contre
les Européens.

Ce serait une erreur, en effet, de croire que la fièvre ne règne
que sur les côtes. Elle y sévit plus qu'ailleurs, et surtout elle y est
plus dangereuse, y devenant plus facilement pernicieuse, tandis
que cela n'arrive que très rarement sur les hauts plateaux de
l'intérieur; mais elle existe partout, et, en particulier, elle existe
très bien dans les campagnes de l'Imerina, surtout sur le bord des
fleuves et dans le voisinage des grandes rizières. Il y en a moins
toutefois, à la capitale que dans les campagnes environnantes,
moins encore dans le sud, en particulier vers Ambositra, beaucoup
plus vers l'ouest. Elle commence avec la saison des pluies et dure
un peu plus longtemps, s'étendant depuis décembre ou janvier
jusqu'en mai. C'est même au commencement de la saison sèche,
c'est-à-dire vers le mois d'avril et le commencement du mois de mai,

qu'elle sévit le plus durement. Et il y a tel village de l'ouest,
Ambohibeloma par exemple, où j'habitais alors, où presque tout le
monde y passe. Les miasmes délétères qui engendrent la fièvre paludéenne, ou malaria, sont en partie neutralisés vers la fin des pluies
par l'épaisse couche d'eau qui couvre alors toutes les parties inférieures du sol : plaines inondées, rizières, lacs temporaires, etc.
Mais ces amas d'eau, disparaissant avec la cessation de la pluie et les
rizières étant en même temps moissonnées et desséchées, les boues
et les vases mises alors à découvert deviennent, avec les vapeurs
délétères qui s'en élèvent, de féconds générateurs de la malaria.
Enfin, tout changement de climat amène ordinairement la fièvre, et
ils sont bien rares les Européens, ou même les Malgaches, venant
de la côte, qui ne doivent pas payer ainsi leur tribu d'acclimatation.

III

RICHESSES NATURELLES ET PRODUCTIONS

Conditions géologiques. — Le terrain de l'Imerina, comme à
peu près celui de toute l'île, appartient au terrain primaire.
L'ossature en est de granit, avec des bancs de quartz, et le sol est
de l'argile rouge mélangée parfois de micaschiste et de gneiss et
recouverte çà et là dans les bas-fonds de légères couches d'humus.
Il y a eu, principalement au sud et au sud-ouest, des volcans qui
ont laissé de belles coulées de basaltes, ainsi le lac Itasy n'est
qu'un ancien cratère aujourd'hui rempli d'eau.

Mines. — Évidemment un terrain de cette sorte doit avoir
beaucoup de mines. Il y en a en effet de fort riches, surtout vers
le grand massif de l'Ankaratra : du fer en quantité sous la forme de
particules d'oxyde de fer, et de très riches minerais que les indigènes
exploitent en les brûlant, dans des trous creusés en terre, avec du
charbon de bois; du cuivre en abondance, très facile à extraire;
du plomb argentifère, et surtout de l'or, soit dans les sables, soit
dans le quartz. On ne l'exploite pas encore, au moins ouvertement,
car cela est interdit sous peine des fers à perpétuité; mais on en
fait néanmoins, par contrebande, un commerce fort considérable.

Enfin au sud-ouest de l'Ankaratra, il y a de belles sources d'eaux
thermales, en particulier les eaux sulfureuses déjà célèbres

d'Antsirabe. Il y en a d'autres, dans les montagnes du nord, mais qui ne sont pas encore bien connues.

L'Imerina n'est cependant pas aussi riche que les versants plus éloignés de l'ouest. En particulier, il n'y a pas, que je sache, de mines de charbon, mais seulement de la tourbe.

Productions du sol. — Il s'en faut pourtant que les mines soient les principales richesses de l'Imerina, car si « le pays des Vohitsangombe est riche en mines de fer et d'acier, comme dit Flacourt, il est très riche en riz, qu'ils cultivent comme le blé en France, riche en bestiaux et en pâturages. »

Il y a plus, ces richesses minières sont encore incomplètement connues et presque entièrement inexploitées. Un peu de fer pour les besoins ordinaires, du plomb et de la poudre d'or en contrebande, c'est tout. Il faudrait, pour les mettre en œuvre, l'initiative, les capitaux et les procédés européens, à qui le pays est complètement fermé jusqu'ici. Les vraies richesses des indigènes sont donc les fruits de la terre et les bestiaux.

Non pas toutefois que l'Imerina soit aussi fertile que d'autres parties de Madagascar, mais c'est de beaucoup la mieux cultivée. Il n'y a pas une seule route, pas même dans la capitale. Autrefois, on fit quelques chemins : ils sont aujourd'hui complètement détériorés, car depuis longtemps on ne les répare plus, et les sentiers actuels ressemblent à ceux des autres parties de Madagascar. Mais les digues de l'Ikopa, construites par les rois de la fin du siècle dernier, sont remarquables, et il suffirait de très peu d'entretien pour les conserver. Il y a partout de belles rizières qui s'échelonnent en gradins dans toutes les vallées, et parfois l'eau y est amenée d'assez loin et fort habilement. Enfin les environs de la capitale montrent en beaucoup d'endroits de beaux champs de manioc et parfois de fertiles jardins.

Au reste, les productions sont à peu près les mêmes que dans les autres parties de l'île. Les principales sont les suivantes : le riz d'abord et en plus grande quantité que partout ailleurs. Mais on ne le sème plus, suivant l'expression de Flacourt, « comme le blé en France », et les nouveaux habitants ont introduit une nouvelle culture plus pénible, mais plus productive. On défonce profondément le sol, on le fume, on brise et écrase les mottes avec un très grand soin, — ce que l'on faisait autrefois en les faisant piétiner par les bœufs, — puis on y plante, brin par brin, le riz que l'on a fait lever ailleurs en pépinières, et on le maintient dans l'eau jusqu'après la moisson. Quand il est mûr, on le coupe, on le fait sécher et on le bat, en le frappant contre une pierre.

Puis il y a le manioc et les patates, la canne à sucre, les bananes, les pêches, les mangues et quelques autres fruits.

Nos pommes de terre s'y sont si bien acclimatées qu'elles poussent à l'état sauvage dans l'Ankaratra et envahissent le pays. On a semé du blé, il viendrait, mais les essais ont été insuffisants et surtout n'ont pas été continués, parce que le grain s'abâtardissait. On en sème encore un peu dans le nord-nord-est de Tananarive; les indigènes l'appellent *lafarina* ou bien *vary bahaza*, riz des blancs. Le maïs réussit admirablement. Enfin, autour de Tananarive, on cultive à peu près tous nos légumes et ils donnent de fort bons résultats, comme aussi le plus grand nombre de nos arbres fruitiers, pommes, pêches, etc.

Les essais pour le raisin ne sont pas concluants et ont été peu nombreux. Aux environs de Tananarive, dans la campagne de la Mission catholique, les ceps français ont été attaqués par l'oïdium; ailleurs, ils semblent réussir, et les ceps américains prospèrent partout, non greffés. Enfin il y a dans le pays une vigne indigène, probablement importée par les Portugais, qui donne de bons fruits.

Mentionnons pour finir le café, qui produit abondamment quand il est planté aux endroits fertiles et abrités. Ainsi, il y a près de l'église catholique de Mahamasina, au pied de Tananarive, une double rangée des meilleurs caféiers de Bourbon qui, sans soin et sans culture, succombent littéralement chaque année sous leurs fruits. Le coton semblerait fait aussi pour couvrir les landes de ce pays montagneux et des essais tentés à l'ouest avaient pleinement réussi. Malheureusement l'état politique du pays ne permet ni innovation, ni succès. Enfin, et je terminerai par là ce coup d'œil très incomplet sur les productions de l'Imerina, le mûrier y vient admirablement et notre ver à soie y prospère parfaitement; de plus un autre arbuste très vivace, l'embrévatier nourrit un bombycien indigène dont la soie, moins brillante que la nôtre, est incomparablement plus solide et plus durable. C'est avec elle que l'on fait en particulier les lamba dont en enveloppe les morts.

Animaux. — Les bestiaux sont aussi les mêmes dans l'Imerina que dans les autres parties de Madagascar ; le même zébus ou bœuf à bosse; le même mouton petit, sans laine, à longue queue traînante, que termine une énorme boule de graisse; les mêmes volailles et à peu près aux mêmes prix très bas : 0 fr. 20 ou 0 fr. 25 pour un poulet; 0 fr. 25 ou 0 fr. 30 un canard; 1 fr. ou 1 fr. 25 une dinde ou une oie; 0 fr. 20 le kilo de viande; 0 fr. 40 à 0 fr. 60 un excellent filet. La loi interdit de tuer jamais un seul veau. Ce pouvait être

sage au commencement pour faciliter la multiplication des troupeaux; cela n'a plus de sens aujourd'hui, mais on l'observe toujours.
Enfin on ne peut obtenir de lait que là où les Européens sont établis depuis quelque temps. Les porcs sont très nombreux, quoiqu'il
soit interdit d'en élever dans un rayon déterminé autour de la capitale. Enfin, il y a beaucoup de poissons dans les rivières et les
étangs, mais petits et mauvais; beaucoup de gibier d'eau, quelques
perdreaux et beaucoup de cailles par endroits. Il n'y a pas d'animaux malfaisants, ni bêtes féroces, ni serpents réellement dangereux. Seul le caïman, qui abonde dans ses fleuves comme dans
tous les fleuves de la grande île, fait exception.

CHAPITRE II

LES HABITANTS DE L'IMERINA, LEURS MAISONS LEURS VILLES

I

HABITATIONS

« Le pays des Vohitsangombe est un pays très peuplé, où les villages sont plus beaux qu'en aucun endroit de cette terre, et les maisons de charpenterie bien bâtie. Ce pays peut fournir plus de 100,000 hommes en un besoin..... Les Français y ont été à la guerre pour ceux d'Erindrane qui furent jusqu'au nombre de 10,000 sous 40 Français. »

Ainsi parle notre vieil historien Flacourt au chapitre VI de son grand ouvrage. Depuis bien des choses ont changé. Et d'abord les maisons ne sont plus « de charpenterie bien bâtie ». Le bois serait trop cher aujourd'hui, puisqu'il faut l'apporter à dos d'hommes de deux ou trois journées de marche. Cependant, il reste encore quelques-unes de ces vieilles maisons à Tananarive et dans les anciens villages. Et elles sont parfois réellement très belles, les planches droites et de dimensions égales, unies et superposées d'une manière symétrique, de façon à recouvrir tous les joints et former un tout à la fois, élégant, solide et durable. On est vraiment surpris à la vue de ce travail, surtout quand on songe que les Hova n'ont que la seule hache pour fendre, préparer et dresser leurs planches.

Aujourd'hui, au lieu de bois, on emploie la terre pétrie, la terre argileuse et rouge du sol de l'Imerina et de tout le centre de Madagascar, qui, une fois séchée au soleil, est dure comme de la pierre et résiste indéfiniment. Il faut au bout de quelque temps la tailler au ciseau, si l'on veut, par exemple, percer une ouverture, et vous pouvez voir de tout côté des murs de clôture, ou de vieilles maisons découvertes, résister, pendant vingt ans et plus, à tous les efforts des orages et de la pluie. Et cependant, malgré, ou peut-être à cause de cette nouvelle manière de bâtir, les villages de l'Imerina sont encore aujourd'hui, comme du temps de Flacourt « plus beaux qu'en aucun autre endroit de cette terre ».

On rencontre, en effet, surtout à Tananarive, mais aussi dans certaines villes qui l'environnent, de ces maisons de terre à deux ou trois étages qui ont réellement bonne mine avec leurs murs rouges en pisé ou en briques[1], leurs toits en tuiles de même couleur, leurs larges varangues s'étendant au moins sur deux côtés et leur donnant ainsi un certain air d'élégance, leurs enclos et leurs jardins remplis d'une verdure d'autant plus agréable qu'il y en a moins aux alentours. Et elles sont aussi très agréables à habiter, pleines de fraîcheur et très saines... si elles étaient propres. Évidemment il n'y a pas de parquets; d'épaisses nattes de jonc qui en tiennent lieu, maintiennent à la fois la sécheresse, la fraîcheur et... toutes sortes de saletés. Il n'y a pas de cheminées non plus — à quoi serviraient-elles? — et si parfois les riches Hova en font pour imiter les blancs, ce ne sont que de fausses cheminées. Les croisées sont plus petites que les nôtres, mais la lumière est si abondante qu'elles sont toujours assez grandes. La porte est invariablement tournée vers l'ouest. C'est de beaucoup la meilleure exposition, à l'abri des vents plus froids de l'est, mais surtout c'est voulu par la tradition des ancêtres et certains usages superstitieux que nous expliquerons plus tard. Enfin, quoiqu'il puisse y avoir plusieurs pièces, d'habitude il n'y en a qu'une d'habitée, et elle sert en même temps de salle à manger, de salon et de chambre à coucher. Il n'y a pas, ou il y a très peu de meubles; on s'assied ou, plus exactement, on s'accroupit par terre pendant le jour, et, la nuit, on s'étend sur une petite natte de jonc qui compose le lit de presque tous les Malgaches.

II

DES VILLES : ANTANANARIVO

Les villes ont généralement le même aspect, toutes bâties sur le sommet d'une montagne, sans rues, sans symétrie, sans monuments,

1. Le pisé et les tuiles creuses ont été introduites par les missionnaires catholiques.

complètement ouvertes si elles sont récentes, entourées d'énormes
fossés si elles sont anciennes. Ces fossés toujours à sec, aux
parois perpendiculaires, larges de cinq à six mètres et d'une profondeur égale, formaient parfois une triple enceinte, coupée ordinairement par une seule chaussée étroite que fermait une immense
pierre ronde, roulant sur elle-même, entre quatre autres grandes
pierres solidement fixées en terre.

Du reste, ces villes ne sont pas nombreuses, et si l'on excepte
deux ou trois, Ambohitramanjaka à l'ouest et Ambohimanarina au
nord-ouest qui ont de 12 à 15,000 habitants, et Fenoarivo qui en a
un peu moins, les autres, même les villes autrefois célèbres d'Ambohibeloma, d'Arivonimamo, d'Ambohidratrimo et la ville sainte
d'Ambohimanga, encore aujourd'hui interdite aux profanes, ne
sont que des bourgades. Je ne décrirai donc que *Tananarive*, ou la
capitale, comme on l'appelle là-bas.

C'est une grande ville de 100,000 habitants, très originale et
d'aspect fort curieux. Elle est bâtie sur une haute colline à trois
branches, toutes couvertes d'habitations et qui vont, toutes les trois,
s'éteindre dans des vallées en grande partie plantées de rizières.

De loin, quand on vient de l'ouest, le long de l'Ikopa, elle se
présente devant vous comme un immense amphithéâtre pittores-
quement étagé sur les flancs de ces trois collines que couronnent;
visibles de tous les points de l'horizon, le palais de la Reine avec sa
grande terrasse et ses hautes arcades, et à 200 mètres de là, à
gauche, le palais du premier ministre, que distinguent ses quatre
tours carrées et son dôme central. A droite, s'étend le riche quartier malgache bordé par d'abrupts escarpements qui terminent la
montagne du côté du sud. A gauche, au contraire, se développent,
moins accidentées et plus basses, les deux autres collines, l'une
dans la direction ouest-nord-ouest, c'est là que se trouve le palais
de la Résidence française; l'autre continue d'abord vers le nord
pour s'infléchir ensuite vers le nord-ouest : c'est le quartier neuf
couvert de belles maisons qui appartiennent en grande partie aux
Anglais.

A mi-côte et au centre de ce grand amphithéâtre, entre vous et
les deux palais se trouvent les bâtiments de la Mission catholique,
d'où émergent les deux tours de la cathédrale. Et tout au bas, aux
pieds même des bâtiments de la Mission catholique, avec lesquels
elle communique par un long escalier en lacets, de construction
rudimentaire, s'étend la vaste plaine de Mahamasina où se trouve
la pierre sacrée du Couronnement et qui est le Champ-de-Mars de la

capitale hova. Bordée à l'ouest par de vastes rizières qui la séparent
de l'Ikopa, au sud par une colline peu élevée en forme de ballon,
large, ravinée et déserte, où sera vraisemblablement la future gare
quand il y en aura une à Tananarive, et au nord-ouest par un beau
petit lac au milieu duquel se trouvent l'îlot Nosy et une villa de la
Reine, et qui la sépare des jardins de la Résidence de France, il
lui suffirait de très peu d'améliorations et d'entretien, quelques allées
et quelques arbres, et plus tard, quelques monuments, pour en
faire une place de tous points remarquable.

Enfin, au sud et à l'est de Tananarive, mais un peu en dehors,
comme pour l'encadrer, vous voyez d'un côté le palais de Ra-
dama Ier, tout en bois et très original avec ses trois pavillons et ses
varangues, au centre d'un plateau nivelé, plus étendu encore que la
place de Mahamasina ; et de l'autre, sur un sommet très élevé
(1,403 mètres), les coupoles de l'Observatoire d'Ambohidempono,
œuvre originale et bien française, entièrement due au zèle et au
dévouement de son sympathique et très intelligent directeur, le
Père Colin.

Mais vous ne voyez pas une rue. C'est qu'en effet si l'on excepte
une première voie, invisible pour vous, qui part du palais de la
Reine pour traverser la place irrégulière et ravinée d'Andohalo, la
place des proclamations, et aboutir au marché, tout près de la
Résidence de France, voie large mais tortueuse, mal pavée pendant 200 ou 300 mètres et couverte ensuite de rochers, coupée de
ravines et escarpée comme un sentier de montagnes ; et une autre,
sur le revers oriental, plus récente, tracée et construite fort habilement par un ingénieur français, M. Bouts, inachevée et non entre-
tenue, il n'y a pas de rues à Tananarive, mais seulement des sentiers
tracés au hasard des besoins, courant sur des rochers, bordant des
précipices, avec des gradins et des rampes fantastiques, larges
parfois d'un mètre, et même moins. Et partout, dans toutes les
directions, affectant toutes les formes et toutes les grandeurs, sans
autre uniformité que leur orientation constante vers l'ouest, un
amas indescriptible de cases, au milieu desquelles émerge ici et là
une grande et belle maison, une église catholique ou un temple
protestant, de vastes surfaces couvertes de rochers ou de ruines de
toutes sortes, d'arbres, de cactus, de plantes grimpantes. Telle est
Tananarive.

En fait de monument, il n'y a que ceux déjà cités. Le palais
de la Reine fait très bel effet. Bâti tout en bois, il y a plus d'un
demi-siècle par M. Laborde, c'était un édifice à la fois gracieux

et imposant. L'architecte anglais Cameron le modifia considérablement et le défigura en 1868, en remplaçant les galeries en bois par une triple rangée d'arcades en pierres, plus larges et plus massives. Son aspect est grand, mais lourd. Il menace ruine. Le palais du premier ministre, bâti par l'architecte anglais Pool, est original et curieux, mais de goût plus que douteux et fort peu solide : ainsi une des tours s'écroulait subitement il y a trois ou quatre ans. La cathédrale catholique est de beaucoup la plus belle église de Tananarive. C'est un édifice à trois nefs, en style gothique, un peu courte, un peu basse, mais avec une belle façade, de hautes tours, de riches vitraux, solidement construite en granit et qui fait honneur à ses deux architectes, le Frère Gonsalvien et le Père Alph. Taïx, ainsi qu'à l'indomptable énergie du Père Ailloud, qui en a recueilli les fonds. La Résidence française est à peine terminée, mais elle est de tous points remarquable, et il fallait un jeune homme de talent et d'initiative comme son architecte, M. Jully, pour mener une telle entreprise à bonne fin.

III

LES HABITANTS DE L'IMERINA

LEUR NOMBRE, LEUR RACE, LEUR COSTUME

Population. — On pourrait croire l'Imerina un pays « très peuplé », suivant l'expression de Flacourt. Ce n'est malheureusement pas vrai, et il s'en faut bien qu'il puisse aujourd'hui comme alors « fournir 100,000 hommes en un besoin ». Pourrait-il même en fournir le tiers ? Sans doute la population est relativement dense, en particulier aux environs de la capitale, et c'est bien, de tout Madagascar, la contrée où il y a le plus de vie, de mouvement, de commerce. Tananarive, nous l'avons vu, a plus de 100,000 habitants et de nombreux et grands villages se pressent aux alentours, sur tout le long de la vallée de l'Ikopa. Mais il y a des plateaux déserts jusqu'aux portes de la ville, et il ne faut pas aller au delà d'une journée de marche, pour voir les villages s'éclaircir, le désert augmenter, le mouvement et la vie diminuer. Et plus loin, ce sont d'immenses plateaux abandonnés, de perpétuelles landes inhabitées qui forment les limites indécises de la contrée. Il ne serait donc plus vrai de dire

que le pays est « un pays très peuplé ». C'est que de cruels événements ont passé sur lui : des guerres impitoyables, des massacres
épouvantables, l'exportation d'un nombre considérable d'esclaves,
et, plus tard, l'application du *tanghen* ou épreuve par le poison
qui, sous la seule reine Ranavalona I, dans l'espace de trente-trois
ans, faisait périr 200,000 personnes[1].

Cependant il est impossible de fixer d'une manière précise le
nombre total des Hova, car il n'existe ni recensements, ni registres
d'aucune sorte, et personne ne connaît le nombre exact des habitants, même d'une seule bourgade. M. Grandidier, les comprenant
tous ensemble, aussi bien ceux qui habitent l'Imerina que ceux
qui sont répandus au dehors, évalue leur nombre à 1,000,000. Je
crois ce chiffre beaucoup trop faible aujourd'hui, car depuis la fin
des guerres, la suppression de la traite des noirs et l'abolition du
tanghen, la population s'accroît rapidement. Peut-être ne serait-on
pas très loin de la vérité en portant ce chiffre à 1,200,000 ou
1,500,000[2].

Type hova. — Mais quelle est cette race qui peuple l'Imerina?
Nous n'avons pas eu de difficulté à y reconnaître les notes caractéristiques de la race malaise, et c'est sûrement aux Malais qu'il
faut rattacher les Antimerina. Mais le problème n'est pas résolu
pour cela, et la population de l'Imerina considérée dans son
ensemble est aussi mélangée que celle du reste de l'île. J'y ai vu
des hommes de toutes les races et de toutes les couleurs : noirs,
blancs, olivâtres, cuivrés, avec toutes les nuances intermédiaires.
C'est que, en effet, le Hova s'allie et se mélange facilement, et il y
a un peu de sang de toutes les nationalités dans ses veines.

Ainsi, pendant longtemps, beaucoup d'esclaves ont été importés
du Mozambique. D'où les traces du type nègre africain parfois dé-
formé, d'autres fois complètement conservé, avec ses cheveux crépus
et son front fuyant, surtout dans les classes inférieures. D'autre
part, sans parler des voyageurs et des aventuriers, des commerçants
ou des employés blancs qui usent largement de la facilité de rapport
avec les femmes malgaches, il est presque certain que les Arabes

1. Témoignage du Père Jouen, cité par le Père de La Vaissière, *Histoire
de Madagascar*, t. I, p. 346.
2. M. Le Myre de Vilers, dans une note manuscrite qu'il a bien voulu me
confier, et M. Martineau, dans son livre sur *Madagascar en 1894*, donnent
le chiffre de 800,000. La différence entre eux et moi n'est peut-être qu'apparente, car s'ils ne comprennent pas les esclaves dans ce nombre de 800,000,
mon chiffre serait inférieur au leur, les esclaves étant bien plus nombreux
que les hommes libres.

et plus tard les soldats de Flacourt pénétrèrent jusque dans l'Imerina, s'y fixèrent et y firent souche. Enfin les tribus juives qui,
d'après Flacourt et M. Grandidier, se fixèrent sur la côte est
de Madagascar et exercèrent une si grande influence sur les mœurs,
les usages et les pratiques religieuses ou superstitieuses des populations malgaches, s'infiltrèrent nécessairement jusqu'en Imerina.
Car sans cela, comment expliquer ces traces de type juif que l'on a
remarquées si caractérisées chez certaines familles hova?

Voilà donc bien des éléments étrangers, nègres africains,
Arabes, Européens, Juifs, qu'il faut tout d'abord exclure. Mais
cela fait, le problème n'est pas résolu. Il ne reste plus, il est vrai,
que les seuls Malgaches. Mais ceux-là encore sont très différents
de type et de couleur.

Il y a en effet, le noir malgache fort différent du nègre africain,
et qui certainement n'en descend pas, car il a les cheveux lisses, le
front plus développé et plus droit, les traits plus fins et plus intelligents; il y a cette couleur cuivrée, la même que l'on rencontre un
peu partout dans Madagascar; il y a enfin, surtout dans les classes
supérieures, le teint olivâtre et tous les traits caractéristiques de la
race malaise.

C'est cet ensemble si divers et si mélangé que l'on désigne
ordinairement sous le nom très impropre de « HOVA ». Tous les
auteurs, en effet, qui ont écrit sur Madagascar, à l'exception du
seul M. Grandidier, supposent, ou même affirment explicitement,
qu'il n'y a qu'une seule race en Imerina, la race conquérante, qui
extermina ou chassa complètement du pays les anciens habitants.
Et ils expliquent les différences si considérables de type que l'on
constate chez ces vainqueurs, ou bien en admettant qu'elles exis-
taient avant la conquête, ou bien en les considérant comme le
résultat de leur mélange avec les peuples voisins.

Mais premièrement, ce fait historique d'une race disparaissant
complètement devant ses vainqueurs est-il vraisemblable?

Dans toute conquête en effet, à moins de se trouver en face
d'une race notoirement inférieure, comme par exemple les Indiens
d'Amérique vis-à-vis de la race saxonne, les vaincus se soumettent
ordinairement au vainqueur, puis se mélangent à lui, et souvent
reprennent peu à peu le dessus et arrivent à le dominer. C'est ce
qui est arrivé en Angleterre après la conquête normande, ce qui
était arrivé dans notre propre pays après l'invasion franque, et ce
que l'on constate également en étudiant les populations si mélangées des Indes, de la Malaisie, de la Chine, d'un peu partout. C'est

donc vraisemblablement ce qui dut se passer lors de la conquête
de l'Imerina.

Et puis, il y a cette multiplicité de races qu'il faut expliquer.
Nous retrouvons en effet clairement, parmi ceux que l'on est
convenu d'appeler les « Hova », deux races en tout semblables aux
habitants des autres parties de Madagascar, c'est-à-dire les descendants des Papouas ou Négritos des îles de la Malaisie, et ceux
des Indonésiens et Polynésiens du même pays; et, en même temps,
les dominant ouvertement, juxtaposée, se mêlant irrégulièrement
avec elles, mais sans contracter d'alliances légitimes, une troisième
race bien différente des deux premières, plus intelligente, plus
ambitieuse, avec des goûts, des tendances et des aptitudes
diverses. Or, il est impossible qu'une différence si tranchée, qu'une
séparation si marquée se soit produite après la conquête, bien
invraisemblable aussi qu'elle existât auparavant parmi les vainqueurs, tandis que tous les points de contact et de ressemblance,
pour nombreux qu'ils soient, que l'on remarque entre ces races,
s'expliquent facilement par une cohabitation de trois siècles, et
plus encore par un berceau commun. Car les uns et les autres
viennent, par des émigrations successives, des îles de la Malaisie.
D'où naturellement une langue commune, et bien des usages et des
traditions semblables.

Ce n'est pas tout. Comme nous le verrons plus tard, les
« Hova » ont un culte tout particulier pour les anciens habitants
de l'Imerina, les Vazimba, ceux-là même qu'ils auraient vaincus,
et puis exterminés et chassés de leur pays. Il y a même une tradition courante parmi eux que ces Vazimba reparaîtront un jour et
reconquerront l'Imerina. Ce culte, on tâche de l'expliquer par la
crainte qu'ont les vainqueurs que les âmes de leurs victimes ne se
vengent en leur envoyant des sorts, des maléfices, toutes sortes de
maladies et de malheurs. De là, des prières et des sacrifices, afin
de les apaiser. Mais pour un effet si universel, pour un culte si
profondément enraciné et si général, la cause est-elle suffisante?
Et puis comment admettre que des vainqueurs conservent ainsi
soigneusement la tradition que leurs victimes reparaîtront un jour
pour les battre et les chasser à leur tour? Tout cela est pour le
moins bien invraisemblable. Tout au contraire s'explique naturellement et facilement en admettant une thèse féconde et très
simple que M. Grandidier indiquait déjà dans un mémoire publié
en 1888, pour le centenaire de la Société philomatique, et qu'il m'a
affirmé personnellement être pour lui une certitude.

Suivant lui donc, il y aurait deux peuples bien différents sur le sol de l'Imerina, les vainqueurs et les vaincus, les *Andriana* ou les nobles d'aujourd'hui, avec quelques-unes des tribus hova ou roturières, qui sont de race malaise, et les descendants des *Vazimba* de Flacourt, et par suite des Négritos et des Indonésiens. Les premiers arrivés à Madagascar à une époque relativement récente — il y a huit ou dix siècles tout au plus — furent d'abord honnis et méprisés de tous. Tenus constamment à l'écart, chassés et traqués par les premiers habitants de l'île, ils furent obligés de se réfugier dans les montagnes du centre. C'est là que plus tard ils conçurent l'ambition de conquérir l'Imerina et ils y parvinrent enfin après plus de trois siècles de luttes, d'efforts, de revers et de victoires. Beaucoup parmi les vaincus furent massacrés et réduits en esclavage; quelques-uns peut-être s'exilèrent plutôt que de se soumettre; mais un certain nombre, en échange de la vie et de la liberté qu'ils avaient l'espoir de conserver, acceptèrent simplement le joug des vainqueurs. Ce sont leurs descendants qui forment à proprement parler le gros des Hova d'aujourd'hui. Les conquérants sont les *Andriana*; et, si l'on veut un mot pour exprimer l'ensemble des habitants de l'Imerina, on pourra les appeler les *Antimerina*, comme le fait le Dr Catat dans son *Voyage à Madagascar*[1], ou mieux encore les *Ambaniandro*, nom sous lequel ils sont connus dans la grande île[2].

Non pas qu'il soit nécessaire de prétendre que les Andriana n'eussent ni esclaves, ni auxiliaires n'appartenant pas à la noblesse. Ils avaient certainement des esclaves dont les descendants existent encore nombreux parmi les esclaves noirs, appelés *Tsimandoa*, et qui sont les esclaves de la couronne; ils avaient aussi des soldats, et même des tribus entières, d'une condition inférieure qui se mélangèrent davantage aux populations conquises et se fondirent avec elles. Mais il ne me semble pas vrai en aucune manière, que l'Imerina ait été repeuplée par ses vainqueurs, que ses anciens habitants aient complètement disparu et que ses habitants actuels appartiennent tous à une race unique qui est la race Hova.

Il n'y a contre la thèse qui vient d'être exposée que deux difficultés :

1° Elle est nouvelle, et elle est implicitement contredite par les

1. *Tour du Monde*, juin 1894.
2. Malgré tout, et pour me conformer à l'usage reçu, je garderai le nom de Hova, dans le cours de ce travail.

auteurs les plus sérieux qui ont écrit sur Madagascar, Oliver, Sibree, les Pères Callet, Abinal, de La Vaissière, etc.;

2° Comment expliquer la disparition du nom de « Vazimba », à qui fut substitué celui de « Hova? »

Mais il ne faut exagérer ni l'une ni l'autre de ces deux difficultés.

Et d'abord, le nom de « Hova » — et c'est justement ce qui a donné l'éveil à M. Grandidier — est un simple nom commun qui existe chez la plupart des tribus de l'ouest, pour désigner ou le roi, ou la famille royale, ou leurs esclaves, ou quelque chose qui leur appartienne, qui, dès lors, pouvait très bien coexister en Imerina avec celui de Vazimba, pour désigner les anciens chefs, et s'étendre peu à peu à leurs successeurs, celui de Vazimba venant à disparaître pour une cause ou pour une autre.

Quant aux autorités citées, on ne peut en nier l'incontestable valeur. Mais peut-être que beaucoup d'entre ces auteurs n'ont fait qu'accepter simplement, sans examiner directement la question, la tradition et le langage courant, comme par exemple le faisait M. Grandidier lui-même, dans son premier mémoire de 1886. Et il ne serait pas difficile de trouver dans leurs ouvrages bien des endroits qui, loin de contredire notre thèse, la supposent au contraire, la corroborent ou même l'établissent, par exemple dans le Père de La Vaissière, *Vingt ans à Madagascar*, ch. III..

Quoi qu'il en soit, tout devient clair dans cette hypothèse.

Tout naturellement, en effet, il doit y avoir alors deux ou, plus exactement, trois races bien distinctes sur le sol de l'Imerina : **les Négritos ou Papouas, les Indonésiens et Polynésiens, enfin les Malais** : les deux premières plus mélangées et moins nettement tranchées, la dernière mieux conservée, car les vainqueurs ne devaient se marier que dans leur caste et jamais à un Hova. En pratique, les unions irrégulières suppléent en partie à cette prohibition légale, et ainsi s'explique que le type « Andriana » lui-même s'altère et se modifie.

Tout naturellement aussi, la race conquérante domine en Imerina et forme une véritable féodalité. Ses chefs, en effet, se partagèrent, après la conquête, les territoires conquis et en formèrent autant de fiefs, ou *menakely*, qui ne peuvent être possédés que par les deux premières castes ou par les membres de la famille royale. Et si les autres castes nobles n'ont pas de fiefs, elles y suppléent par l'arrogance, par l'orgueil, par leur mépris pour les simples « Hova ». Mais toutes sont également viciées, également corrompues, et la famille chez elles est moins bien conservée, les traditions des ancêtres moins bien observées que parmi les castes populaires. Et cela aussi, à un certain degré, est une conséquence de la conquête.

Il y a plus. Tous les Ambaniandro sont lâches; mais cela est surtout vrai du peuple, et c'est là un des résultats de la sujétion où il vit depuis trois siècles. En outre, si les « Andriana » tiennent, quoique légèremet, à leur indépendance, et redoutent l'influence étrangère; le peuple au contraire ou, pour parler exactement, le « Hova » s'inquiète très peu de savoir qui sera maître; et il est certain qu'une fois le fait accompli, il bénirait la domination de la France.

Il n'y a pas jusqu'au culte des « Vazimba » et à la croyance populaire à leur retour et à leur futur triomphe que cette thèse n'explique complètement. Les vaincus en effet se consolent toujours en entretenant des espérances même chimériques. Et il est tout naturel que les Hova vénèrent tout particulièrement les Vazimba qui alors sont leurs ancêtres. Quant à la nuance de crainte et de frayeur qu'ils mêlent à leur culte, elle s'explique assez bien par la crainte du surnaturel ou mieux encore par l'influence des idées et des craintes qu'éprouvent leurs vainqueurs.

Cette hypothèse donc devient, tout bien examiné, très probable, et il me semble qu'il faut l'accepter complètement, au moins jusqu'à plus ample informé. Et c'est ainsi que se trouve heureusement résolu un problème à première vue insoluble, d'une race si mélangée et présentant tant de caractères différents. Il y a donc, en résumé, dans la population de l'Imerina, des traces de sang africain : elles s'expliquent par la traite des Mozambiques ; il y a des traces de sang arabe, juif, européen : elles sont le résultat naturel de diverses immigrations et de mélanges subséquents; il y a enfin la triple race des îles de la Sonde, le Négritos, l'Indonésien et le Malais; tout cela mélangé, confondu, croisé plus ou moins, comme peuvent le faire supposer des mœurs excessivement relâchées, et une cohabitation presque continuelle, sans que cependant les types primitifs, quoique oblitérés et mêlés, aient entièrement disparu.

Mais, pour en revenir au type andriana, celui que jusqu'ici on a appelé le type hova, et qu'il nous importe particulièrement d'étudier, ce type quel est-il ?

Voici le portrait qu'en tracent les Pères Abinal et de La Vaissière :

« Cheveux plats ou légèrement bouclés, barbe peu fournie, teint olivâtre, bouche grande, lèvres un peu fortes, nez droit et court, yeux bridés, pommettes saillantes, corpulence médiocre, taille avantageuse, formes plutôt élégantes qu'athlétiques. »

Ce portrait est soigneusement fait. Si cependant j'avais à le refaire d'après mes propres observations, je le modifierais légèrement en deux ou trois points. Les cheveux ne sont bouclés que parmi le peuple. Le teint est olivâtre, oui, mais avec une infinité de nuances plus ou moins rapprochées de la couleur primitive. Le nez est généralement, presque universellement, écrasé, au moins très large, et je ne crois pas en avoir vu que l'on puisse simplement dire droit. Enfin, si les yeux sont bridés, ils le sont légèrement, comme ceux des Juifs chez nous, et non comme ceux des Chinois. Tous les autres traits sont exacts. Peut-être même, et c'est là la remarque d'un ami qui connaît admirablement le pays, sont-ils trop spécifiés.

Mais si les traits caractéristiques des Hova les distinguent des autres races de l'Imerina, leur costume est sensiblement le même que celui des autres peuples de l'île, tel par exemple qu'on peut le voir à Tamatave, à Diego-Suarez ou à Nosy-Be : le même *salaka* ou longue ceinture de toile passée entre les jambes et serrée autour des reins, la même tunique de toile de coton blanche ou *akanjo*, le même *lamba* blanc dans lequel ils se drapent fièrement et non sans élégance, quelquefois un chapeau de paille de riz, voilà pour les hommes.

Les femmes ont une tunique et un lamba semblables, mais elles portent ce dernier un peu différemment ; elles couvrent de graisse et tressent de mille manières leurs longs cheveux noirs, mais elles n'ont pas de chapeaux ; comme les hommes, elles vont nu-pieds.

Au printemps, au lieu de toile blanche ou coton écru, on porte des cotonnades bariolées et fort légères.

Enfin à Tananarive, le salaka est parfois remplacé par un petit pantalon ; et les gens de la cour, hommes et femmes, comme aussi quelques autres personnes riches en contact avec les Européens aiment à s'habiller comme nous. Cependant il est rare que l'on sacrifie le lamba qui est vraiment le costume national.

Quant aux enfants, le plus mauvais chiffon leur suffit et quelquefois rien du tout.

C'est on le voit un costume primitif et surtout peu cher ; mais malgré tout, il ne manque pas de couleur locale, j'allais presque dire de grâce, d'ampleur et de beauté. En tout cas, on s'y fait vite, et entre un Hova habillé à l'européenne et un autre revêtu du costume indigène, si celui-ci est propre et bien porté, c'est le dernier que l'on préférera.

CHAPITRE III

LEUR LANGUE

Une autre question que l'on pose souvent au voyageur revenant de Madagascar, et que l'on m'a faite bien des fois à moi-même est celle-ci : « Quelle langue parlent les Malgaches ? français ou anglais ? » — Ils ne parlent ni l'un ni l'autre. Quelques-uns savent un peu d'anglais ; quelques autres un peu de français ; il y en a même, formés par la Mission catholique, qui savent fort bien notre langue et la prononcent mieux que certains de nos compatriotes ; mais, entre eux, les Malgaches ne parlent jamais que leur seule langue nationale, la langue malgache, et c'est tout naturel.

Cette langue est sensiblement la même dans toute l'île et parmi toutes les peuplades qui l'habitent. Évidemment, il y a des différences parfois très notables. Le grand nombre des castes et des tribus, leur éloignement et leur manque de relations, leurs jalousies et leurs guerres fréquentes, certains usages particuliers qui réservaient certains termes à la sorcellerie ou à l'usage des chefs et que l'on ne devait plus employer après la mort de ceux-ci, la tendance de certains peuples à user d'expressions figurées — ainsi les Sakalaves disent *maetsaka*, du désaltérant, pour *rano* de l'eau ; *famonty*, de l'émollient, pour *solika*, de l'huile — les différences d'organe, de goût, d'occupation et, surtout, l'absence d'écriture qui laisse la langue toujours changeante et jamais fixée, tout cela et mille autres causes expliquent facilement cette diversité. Mais il n'en reste pas moins vrai qu'il n'y a qu'une langue unique, au fond partout la même à Madagascar, dont le dialecte hova, compris de tous, le plus répandu et le plus régulier, est comme le type et le modèle, tandis que les autres en sont des déformations ou des patois.

Et cette langue, loin d'être une langue primitive, pauvre et barbare, est au contraire très belle.

Je lui trouve trois caractères bien distincts.

1° Elle est très douce à la prononciation et très agréable à entendre. Aussi l'a-t-on surnommée *l'italien* de l'hémisphère austral.

Aucun mot n'est terminé par une consonne, mais toujours par une voyelle très faiblement prononcée ; toutes les syllabes sont claires et sonores et la syllabe accentuée toujours nettement frappée ; aucune articulation, difficile ou douteuse ; aucun assemblage de consonnes, rude ou moins harmonieux. Et cette douceur est tellement dans le génie de la langue qu'elle entraîne le changement ou la suppression de nombreuses consonnes dans la formation ou l'union des mots.

Ainsi de *Sása*, lavage, et de la particule verbale *man*, on forme *manasa*, laver, et non *mansasa ;* de *tsiny*, blâme, on forme *manisy*, blâmer et non *mantsiny*.

Mansasa et *mantsiny* seraient trop durs à prononcer.

C'est ainsi également que s'expliquent les transformations qu'ils font subir aux mots étrangers, en les incorporant dans leur langue. Ainsi de *la chose, cheval, passeport*, ils font *leisóa, sóaval, passipoára*.

Enfin, c'est par cette même raison d'euphonie que Radama Ier, au commencement de ce siècle, lorsqu'il introduisit l'écriture parmi son peuple, ne voulut pas accepter l'alphabet anglais trop irrégulier et trop indécis, et qu'il rejeta de l'alphabet français le *c*, le *q*, l'*u* et l'*x* comme inutiles, mais surtout comme durs à la prononciation.

2° Un second caractère du malgache, c'est sa très grande régularité.

C'est une langue *d'agglutination*, avec un petit nombre de racines et un très grand nombre de dérivés. Mais ces dérivés se forment d'une manière constante et invariable, au moyen de préfixes verbaux[1] ayant chacun leur sens bien déterminé, de

---

1. Ces préfixes sont *man, mamp, mampan, mampi, maha, mi, mifampi, mifan*, etc., et c'est avec leur secours que l'on forme les diverses classes de verbes.

Ainsi, avec *anatra*, avis, vous formerez les verbes :

Actifs { *mananatra*, donner un avis { *mamplanatra*, enseigner	Causatif :	*mampan-anatra*, faire admonester.
Neutre : *mi-anatra*, étudier.	Réciproques {	*mifampi-anatra*, s'enseigner réciproquement. *mifan-anatra*, s'admonester réciproquement.

suffixes comme *ana*, ou simplement en joignant ensemble plusieurs noms, qui apportent chacun leur signification propre, et forment ainsi ces noms si longs en apparence, et bien faits pour effrayer un étranger, mais que l'on prononce et retient sans difficulté quand on connaît la langue, car on en connaît la signification. Ainsi :

Ambohibéloma est pour Any-vohitra-veloma, au village des adieux.

Antananarivo, pour any-tanana-arivo, aux mille mains.

Andrianampoinimerina, pour Andriana-any-fo-ny-imerina, le seigneur là au cœur de l'Imerina.

C'est par des suffixes qu'on marque le genre : ainsi *Zaza* n'est ni garçon ni fille, mais

> *Zazalahy* est un garçon,
> *Zazavavy*, une fille.

La possession ou bien l'argent :

> *Trano-ko*, ma maison.
> *Tia-nao*, aimé de toi, etc.

Les mots sont invariables et n'ont aucune désinence changeante. Ainsi, il n'y a pas de marque du pluriel, et les trois temps des verbes s'indiquent par le changement de la lettre initiale, le présent par *m*, le passé par *n* et le futur par *h*.

> *Miasa aho*, je travaille ;
> *Niaso aho*, j'ai travaillé ;
> *Hiasa aho*, je travaillerai.

Le verbe *être* n'existe pas, ou plutôt n'a pas de forme propre, mais se trouve comme sous-entendu et compris dans tout substantif.

La construction de la phrase est la construction naturelle et logique. Il n'y a d'exception que pour le sujet qui se place toujours après le verbe. Le pronom démonstratif présente cette particularité curieuse qu'il se répète avant et après le mot qu'il détermine :

> *Tanay ny* **izany** *andro* **izany**,
> En ce jour-là.

3° Enfin, c'est une langue *très riche*, mais dans le seul ordre matériel et physique. Les Hova n'ayant en effet ni philosophie, ni sciences, ni arts, ni culture intellectuelle d'aucune sorte, ne peuvent avoir de termes pour exprimer des idées qui pour eux n'existent pas. Mais pour les choses matérielles, ils ont une foule de mots pour rendre toutes les nuances de la pensée ; et là où nous

nous servons de mots auxiliaires, d'adverbes ou de compléments, ils ont, eux, un verbe spécial et particulier, avec son sens très déterminé et très précis.

Ainsi, par exemple, pour rendre notre verbe *porter*, les Malgaches ont douze mots :

milóndra	porter en général,
mitaláo *milóha*	porter sur la tête,
miampófo *mitrótro*	porter sur les genoux,
milánja	porter sur les épaules,
miláby	porter sur le dos,
misakélika *manakélika*	porter sous le bras,
misámpy *miantsámpy*	porter à califourchon,
mivimbina	porter à la main.

De plus, les nombreuses particules ou affixes, qui sont de véritables auxiliaires ; les suffixes, qui modifient ou complètent le sens des mots auxquels ils s'ajoutent ; les nombreuses formes verbales, qui suivent toutes les flexions et toutes les nuances de la pensée, l'ordre, le désir, la cause, etc.; enfin la juxtaposition et composition des mots, qui unissent si facilement, en un seul terme, une multitude d'idées, donnent à la langue malgache une facilité merveilleuse d'expression, et en font une des langues les plus riches et les plus flexibles qui existent.

Il ne lui manque qu'une chose, une littérature écrite, ou, tout au moins, une littérature transmise oralement. Mais il n'y en a pas. C'est vraiment dommage, car les Malgaches excellent en certains genres, comme dans l'apologue.

En veut-on un exemple ?

Le Père Basidide Rahidy, un Malgache, publiait dans la petite revue de la Mission catholique, le *Resaka*, une série de fables, qui portaient droit et frappaient fort, sur les vices et les travers de ses compatriotes haut placés.

On s'en plaignit. Il répondit par cette comparaison :

« Mes apologues sont comme la pluie, qui tombe sur tous indistinctement. Tant pis pour ceux qui sont dessous. »

C'est Radama Ier qui, au commencement de ce siècle, a introduit l'écriture. Il prit l'alphabet français d'où il retrancha quatre lettres, et il voulut — c'était vraiment l'occasion — appliquer le fameux principe « d'écrire comme l'on prononce ». Mais, remarque curieuse, ce principe admet déjà bien des exceptions. Ainsi dans *mpanpia-natra*, maître d'école, l'*m* initiale est complètement muette ; dans *Rajoelina*, on entend d'habitude Rajoel ; *passipoara* se prononce passpôr.

Il semble que le son *o* ne devrait pas exister dans la langue malgache, puisque la lettre de ce nom se prononce *ou*. Mais ce son est tellement dans la nature des organes, qu'il reparaît écrit d'une autre manière. Les deux sons de la diphtongue *ao* (a-ou) s'unissent tellement, dans la prononciation, qu'ils forment un véritable ó. Ex. : *misaotra*, merci; pr. misótre.

Avant Radama, dans le sud de l'île, là où l'immigration arabe s'était davantage fait sentir, on employait l'écriture arabe ; mais il ne semble pas y en avoir eu trace chez les Hova.

Quoi qu'il en soit, ce n'est pas un instrument primitif que cette langue malgache, bien au contraire, et je me crois en droit d'en tirer, dès maintenant, cette conclusion très importante, qu'elle suppose à son origine ou à une autre époque de son développement une civilisation avancée, plus avancée en tout cas que la civilisation actuelle des Hova.

C'est cette civilisation qu'il nous faudra maintenant étudier, en décrivant leurs mœurs, leurs qualités, leurs défauts, leur religion, leur organisation sociale.

CHAPITRE IV

QUALITÉS ET DÉFAUTS DU HOVA

I

LEURS QUALITÉS

D'une manière générale, le Hova a beaucoup d'aptitudes physiques, et fort peu de qualités morales.

Qualités sociales. — Sociable cependant, il aime à causer et à rire; il fait volontiers des visites, et les prolonge pendant long-temps; il est heureux d'envoyer des présents, et surtout d'en recevoir. En un mot, il est d'un commerce facile et agréable. Il est encore hospitalier à sa manière... En voyage, vous avez le droit d'entrer dans n'importe quelle case, à moins qu'il n'y en ait une de désignée pour les étrangers. Le maître vous l'abandonnera aussitôt, et vous pourrez y préparer votre repas, y dresser votre lit, y faire tout ce qu'il vous plaira. Vous êtes chez vous. En la quittant vous donnerez *un bout d'argent*, à peu près cinquante centimes ou un franc, et l'on sera content.

D'un caractère doux et pacifique, le Hova évite ordinairement les querelles, ne s'emporte point et ne frappe pas d'habitude, même les animaux. Il est des occasions, néanmoins, où le barbare se réveille en lui. — Un « tontakely[1] » est-il surpris, la foule se précipite sur lui et en fait rapidement justice, surtout s'il est faible. Il n'y a pas longtemps, c'était la coutume, sinon la loi. Et en 1891, à côté de la capitale où la police les conduisait, il fallut toute l'autorité et toute l'énergie du Père Murat, pour arracher aux coups de la mul-titude deux voleurs presque expirants. Un troisième venait d'être assommé.

Le Hova a soin de ses enfants; il s'occupe de ses parents et

1. Voleur avec effraction.

pourvoit à leurs besoins; il soigne ses malades avec tendresse et dévouement, à moins qu'ils ne soient atteints de la lèpre ou de la petite vérole : car alors ces malheureux sont impitoyablement rejetés de la société, suivant la loi et la coutume des ancêtres, et relégués au sommet des montagnes. Il a de bons rapports avec ses voisins et ses amis, auxquels il est heureux de rendre service, surtout s'ils appartiennent à la même caste ou à la même tribu.

Son éloquence. — Une autre qualité du Hova, c'est sa naturelle éloquence. Il aime à faire de longs discours, et il ne les fait pas mal. Il n'est ni précis, ni concis et ne va jamais droit au but. Mais il ne le perd pas de vue non plus, à travers des digressions qu'il affectionne et des développements qui semblent des hors-d'œuvre, et il y arrivera toujours. Sa parole est vive, imagée, poétique, pleine de couleur locale, de chaleur, de conviction, alors même qu'il ment impudemment et, certainement, ses « Kabary[1] » publics — il y en a partout et à propos de tout — sont plus ordonnés et plus calmes que les séances de nos Chambres. L'orateur est toujours écouté en silence. A-t-il fini de parler, son adversaire commence par le complimenter, par entrer dans ses vues et paraître lui donner raison, pour le combattre ensuite et conclure contre lui. L'auditoire donne toujours la même attention et le même silence. Ces discussions seraient un moyen sûr d'arriver à la vérité, si on la cherchait. Mais tout cela n'est que pour la forme, *pour l'amour de l'art*, dirait-on chez nous; en fait, le parti des auditeurs est pris d'avance, et c'est toujours celui du plus fort, seigneur ou gouverneur, qui l'emporte, et auquel tout le monde finit par souscrire.

Son amour de la musique. — Le Hova aime la musique, avec autant de passion que la parole. Il chante beaucoup, improvisant au moment même les paroles qu'il chante à toute occasion. C'est en chantant qu'il fait l'éloge d'un hôte qui lui arrive, qu'il célèbre ses vertus, qu'il lui souhaite toute sorte de bonheur. Tout cela est dit dans une mélodie fort curieuse, simple, sauvage, mais très douce et jamais heurtée. D'ordinaire, après chaque couplet, la foule reprend une sorte de refrain. C'est ainsi que je les entendis la première fois en remontant l'Iaroka au-dessus d'Andevoranto, quand je me dirigeais vers la capitale. Nos porteurs, devenus alors nos pagayeurs, au nombre d'une vingtaine, ramaient ainsi en chantant et en improvisant nos louanges. Il n'y a cependant pas d'originalité dans leur musique, et leurs airs ne sont d'ordinaire

---

1. Assemblée du peuple en plein air pour discuter toute affaire intéressant la Communauté.

que des réminiscences d'hymnes, de psaumes ou de cantiques religieux. Il n'y a pas non plus parmi eux de belles voix; sans souplesse et sans expression, elles sont criardes et facilement nasillardes. Ils ne peuvent donc que produire des effets d'ensemble ; mais cela, ils le font très bien. Par exemple, sans connaître un mot de musique, uniquement guidés par leur sens de l'harmonie, ils exécutent après une préparation de quelques jours des messes difficiles à deux ou trois voix, qu'ils accompagnent aux sons d'un orchestre assez complet. Toutefois, il est nécessaire de les guider et de les soutenir; sinon ils retombent vite dans le bruit et dans les accords sauvages, chacun jouant un peu de son côté. Ainsi, la fanfare du premier ministre, dirigée autrefois par un frère des Écoles chrétiennes, pouvait exécuter remarquablement plusieurs morceaux de nos répertoires. Aujourd'hui, entre les mains d'un Malgache, elle est redevenue barbare.

En fait d'instruments indigènes, il n'y en a guère que deux : un violon très primitif, c'est-à-dire deux cordes en rofia, tendues sur une courge vide ; et puis, le *valia*, harpe primitive formée d'un bambou de 1 mètre ou 1^{m}50 de long, dont on a habilement soulevé, entre deux nœuds, dix ou quinze fibres longitudinales, que tendent des chevalets d'écorce de courge et que l'on pince avec les doigts. Cet instrument qui nous paraît étrange, produit, quand il est manié par une main habile, un effet assez agréable.

Son habileté dans le commerce. — Mais avant d'être artiste, le Hova est essentiellement marchand, autant que le Juif, et plus que le Chinois. En voici trois exemples qui me dispenseront de toute autre affirmation.

En 1891, deux Chinois montèrent à la capitale, espérant y faire fortune comme ils le font partout ailleurs, comme ils le font sur la côte. Hé bien! ils ne purent rien y faire et durent rapidement repartir. Je rencontrai le dernier quand je redescendais vers Tamatave.

Quelques jours plus tard, je voyageais à Bourbon, de la Pointe des Galets à Saint-Denis, avec M. Rebut, le directeur d'une des grandes maisons de commerce de Madagascar, et voici ce qu'il me raconta. Il a des comptoirs un peu partout sur les côtes est et sud, et une succursale à Tananarive. Or c'est chez lui, à Tamatave, que les marchands de toile d'Ambohimalaza s'approvisionnent, leurs frais de transport sont sensiblement les mêmes, et ils arrivent à lui faire avec cela une telle concurrence qu'il ne pouvait plus lutter et était décidé à fermer sa maison de Tananarive. Ce seul fait en dit long!

Le troisième trait est plutôt amusant : Un revendeur hova achetait pour 17 piastres de toile chez un *Vahaza*[1], à Tananarive. Le marché était conclu, et il allait emporter son ballot, quand un Hova entre, et là, séance tenante, le premier lui revend sa toile 21 piastres, gagnant ainsi 4 piastres, sous les yeux du Vahaza ébahi, et sur son propre comptoir !

Si jamais donc Madagascar nous est ouvert, le grand commerce, c'est-à-dire le commerce d'exportation et d'importation, pourra s'y établir peut-être et y prospérer, mais nos détaillants ne feront jamais rien dans l'Imerina.

Les transactions locales sont assez actives. Elles comprennent ce qui est nécessaire à la vie et à l'entretien des habitants : riz, viande, volaille, légumes, taoka (rhum indigène), poterie, ferblanterie, bois de construction, remèdes, etc., en un mot, toutes les productions du pays, et parmi les produits étrangers, surtout des remèdes, des indiennes et les cotonnades américaines, que l'on doit faire venir à dos d'homme de Tamatave, mais qui, malgré cela, sont d'un bon marché extraordinaire.

Il y a quelques magasins à Tananarive, les plus grands et les plus beaux tenus par des étrangers, quelques-uns par des indigènes. Mais ces derniers vendent et achètent surtout « aux marchés » où, en dehors de la capitale, se concentre tout le commerce.

Chaque village important a son marché qui prend le nom du jour de la semaine où il se tient. Ainsi celui de la capitale s'appelle le *zoma*, vendredi. C'est un assemblage assez vaste de petites paillotes ouvertes, se touchant toutes, très basses et très sales, avec des allées fort étroites où l'on ne circule qu'à grand' peine. Mais c'est probablement le seul marché couvert de tout Madagascar. Ailleurs, c'est une place ouverte sur une montagne, à côté, parfois même assez loin du village, où des centaines, souvent des milliers de personnes se réunissent pour quelques heures, une ou deux fois par semaine ; en dehors de là, ce marché n'est fréquenté que par les animaux ou les oiseaux de proie qui y vont manger les détritus abandonnés.

Leur habileté à travailler. — Commerçants, les Hova sont encore très habiles dans tous les travaux manuels et peuvent apprendre tous les métiers.

Ils n'inventent guère, mais ils exécutent parfaitement, et tout ce qu'ils voient faire, ils peuvent l'imiter. Pour travailler la terre, leur seul instrument est une longue bêche à main, appelée *angady*,

1. On appelle ainsi tous les blancs.

qu'ils manœuvrent par la seule force des bras; et avec elle, ils peuvent, non seulement cultiver très bien leurs rizières, mais aussi y conduire l'eau de partout, et faire toutes sortes de terrassements.

J'ai vu, au palais de la Reine, de grands vases d'or et d'argent admirablement ciselés. Les lamba malgaches et leurs dentelles en soie, tissés et fabriqués on ne sait trop par quel procédé tout rudimentaire, sont d'un travail achevé, quelquefois d'un dessin remarquable et revêtus des plus vives couleurs. L'architecte de la Résidence de France, M. Jully, n'avait à sa disposition, avec deux ou trois soldats de l'infanterie de marine, maçons ou menuisiers de leur métier, que des ouvriers indigènes, capables de tout exécuter : taille et pose de pierres, sculptures, moulures, etc. Enfin, avant lui, un homme de génie dont nous aurons longuement à reparler, le grand Laborde, comme on l'appelle là-bas, avait accompli de véritables prodiges dans ses usines de Mantasoa : fabrique de poudre, de fusils, de canons, de fusées; papeterie, verrerie, savon; fonderies de fer, de cuivre, que sais-je encore? C'est que les Hova ont, avec la patience, les deux grandes qualités physiques qui font le bon ouvrier : grande sûreté de main et vue très développée, à la fois très étendue et très distincte. Avec ses yeux, le Hova voit plus loin que l'Européen avec une jumelle, et il distingue les plus petits objets, avec leurs reliefs les plus fins et les plus délicats.

Sobriété et résistance. — Enfin ils vivent de peu : une poignée de riz, un morceau de manioc, une patate avec quelques herbes bouillies, rarement de la viande de bœuf, et, comme boisson, l'eau limpide des fontaines, voilà leur régime habituel. Ils mangent, quand ils peuvent, énormément, jusqu'à se gaver comme des brutes, si l'occasion s'en présente, et c'est alors le bonheur; mais d'ordinaire leur nourriture est peu abondante et très irrégulière; s'il le faut, ils attendront, pour leur premier repas, jusqu'à la tombée de la nuit, sans en paraître nullement incommodés. Bien des catholiques, par exemple, feront 4 ou 6 kilomètres pour aller à la messe, et y communier vers 8 ou 9 heures du matin, assisteront à une seconde réunion vers 11 heures, puis à une troisième vers 3 ou 4 heures, et alors seulement s'en retourneront déjeuner. Ce jeûne ne les empêche nullement de supporter n'importe quel travail, n'importe quel effort. Les porteurs sont capables de faire, d'une allure très rapide et suffisamment chargés, 40 kilomètres par jour, pendant une semaine et plus, et ils seront prêts à recommencer après un court repos de quelques jours.

A cette endurance s'ajoutent une adresse et une agilité admi-

rables dans tous les exercices du corps, une grande intelligence
pratique qui leur permet de se tirer facilement d'affaire, de se diriger, de réussir dans toutes les difficultés ou toutes les entreprises ;
en un mot, et en terme d'argot, ils sont *débrouillards*.

Ils sont fort peu sensibles à la douleur, et supportent sans
paraître les ressentir les souffrances les plus vives. Leur constitution est robuste et leur tempérament relativement fort.

Rien de ce qui peut leur arriver ne les étonne, ils sont d'avance
prêts à tout ; sans en avoir le fanatisme, ils ont toute l'apathie et
toute la résignation des peuples orientaux.

Ils ne se révoltent pas ; ils ne blasphèment pas ; toujours prêts
à courber la tête et à tout accepter de la part de toute puissance
quelle qu'elle soit : Dieu, démon, roi, ancêtre ou sorcier.

Ils ont le respect inné de l'autorité et sont naturellement soumis
à tout ce qui leur est ordonné d'en haut. Cette soumission, qui est
absolue, va même jusqu'à la servilité. Mais elle n'en est pas moins
une grande qualité, car elle permet à un gouvernement d'être fort
et favorise singulièrement la discipline.

De plus, ils aiment leur pays ; sans doute à cause de leur tempérament facilement nomade, ils le quittent souvent : ils entre-
prennent sans hésiter les plus grands voyages et ils s'absentent de
gaieté de cœur pour des années ; mais ils conservent toujours
l'espoir et la volonté bien arrêtée de revenir. Parfois même ils
emportent avec eux, comme le paysan irlandais allant en Amérique, une poignée de la terre natale.

Enfin, car il faut finir, ils ont un grand respect du passé et un
grand amour pour les traditions de leurs ancêtres ; qu'ils gardent
avec la plus scrupuleuse fidélité.

Telles sont les principales qualités des Hova. Je ne les ai ni dis-
simulées ni diminuées, plutôt le contraire. Mais cela me met à
l'aise pour parler des défauts et des vices qui, chez eux, gâtent et
corrompent tant de dispositions natives.

II

DÉFAUTS ET VICES DES HOVA

Paresse. — Le plus grand défaut des Hova, c'est la paresse. Ce
n'est pas qu'ils ne puissent travailler. Ils le font au contraire avec
une remarquable énergie et une grande persévérance, quand c'est

nécessaire. Il y a même en ville des artisans qui travaillent presque chaque jour, et la vie des porteurs est une vie très dure. Mais, à prendre la nation dans son ensemble, on peut dire que le Hova ne travaille pas 20 jours pendant toute l'année. Je ne parle pas des riches qui ne font absolument rien, mais des cultivateurs ordinaires et du commun des esclaves.

Toute leur vie se passe à flâner, accroupis devant leurs cases, se chauffant au soleil et se livrant à d'interminables causeries. Tantôt ils jouent pendant des heures au « fanorana », sorte d'amusement ressemblant un peu à notre jeu de dames ou au jeu de « mareilles », mais plus compliqué et plus passionnant; tantôt ils assistent à des combats de coqs, de chiens, de taureaux pour lesquels, surtout autrefois, ils avaient une véritable passion. — Il leur suffit d'ailleurs de regarder n'importe quoi, car un rien les amuse comme de grands enfants qu'ils sont.

Il y a bien des causes à cette indolence. Et d'abord, leurs besoins sont si limités et la nature s'est montrée si prodigue à leur égard, qu'il n'est pas nécessaire pour eux de travailler beaucoup ; de plus leur climat est énervant et amollissant, au point que les Européens eux-mêmes en ressentent vite les effets.

Mais quelque explicable et excusable qu'elle soit, cette paresse est évidemment une grande cause de démoralisation.

Un Anglais très cultivé, qui visitait Madagascar, me disait un jour à ce propos : « Tant que les Hova ne travailleront pas, tout ce que l'on fera pour les moraliser, sera peine perdue. »

C'est très vrai, mais comment les amener à travailler? Je ne connais qu'un moyen pour le moment, c'est de leur offrir l'occasion de gagner de l'argent.

Avarice. — Car ils aiment l'argent par-dessus tout, comme de vrais Juifs qu'ils seraient, à ce que prétendent quelques-uns. Ce n'est pas qu'ils en aient beaucoup; au contraire, l'argent est très rare dans l'Imerina, et cette rareté ajoute à son prix. Quoique sa valeur soit sujette à de continuelles variations, on peut dire qu'elle est dix fois supérieure à celle de l'argent en France, c'est-à-dire que là-bas vous paieriez cinq francs ce qui vous en coûterait ici cinquante.

La seule monnaie courante est la *piastre, ariary*, ou pièce française de cinq francs qu'ils coupent au ciseau à froid, en morceaux de plus en plus petits jusqu'au « Varidimiventy », ou 0 fr. 035, pour avoir de la monnaie divisionnaire. Aussi l'argent ne se compte pas, mais se pèse, au moins pour les sommes inférieures à cinq francs.

Chaque marchand malgache a de petites balances portatives et des séries de poids pour peser, depuis 27 grammes, le poids légal de la *piastre coupée*, jusqu'à la plus petite fraction[1].

Mais cette piastre, c'est le véritable dieu des Hova, le dieu auquel ils sacrifieront tout, leur famille, leurs enfants — jadis ils les vendaient en réalité — leur patrie !

Car posséder de l'argent, surtout une piastre non coupée, est un besoin pour le Hova. Ainsi, il préférera une piastre entière, qui pèse 25 grammes, à 27 grammes d'argent coupé, et il est toujours prêt à vous changer les 27 grammes d'argent coupé contre une piastre[2], surtout si cette piastre est neuve, malgré les 2 grammes d'argent qu'il perd au change. Que voulez-vous ? Une piastre d'argent de plus, c'est une parcelle de bonheur de plus pour le Hova. De même il fera tout pour recouvrer une créance sacrifiant souvent pour cela plus qu'il ne lui est dû. Je suppose, un ouvrier hova, par exemple un menuisier, qui gagne 1 fr. 25 par jour. Il n'hésitera pas, pour recouvrer une dette de 1 franc, à faire plus d'une journée de marche. Il perdra ainsi trois jours pour aller se faire payer et rentrer chez lui, et par suite 3 fr. 75 de gages. — N'importe, il aura recouvré sa créance. C'est sot, mais c'est caractéristique.

Les Anglais, dès le règne de Radama Ier, ont su très habilement exploiter ce côté du caractère hova. Convaincus que tout est à vendre là-bas, ils firent ce que la France n'a jamais voulu faire, ils achetèrent tout. C'est ainsi, pour le dire en passant, que la religion de leurs missionnaires a été proclamée religion d'État et a pu s'étendre partout ; c'est ainsi également que leurs consuls ont pu pendant si longtemps faire échec à la France, et ont été souvent sur le point de nous enlever cette splendide possession.

Usure. — Cet amour effréné de l'argent entraîne l'usure la plus inouïe. On prête d'ordinaire à la semaine, et le taux de l'intérêt, qui légalement est de 24 %, peut s'élever pratiquement à un « voamena », un peu plus de 0 fr. 20, pour une piastre et une semaine, c'est-à-dire plus de 200 % pour une année. C'est le maximum. Mais le taux ordinaire est de 100, 150 %. Évidemment

1. Évidemment ce n'est pas là un mode de paiement commode, et maintes fois, on a parlé d'une refonte de la monnaie ou de l'établissement d'un système national complet. Un moment même, en 1891, le Comptoir d'Escompte faillit en prendre l'entreprise ; mais jusqu'ici rien n'a été fait.

2. Cela n'est pas vrai cependant sur la route de Tamatave à Tananarive, où les habitants réclament souvent du change, et il faut alors donner, en plus de votre piastre, un sikajy, près de 0 fr. 60.

c'est la ruine inévitable, et, après la ruine, la perte de la liberté pour le malheureux emprunteur qui deviendra esclave s'il ne peut racheter la créance.

Le vol. — L'amour de l'argent a tout naturellement développé un autre amour, universellement répandu à Madagascar : l'amour du bien d'autrui. Le Hova naît voleur. Il l'est du haut en bas de l'échelle sociale, depuis le premier ministre et ses gouverneurs qui pillent, saccagent, pressurent ceux qui sont au-dessous d'eux, jusqu'au dernier esclave qui s'approprie tout ce qui lui tombe sous la main.

Que doivent donc faire les domestiques des blancs !

Quand Mme Bompard, la femme de l'ancien Résident français, alla rejoindre son mari, elle constata vite que tout chez elle disparaissait avec une extrême rapidité. Elle annonça à son personnel qu'elle ferait chaque mois un inventaire de son mobilier. Mais comme c'était à jour fixe, si on ne la vola plus, « on lui *emprunta* pour un mois », suivant sa pittoresque expression. Moi-même, je me garderai bien de dire que je n'ai jamais été volé là-bas.

Cette manie du vol explique l'existence de ces bandes de pillards dont on a tant parlé. Elles ont existé de tout temps à Madagascar, composées de Bara, de Sakalaves, et plus encore d'esclaves fugitifs, de soldats déserteurs, de Hova de toute caste. A leur tête se trouve parfois l'un des fils du premier ministre, Rapanoelina. On le connaît bien à Tananarive. C'est lui, très probablement, qui fit attaquer la Mission catholique en 1890 et couper la main au Père Montaut ; c'est un de ses esclaves qui fut tué, au commencement de l'année 1894, par M. Durand, un Français assez osé pour ne pas vouloir se laisser dévaliser ; c'est lui enfin qui se rend sans façon, à la tête de ses hommes, dans telle ou telle villa aux alentours de la capitale, s'installe, se fait servir, se gorge de viande et de rhum, et ne part qu'avec une rançon de quelques centaines ou de quelques milliers de piastres.

Le mal va en augmentant. Le gouvernement est incapable de le réprimer, si ce n'est aux environs de Tananarive, et, un moment, on a pu craindre que la route elle-même de Tamatave ne fût plus sûre.

Il va sans dire que le commerçant ne connaît ni loyauté ni bonne foi ; j'achetai un jour une broche d'argent très bien travaillée, et j'étais fier de mon acquisition ; hélas ! au bout de quelques jours, cet argent n'était plus que du cuivre.

Un Corse bien connu là-bas, aventurier et ivrogne, mais au

demeurant meilleur garçon que bien d'autres, est le héros d'une aventure qui venait de se passer quand j'arrivais à Tananarive.

Il avait eu à se plaindre grièvement d'un Français haut placé et bien connu. Un jour un Hova lui apporte une corbeille de jonc pleine de poudre d'or. Il y en avait pour dix mille francs. Le Corse la considère, et il a vite reconnu la supercherie. « Je ne suis pas assez riche pour t'acheter tout cela, dit-il au Hova, mais porte-la à X... qui est très riche et paie très bien. » Le conseil fut suivi, X... acheta et paya comptant, deux mille piastres, de la limaille de cuivre doré. Je vous laisse à penser la joie du Hova.

Autres défauts. — Car le Hova est naturellement fourbe, en dessous, d'une grande « duplicité native, d'un esprit cauteleux et méfiant », comme dit M. Grandidier. L'étranger n'est pour lui qu'un homme bon à exploiter, comme chez d'autres peuplades un être à massacrer, et c'est de bon cœur qu'on se raconte les tours qu'on lui a joués. D'ailleurs, s'il n'a pas un étranger sous la main, il trompera tout aussi volontiers un compatriote, et c'est merveille de voir quels assauts de supercherie et de fourberie ils font dans les marchés pour se tromper mutuellement.

La fourberie s'allie au mensonge. Le Hova est menteur à la perfection ; il ment avec une bonhomie et une candeur capables de tromper le plus habile des hommes. « Si vous voulez apprendre quelque chose d'un Hova, me disait un jour le Père Campenon, prenez toujours le contre-pied de ce qu'il vous dira. » Ce n'est pas *toujours* qu'il faudrait dire, car il lui arrive parfois de dire la vérité !

Menteur, il est orgueilleux à l'excès, surtout s'il appartient aux premières castes. Malgré lui, il s'incline devant les blancs qu'il sent lui être supérieurs, mais il écrase de son mépris les autres tribus de l'île, surtout celles qui lui sont soumises et leur fait durement sentir sa domination. Ses rapports avec ses inférieurs, aides de camp, esclaves ou autres, sont d'ordinaire faciles et empreints d'un certain abandon, et même d'une certaine familiarité ; mais il faut toujours qu'il reste le maître incontesté, et en public, avec quelle fierté il se drape dans son lamba et passe devant vous, se redressant dans son « filanjana », au galop de ses porteurs, entouré de ses nombreux esclaves qui chassent la foule, criant et gesticulant, frappant au besoin, comme s'ils portaient un dieu !

Menteur et orgueilleux, il est encore inconstant, léger, infidèle, ne se croyant lié par aucune promesse, ne tenant aucun compte de la parole donnée, sans dignité morale, sans grandeur de caractère, sans générosité, incapable de dévouement, d'amour, de haine et, pour conclure, je dirai après Flacourt : « S'il y a nation au monde adonnée à la flatterie, cruauté, mensonge et tromperie, c'est bien celle-ci. »

Mais surtout elle est adonnée à l'ivrognerie et à l'immoralité.

Ivrognerie. — Le vin ne se récolte pas dans l'île. Il est expédié d'Europe et revient, par suite, à un prix très élevé. Il n'y a donc que les très riches qui peuvent s'en procurer. Mais ceux-là, quand ils en ont, surtout si c'est du champagne, ne savent plus s'arrêter.

Le premier ministre avait un fils qu'il aimait entre tous et dont il voulait faire son successeur, Rainiharovony, brave garçon au demeurant, intelligent, cultivé, aux idées plus larges et plus élevées que la plupart de ses compatriotes. Mais, comme l'hôtelier de Bretagne de Francisque Sarcey, « il ne désaoûlait pas de toute la journée ». Il passait jusqu'à deux ou trois jours de suite dans la cave d'un marchand mauritien, ivre-mort et cependant buvant toujours. Sur la demande de son père, qu'une telle conduite désolait, M. Le Myre de Vilers fit signifier au débitant de ne plus le recevoir, sous peine de voir interdire sa maison. — Le Mauritien voulut obéir et ferma sa porte en voyant venir Rainiharovony. Il avait compté sans son hôte. Le Malgache retourne sur la place, prend des soldats et leur fait briser la porte à coup de crosses...

Mais le commun des mortels n'a que du rhum, soit du rhum vahaza que l'on importe de Maurice, ou que des blancs fabriquent sur la côte ; soit du rhum malgache que l'on distille sur place et que l'on aromatise de manière à en faire quelque chose de véritablement infect. La loi l'interdit dans l'Imerina, mais elle est complètement impuissante, et nulle part peut-être on n'en boit autant, excepté chez les Betsimisaraka. Il n'est pas rare de voir un homme vendre tout ce qu'il possède, jusqu'à la dernière chemise de ses enfants, pour une bouteille de rhum qu'il avale presque d'un trait.

Mais c'est surtout la grande fête annuelle du *fandroana*, les noces, le transfert des morts et les enterrements, qui sont l'occasion de saturnales ignobles. Une grande jatte de rhum est placée au milieu de la case pour la « veillée des morts », et tout le monde y puise à même, au milieu des cris et des chants les plus étranges et des excès les plus révoltants.

Tout cela ne peut se faire impunément, et un peuple qui se livre à de tels excès doit naturellement baisser et dépérir, surtout si à l'ivrognerie il joint un autre vice encore plus fréquent, l'immoralité.

Immoralité. — Évidemment elle n'est pas l'apanage des Hova, et notre vieil historien Flacourt fait une description épouvantable

et navrante des mœurs de son temps, chez les peuplades du sud.
Sans la répéter ici, j'affirme bien haut que tout, absolument tout,
s'applique aux Hova.

On croirait cette page sinistre écrite spécialement pour eux.

La femme n'est pourtant pas chez eux l'esclave, ni cette créature
inférieure que l'on voit chez les Arabes. Au contraire, traitée généralement avec douceur, elle se considère l'égale de l'homme et
occupe une situation tout à fait indépendante. On en a la preuve
dans ce fait que le trône est assez souvent occupé par une reine.

Le célibat est inconnu chez les Hova et l'on se marie très jeune :
les femmes à 12, 13 ou 14 ans et les hommes à 15 ou 16 ans;
12 ans étant l'âge requis pour les premières, et 15 celui exigé pour
les seconds. Car c'est l'ambition de tout Malgache de fonder au
plus tôt une famille, et son désir le plus ardent d'avoir un grand
nombre d'enfants.

Ces mariages exigent, jusqu'à un certain point, le consentement
des deux parties, et toute mésalliance est considérée comme crimi-
nelle et prohibée. Ce seraient là des garanties de moralité si elles
n'étaient à peu près annihilées par de tristes habitudes. La plupart
du temps les parents décident, sans les consulter, les mariages de
leurs enfants; ils les fiancent très jeunes, parfois même avant leur
naissance, pour des motifs de convenance, d'intérêt ou de parenté;
par exemple, pour fonder, dès le moment des fiançailles, une famille
fictive qui, dès lors, pourra acquérir, hériter et, par là, sauver les
biens des parents que menace peut-être la confiscation.

Les fiançailles précèdent donc de beaucoup le mariage. Mais ce
n'est pas tout. Les fiancés cohabitent deux ou trois ans ensemble,
avant de s'unir par un mariage en forme. Cet essai fini, ils pourront se séparer sans formalité aucune, s'ils ne se conviennent pas.
S'ils se conviennent, au contraire, la jeune fille retourne dans sa
famille, on fait la demande officielle, on règle les conditions, qui
d'ordinaire se réduisent aux deux suivantes : 1° La femme apportera
le tiers de la dot commune, et le mari les deux autres tiers; 2° le
mari pourra renvoyer sa femme, et celle-ci pourra quitter son mari,
s'ils cessent de se convenir. — Enfin le mariage est conclu et se
célèbre au milieu des discours, des souhaits et des réjouissances
de toute sorte.

Le divorce existe donc, et sur une vaste échelle; de même la
polygamie.

Autrefois, un homme prenait autant de femmes qu'il pouvait en
nourrir, et en changeait librement quand il le désirait.

Les nouvelles lois ont bien interdit d'avoir plus d'une femme et règlent les cas de divorce; mais il y a tant de moyens de les éluder! et le Malgache, toujours si respectueux des lois et des coutumes des ancêtres, ne tient presque aucun compte de ces nouvelles ordonnances, introduites par des étrangers. Une seule femme, par exemple, aura le titre d'épouse; les autres seront des esclaves ou des amies de la femme légitime. Quant au divorce, il est d'une telle facilité, surtout chez les grands, qu'il n'y a aucune stabilité dans le mariage.

Un homme désire-t-il avoir une femme, même mariée : il renvoie la sienne, amène l'autre à divorcer et l'épouse.

Il y a peu d'années, le prince Ramahatra, que sa naissance et sa situation de famille mettent au-dessus de tous, sauf de la Reine et de son tout-puissant ministre, et que ses qualités personnelles ont fait le favori du peuple, le prince Ramahatra avait une jeune femme qu'il aimait, et avec laquelle il vivait en complète harmonie. Mais voici que le prince Ratsimamanga, l'oncle de la Reine, désire épouser la jeune femme de Ramahatra. Celui-ci dut s'en séparer et l'abandonner au vieux satyre.

Il y a plus, quand j'étais à Tananarive, Ratsimamanga en eut un enfant, et toute la société, même les Européens, durent prendre part à cet heureux événement[1].

Tels qu'ils se pratiquent aujourd'hui, il y a trois sortes de mariages :

1º Le mariage suivant les anciens rites[2], sorte d'union libre qui durera tant qu'on se conviendra.

C'était le seul pratiqué autrefois. Le mari peut renvoyer sa femme quand cela lui plaît; la femme aussi peut quitter son mari, qui dans l'un et l'autre cas lui rend sa dot et lui abandonne le tiers des acquêts. Quant aux enfants, ils restent au père ou à la mère, sans que rien soit fixé à cet égard, mais ils ne sont jamais abandonnés, tant la vie matérielle est à bon marché.

D'habitude, cependant, c'est le père qui les garde, et ils ne sont pas rares ceux qui prennent une femme pour un an ou deux,

---

1. « Le divorce est interdit (art. 56 de la législation de 1881 sur le mariage) sauf en cas de fautes graves; mais les époux peuvent se séparer en en donnant avis à l'autorité; faute de le faire, 250 fr. d'amende, payables deux tiers par le mari et un tiers par la femme. »
                              (M. Le Myre de Vilers, note manuscrite.)
2. Les formalités en étaient très simples : « Elles se réduisaient à donner aux parents de la fille le *vodiondry* (cul de mouton), remplacé généralement par un cadeau en argent, qui était employé à un repas. »
                              (M. Le Myre de Vilers, note manuscrite.)

uniquement dans le but d'en avoir un enfant et de la renvoyer ensuite.

2° Le mariage *civil*, c'est-à-dire contracté devant un gouverneur et inscrit sur « le livre du royaume », ou registre public.

En droit, tout mariage doit être ainsi inscrit (art. 53 de la législation sur le mariage); sinon les contractants seront considérés comme vivant en concubinage, délit prévu par l'article 55 et entraînant une amende de 250 francs; et un mariage ainsi conclu est soumis aux lois, partant indissoluble, sauf en quelques cas spécifiés de divorce[1]. Mais en fait, en dehors de la capitale et de quelques autres centres, bien peu de mariages sont inscrits et on les rompt, comme les autres, à peu près quand on veut.

3° Enfin, le mariage *religieux*, au temple protestant ou à l'église catholique. Le premier n'ajoute rien au mariage civil, et ce sera l'éternelle honte des missionnaires protestants, luthériens, indépendants et quakers — il faut faire exception pour les anglicans — que de n'avoir rien fait pour relever l'idée du mariage chez leurs chrétiens, et d'avoir toléré, sinon consacré, chez les grands, les plus injustes séparations et les unions les plus scandaleuses. Aussi, quel jugement sévère peut porter contre eux un homme au-dessus de tout soupçon et que sa haute situation à Tananarive a mis à même de tout bien voir : « La London Missionary Society, dit M. Le Myre de Vilers dans une précieuse note manuscrite qu'il a bien voulu me confier, et où j'ai si abondamment puisé, s'est contentée des apparences, et au lieu de s'attacher à réformer les mœurs, en constituant la famille légale, elle n'a trouvé rien de mieux que d'édicter des lois répressives qui ne pouvaient amener aucun résultat sérieux. » Aussi qu'a-t-elle obtenu? « Sous sa direction, conclut le même observateur, l'hypocrisie britannique n'a fait que remplacer la promiscuité naïve des mœurs indigènes. — La morale n'y a rien gagné, au contraire, et les liens de famille se sont relâchés. »

C'est dur, mais qui oserait dire que c'est immérité?

Il y a plus. « Sauf à Tananarive, où la mode est de se marier au temple ou à l'église, dit encore M. Le Myre de Vilers, l'union libre se contracte sans aucune solennité. Ainsi, par exemple, à Betafo on ne constate, sur les livres d'inscription, que 10 mariages sur 4,000 baptêmes protestants. »

L'église catholique au moins n'a pas fléchi sur ce sujet à Madagascar pas plus qu'ailleurs; et le catholique qui ne veut pas suivre

1. M. Le Myre de Vilers, note manuscrite.

ses lois, qui veut, par exemple, profiter du divorce, doit cesser de pratiquer sa religion.

Ainsi, en quittant l'Imerina, je me rappelle avoir rencontré à Moramanga un charmant jeune homme, plein de zèle et tout dévoué à sa foi, mais qui ne pouvait pratiquer, parce qu'il s'était remarié contrairement aux prescriptions de l'Église. Et ils sont nombreux ceux qui sont dans le même cas! Mais malgré tout, cette inflexibilité, si digne et si grande, commence à porter ses fruits. La moralité des catholiques se relève et tranche notablement sur celle des autres confessions religieuses.

Ainsi donc, en résumé, extrême facilité de divorce et, souvent, polygamie de fait, telle est la physionomie du mariage en Imerina. Mais ce qu'il y a de plus triste, c'est que cela n'empêche nullement et ne diminue en rien l'inconduite et la corruption privée.

Je ne puis entrer ici dans de grands détails; mais je serais trop incomplet si je passais entièrement un tel sujet sous silence.

Et, d'abord, il n'y a pas de fidélité dans le mariage, ni du côté du mari ni du côté de la femme. Bien plus, ce sentiment humain de la jalousie, que l'on retrouve presque partout, dans le cœur des barbares comme dans celui des hommes les plus civilisés, existe à peine ou n'existe pas du tout à Madagascar [1].

La loi ne nomme même pas l'adultère; seul le concubinage avec une femme mariée est puni de 500 francs d'amende (art. 58 de la loi de 1881). Mais même cette loi n'est pas observée. Quand j'étais à Tananarive, le chef de l'une des six castes de la noblesse fut accusé d'avoir pour concubine la femme d'un Hova, qui se rendait ouvertement chez lui. Il nia, mais sa complice, plus osée que lui, en plein jour, devant tout le peuple avide de pareils spectacles, reconnut tout et ajouta en regardant bien ses juges en face : « Mais vous en faites tous autant! » L'affaire s'arrangea.

Non seulement il est reçu qu'on vive ensemble avant de se marier, mais c'est un usage absolument universel. Ainsi, en 1892, le chef de la « Réunion catholique » de l'église cathédrale de Tananarive, ayant mis comme condition au mariage de sa fille avec le fils d'un des ministres que les enfants seraient élevés dans la religion de leur mère, et surtout que celle-ci serait respectée jusqu'après le mariage, les pourparlers furent rompus.

« Les filles non mariées ont toute liberté, dit M. Grandidier [2], et elles en profitent au delà de toute expression. » Elles peuvent

1. M. Grandidier, Mémoire de 1886.
2. *Madagascar et ses Habitants*, p. 12.

avoir trois ou quatre enfants et plus, que cela ne les empêchera nullement de trouver un mari; au contraire, car on est certain alors de leur fécondité. Ainsi toute pudeur, tout sentiment d'honnêteté a disparu chez la femme, absolument comme chez l'homme, et le mot par lequel M. Le Myre de Vilers commence sa note sur la législation du mariage malgache, est littéralement vrai : « Le Malgache n'a pas de mœurs... On peut dire qu'à Madagascar la vierge n'existe pas et la chasteté y est chose inconnue... »

Le Rév. Sibree, en termes voilés, avait déjà dit à peu près la même chose : « Nous ne pouvons douter, écrit-il, que l'immoralité ne domine en secret dans une grande étendue. Sauf quelques exceptions, il y a, même parmi les chrétiens (protestants) une idée très imparfaite du désordre du péché et de la beauté morale de la pureté. Une femme peut s'égarer, et même mener une vie immorale, qui devrait l'éloigner de toute société honorable, d'après nos idées anglaises, et cependant elle sera reçue par les plus grandes familles à Madagascar. Les parents sont souvent très négligents dans la surveillance de leurs enfants, et beaucoup d'entre eux sont peu troublés, lorsque ces enfants mènent une vie qui ferait mourir de chagrin des parents chrétiens d'Angleterre. »

Ce n'est pas assez dire, ces pauvres malheureux, encore tout jeunes, commettent le mal sous les yeux de leurs propres parents qui, au lieu de les en empêcher, ne font qu'en rire, ou même les y encouragent ou le leur apprennent[1].

Les fêtes du Bain de la Reine, en particulier, sont de vraies bacchanales, où les enfants ne devraient jamais assister.

Et cependant les Malgaches n'aiment pas qu'on leur parle de ces choses. Evidemment leurs conversations sont très libres. « Ils se plaisent à railler, à gausser, à faire mille bouffonneries[2] », mais ils ne supportent pas qu'on parle d'eux-mêmes. ou qu'on fasse allusion à leurs propres fautes, à leurs faiblesses ou à leurs liaisons. Ils commettent le mal très librement, mais il faut paraître l'ignorer, en fussiez-vous le complice.

Un tel dévergondage a naturellement porté ses fruits. Il a d'abord vicié le sang. La syphilis ne laisse intact presque personne. Elle atteint, m'a-t-on assuré, 80 % de la population, et il est navrant de voir de pauvres petits êtres qui en naissent littéralement couverts. Sans doute, elle est moins grave que chez nous, et on est plus facilement soulagé. Mais parfois on en meurt;

1. Flacourt.
2. Flacourt, ch. XXXVI.

ou bien l'on est atteint de la lèpre ; et cette hideuse lèpre trouve dans l'inconduite sinon son unique, certainement sa principale cause.

Les Hova restent encore robustes, mais le tempérament d'un peuple s'use aussi bien que celui des individus, en sorte que cette race — et je me rencontre ici avec un observateur de grand mérite — à moins que ses mœurs ne se relèvent, et qu'elle ne cesse de s'adonner ainsi sans mesure à l'immoralité et à l'ivrognerie, est fatalement condamnée à s'affaisser et à disparaître.

Le peuple est un peu mieux conservé, mais la noblesse est déjà bien atteinte, et l'on pourrait noter des signes effrayants de caducité et de décrépitude, spécialement parmi les membres de la famille royale.

CHAPITRE V

CROYANCES ET CULTE

I

CROYANCES

Les Hova, comme les autres Malgaches, n'ont ni temples, ni autels, ni même, à proprement parler, de prêtres. C'est probablement ce qui a fait dire à plusieurs auteurs qu'ils n'avaient point de religion. Mais rien n'est plus faux.

Dieu. — Ils sont au contraire clairement monothéistes.

Ils ont en effet la notion du vrai Dieu, qu'ils appellent *Andria-manitra,* le Dieu qui a bonne odeur, — peut-être en souvenir de l'encens qu'en d'autres pays, par exemple chez les Juifs, on brûlait constamment sur son autel, — ou bien, et plus ordinairement, *Zanahary,* le Dieu créateur. Cette notion est même chez eux plus claire que chez les autres Malgaches. Toutes leurs formules de prières en font foi. Dans toutes, en effet, ils s'adressent invariablement au Dieu créateur, principe de tout bien et ennemi de tout mal. Les autres invocations aux ancêtres, aux vertus des douze montagnes, aux dieux inférieurs, bons ou mauvais, ne viennent qu'en second lieu, suivant le proverbe :

« Demandez par les ancêtres le bien que Dieu seul fera. »

Peut-être même serait-il possible de voir, dans ces pratiques, une simple corruption de la tradition sémitique des anges bons et mauvais et des invocations juives au Dieu d'Abraham, d'Isaac et de Jacob, au Dieu de nos Pères, au Dieu des douze Patriarches.

Quoi qu'il en soit, cette croyance monothéiste est bien la croyance propre des Hova, la croyance primitive de leurs ancêtres.

Le fétichisme grossier et toutes les pratiques superstitieuses, dans lesquels ils ont enveloppé plus tard, et comme noyé leur croyance au vrai Dieu, ne vinrent que longtemps après. Il les empruntèrent à leurs voisins et ne les acceptèrent qu'après de longues et vives résistances. Le Père Abinal parle même de vénérables vieillards qui, jusque vers le milieu de ce siècle, luttaient contre l'introduction de l'idolâtrie, et refusaient leur culte à tout ce qui n'était pas le Dieu créateur, *Zanahary*, adoré par leurs pères. Lui-même avait connu de ces ennemis de l'idolâtrie, morts seulement vers 1868 ou 1870.

Le Rédempteur. — Une autre croyance, plus vague, mais que l'on peut encore démêler au milieu du fétichisme qui a envahi les Hova, c'est leur croyance à un Rédempteur, le Fils de Dieu qui se serait fait homme et serait descendu sur la montagne d'Ankaratra, au sud-ouest de Tananarive, pour converser avec les hommes, les instruire, faire le bien et enfin mourir ou disparaître dans une région inconnue.

Je ne ferai cependant pas trop fond sur cette croyance à un Rédempteur ; car, peut-être, on pourrait y voir un simple souvenir des missionnaires ou des divers Européens, matelots, traitants ou autres, qui, à diverses reprises, se sont établis dans les régions occidentales de l'île.

L'Ame. — Enfin les Hova admettent une âme, mais dans le même sens que les autres Malgaches, qui est tout différent du nôtre. C'est pour eux une sorte d'ombre, de fantôme, de corps aérien. Elle n'est pas le principe vital de l'homme, mais, ordinairement unie à lui, elle peut en être séparée et pratiquement s'en sépare onze mois ou un an avant la mort. Toutefois elle ne quitte jamais le corps de sa propre volonté et, par suite, aucun Malgache ne meurt d'une mort naturelle. C'est le sorcier qui l'en chasse. Quand il a choisi sa victime, il passe près d'elle inconnu et inoffensif en apparence ; il met le pied sur son ombre ; l'âme est saisie et il l'emporte captive, sans que le malheureux condamné à mort s'en aperçoive. Bientôt ce dernier maigrit et perd ses forces : il va mourir s'il ne peut recouvrer son âme. De là des rites tout particuliers et fort étranges, soit pour découvrir où l'âme volée reste cachée, pour lui livrer la chasse, la prendre et la rapporter à sa demeure ; soit au contraire pour l'attirer par des présents, du miel, du riz, etc., la prendre comme au piège et l'obliger à rentrer dans le corps qu'elle a quitté. Si l'on réussit, c'est la guérison ; sinon, ce sera la mort.

Cette âme est-elle immortelle ? Jusqu'au commencement de ce

siècle, les Hova la faisaient mourir après qu'elle avait passé un an
à aller de sa case à son tombeau et réciproquement... Aujourd'hui,
d'après une tradition empruntée aux Betsileo, ils la font se rendre
au pays des Tanala, à la triste et sombre montagne d'Ambon-
drombe, où elle périt après trois ans passés à parcourir les trois
cercles concentriques qui composent ces Champs Elysées d'un
nouveau genre. Toutefois, cette dernière croyance n'est pas universellement admise, et nous verrons bien des exemples et bien des
pratiques, qui supposent une vie plus longue aux âmes, sinon
l'immortalité proprement dite, en particulier aux âmes des
ancêtres. Je croirais même volontiers, et tout semble l'indiquer,
que le dogme de l'immortalité de l'âme existait au commencément
chez les Hova, en même temps que la croyance à l'existence de
Dieu, et qu'il ne s'est obscurci et n'a disparu que plus tard.

Enfin, il n'y a pas que l'homme à avoir une âme : les animaux,
les plantes, les objets inanimés eux-mêmes en ont une. Et, pour
vivre, l'âme de l'homme a besoin de se nourrir tout comme le
corps ; seulement elle se nourrit de l'âme même du riz, du manioc,
des fruits, de la viande, de l'eau, etc.

Telles sont, semble-t-il, les croyances primitives des Hova.
Elles sont fort rudimentaires et défigurées par les plus grossières
superstitions. Cependant, elles supposent, à l'origine, l'existence certaine d'un monothéisme assez épuré dans lequel on retrouve
sûrement l'existence de ces deux grandes vérités primordiales, base
de toute religion et qui existent au berceau de tous les peuples :

1° L'existence d'un Dieu unique ;

2° L'existence d'une âme qui dans le principe devait être
immortelle ;

Et peut-être aussi l'existence d'un Rédempteur.

II

DU CULTE ET DE LA CIRCONCISION

Le culte que les Hova rendent à la divinité est encore plus
incertain, moins fixe et plus rudimentaire que leurs croyances. Il
existe cependant.

Croyant à Dieu et à sa Providence, ils l'invoquent souvent et
son nom est sans cesse sur leurs lèvres, dans les petites comme
dans les grandes circonstances de leur vie. Ils le prient, mais

uniquement pour demander des biens temporels, la santé, la richesse, des enfants, des honneurs. Ils lui offrent aussi les pré-mices de toute chose : le premier morceau de viande à un festin, un habit neuf que l'on met pour la première fois, la première eau du bain du *fandroana*. Tous ces objets ne lui sont pas sacrifiés, mais seulement dédiés par cette parole de consécration : « A Dieu les prémices, à vous les prémices, Andriamanitra », qui est bien un véritable hommage. Quelquefois même ils lui font des vœux, par exemple de se priver de tel aliment pendant un certain temps, d'immoler un coq, etc., s'il leur accorde une grâce déterminée, un enfant, un heureux voyage ou toute autre faveur. Enfin on lui offre en sacrifice des coqs, des moutons, des bœufs. Mais ici encore, il faut dire des Hova ce que Flacourt disait des Malgaches du sud : 1º Ils n'offrent de sacrifices qu'afin de pouvoir en manger la viande et 2º, détail curieux et cependant bien fondé sur la nature humaine, de ces offrandes ils donnent la première part au démon et la seconde seulement à Dieu, par cette raison de pru-dence que le démon étant plus méchant et partant plus à craindre, il faut tout d'abord songer à l'apaiser.

Tout leur culte est là, à l'exception toutefois d'une pratique, religieuse dans le principe, et encore aujourd'hui accompagnée de sacrifices, de prières et de pratiques superstitieuses : la Circon-cision. On est tout surpris de la trouver à Madagascar, mais elle y est universellement admise parmi toutes les peuplades qui l'habitent, une seule exceptée : celle des Mahafaly au sud-ouest. Chez les unes, elle se pratique tous les ans; chez les tribus du sud, comme le raconte Flacourt, tous les sept ans ; tous les sept ans également chez les Hova. Chez ces derniers, un an après la fête septennale, il y avait comme une véritable année jubilaire pendant laquelle toutes les prisons étaient ouvertes et tous les délits par-donnés.

Flacourt fait une description très pittoresque, et le Père de La Vaissière, une autre très exacte de tout ce qui se pratiquait à cette grande cérémonie de la Circoncision. Avant 1869, c'était la fête par excellence des Hova[1]. Elle durait deux mois. On commençait par administrer le tanghen à tous les sorciers, afin de purifier le royaume de cette race maudite. Puis, tout devait être à la joie, aux danses,

1. Depuis cette époque la fête de la Circoncision n'existe plus officiellement, mais le fait même de la circoncision se pratique toujours. Ce sont les familles qui circoncisent leurs enfants, quand elles veulent, mais toujours au milieu de fêtes et de réjouissances.

aux chants et aux festins, sans oublier bien entendu les discours et
les souhaits de bonheur. On se ruinait aussi en habits de parade,
surtout pour le jour, solennel entre tous, où arrivait en ville l'*eau
sainte*, que des officiers étaient allés en grande pompe chercher à
quelque source vénérée par la superstition. Le Père de La Vaissière
raconte que « dans la dernière circoncision des princes, deux
hommes robustes, désignés pour être les *héros de la toilette*,
succombaient sous le poids des chaînes d'or et d'argent dont on les
avait chargés. On dut leur adjoindre à chacun deux aides... Un habit de parade se loua 250 francs pour cette seule journée. »

Enfin, le jour de la circoncision est arrivé. Après minuit, des
hommes, choisis parmi les plus courageux du village, vont chercher de l'eau fraîche qu'ils apportent dans une courge pour laver
les blessures des enfants. Ils marchent, en se défendant vigoureusement avec leurs lances, et protégeant de leurs boucliers l'eau
sainte contre la foule qui les accable de pierres, car il ne faut pas
qu'une goutte de cette eau soit répandue : ce serait un mauvais
présage et la cérémonie devrait être renvoyée. Puis, on apporte les
enfants, au milieu d'une foule compacte hurlant et criant, tandis que
le pontife de la circoncision fait son office.

CHAPITRE VI

TOMBEAUX, FUNÉRAILLES, CULTE DES MORTS

I

TOMBEAUX

On connaît la vénération extraordinaire des peuples de l'Orient, par exemple des Chinois, pour leurs morts, les honneurs exceptionnels et le culte, trop souvent idolâtrique, qu'ils leur rendent. Or, le même respect se trouve chez les Hova, et ils dépassent en ce genre tous les autres peuples de l'île. Parlons d'abord de leurs tombeaux.

Il y a à peine une trentaine d'années qu'ils commencent à se bâtir des maisons convenables. Auparavant ils se contentaient de la plus misérable case, de la plus chétive hutte; mais ils ne négligeaient rien pour avoir un tombeau et ils y consacraient une grande partie de leur fortune.

Les Hova actuels indiquent avec frayeur, sur le haut des montagnes les plus reculées, des masses informes de granit non taillées, parfois de véritables blocs erratiques, qu'ils prétendent être les tombeaux des anciens Vazimba. Et c'est à ces prétendus tombeaux que se rattachent les traditions les plus fantastiques, les souvenirs les plus extraordinaires, les apparitions les plus étranges. Le Vazimba lui-même, esprit mystérieux, redoutable, descendant des anciens maîtres de l'Imerina, demeure sous ces pierres, ou bien veille dans une mare profonde cachée dans une anfractuosité de rocher, tantôt sous la forme d'un serpent, tantôt sous celle d'un oiseau rouge, et étend son empire sur tout le voisinage. Malheur à qui l'irriterait!

Vraisemblablement, il n'existe aucun tombeau de ces anciens habitants. Nous n'avons donc à nous occuper ici que des Hova, ou possesseurs actuels du sol.

Ce qui frappe d'abord dans l'étude de leurs tombeaux, c'est leur situation tout à côté des maisons, parfois dans la cour même, ou, tout au moins, à proximité du village. Ainsi les sept souverains prédécesseurs d'Andrianampoinimerina sont enterrés dans le Rova de Tananarive, tout près du palais. C'est que les Hova n'ont pas du tout la même frayeur des tombeaux que les autres habitants de l'île et ne les relèguent pas, par suite, au fond des forêts, loin de leur vue et de leur souvenir.

De plus, ces tombeaux s'élèvent toujours à l'angle nord-est de l'habitation ou du village. C'est là une règle invariable qui ne souffre pas d'exception, et dont le souvenir pourra permettre plus tard d'établir l'existence et l'assiette d'anciens villages aujourd'hui disparus.

Enfin leur orientation est toujours la même, leur grand axe étant légèrement tourné dans la direction nord-ouest-sud-est, et l'entrée se trouvant toujours à l'ouest.

On distingue deux sortes de tombeaux en Imerina, les anciens, c'est-à-dire ceux qui furent faits avant que les Hova n'eussent appris des Arabes à extraire des dalles de pierre, et les nouveaux.

Nous avons des premiers un modèle parfait dans les sept tombeaux du Rova. Ces tombeaux, dont le premier, au nord-ouest, est attribué à Andrianjaka, le prétendu fondateur de Tananarive et qui devait régner au commencement du XVIIe siècle, sont alignés sur une seule rangée allant du nord-ouest au sud-est. Ils sont tous semblables, formant un rectangle maçonné en petits morceaux de granit, de 20 mètres de long environ sur 3 mètres de large et 1 mètre de hauteur. Sept petites cases en bois (*trano-masina*, maison sainte), bâties suivant les règles de construction des anciennes maisons malgaches, surmontent ces tombeaux. Seulement, leur toit de chaume a été remplacé par du bardeau, sous Ranavalona Ire, après 1840, date de l'introduction de cette manière de couvrir. L'intérieur de ces cases contenait primitivement des nattes, du riz, un pilon et un mortier à riz et les divers objets de la vie usuelle.

Le tombeau proprement dit était un trou carré, percé dans ce massif, et maçonné sur les côtés avec de petites pierres. La voûte en était faite de plateaux d'*Ambora*, bois jaune, odorant et imputrescible, qui rappelle le camphrier. Le corps du souverain était placé sur une espèce de lit, formé des mêmes bois, enveloppé de plusieurs lamba de soie indigène, orné de tous ses bijoux, c'est-à-dire autant qu'on peut le savoir, — car personne ne peut visiter ces tombeaux, et M. Jully lui-même, qui nous donne tous ces intéressants détails, ne put jamais, quoique architecte du gouvernement malgache, les voir : il n'en parle que sur les renseignements qu'il a pu recueillir, — d'anneaux d'argent et de colliers de corail qu'ils portaient au cou, aux bras, aux chevilles, aux doigts des pieds et aux doigts des mains, avec des diadèmes formés de petites plaques d'argent semblables à des sequins et reliées entre elles par des chaînettes. De plus, à côté du cadavre, se trouvaient les insignes de la royauté : le lamba pourpre, la canne d'ébène ornée d'argent, des objets de toutes sortes et des pièces de monnaie. L'étude de ces pièces d'argent surtout sera instructive, car, comme ce sont des pièces étrangères, elles nous permettront, par leur millésime, de fixer la date de la vie de ces souverains.

Dans les nouveaux tombeaux, les murs de maçonnerie en blocage sont remplacés par de grandes dalles de granit au nombre de quatre : trois formant les côtés et une, plus grande que les autres, le plafond. La porte, limitée par deux dalles plus petites, est faite elle-même d'une feuille de granit présentant, en haut et en bas, deux gonds évidés dans l'épaisseur de la pierre et destinés à en faciliter le maniement. Elle se trouve toujours à l'ouest. En face est la place d'honneur, où il n'y a ordinairement qu'un seul *lit*, réservé au chef de la famille, aux grands ancêtres. Les autres membres sont rangés au nord et au sud, sur deux ou trois rangs de gradins superposés.

Extérieurement, le tombeau se compose d'un terre-plein limité par des pierres étroites, debout et jointes bout à bout, ou bien reliées entre elles par un blocage en petites pierres posées à plat. A l'est, à la place directement opposée à la porte, se trouve une dalle plus haute que les autres et formant stèle; cette stèle est placée exactement au-dessus de la place d'honneur ou du lit des ancêtres; c'est là que se font les sacrifices, et c'est elle qu'on enduit de graisse au jour du Fandroana. La porte du tombeau est ordinairement dissimulée derrière un amoncellement de terre, et le couloir qui y conduit, comblé. Au-dessus du terre-plein se trouve une plate-forme où s'élève la case en bois (*trano-manara*, maison froide) pour les deux premières castes de la noblesse; une seconde stèle de forme bizarre, avec deux volutes figurant les pétales d'une fleur, pour certains tombeaux du peuple.

Les corps sont toujours disposés dans ces tombeaux de la même façon, la tête du mort étant tournée vers l'est, c'est-à-dire vers le soleil levant. Seuls les ancêtres sont orientés nord-sud, la tête du côté du nord.

Les lits sont de fortes dalles de granit laissant entre elles un espace de 80 centimètres.

L'extraction de ces dalles et de celles, plus grandes encore, qui forment les côtés et la couverture du tombeau, est très simple et très curieuse. On étend une couche de bouse de vache sèche, en ligne, à l'endroit même où l'on veut couper la dalle, on la brûle lentement, on y verse de l'eau froide, et l'on y met le feu. Il se produit une fissure tout autour, et il suffit alors de soulever la dalle au moyen de leviers et de la conduire. Pour cela, si elle est très grande, on s'y met 100, 200, parfois 1,000 personnes : les femmes tirant sur des cordes en avant, les hommes de côté, et le propriétaire, debout sur la pierre, excitant tout le monde par des chants, des cris ou des lazzis. En fait c'est une fête; on tue des bœufs, on boit du rhum et cela coûte fort cher.

Aussi les Hova se bâtissent-ils leurs tombeaux de leur vivant, et ils y mettent parfois de longues années. Certains même restent inachevés, leur propriétaire ne trouvant pas moyen de faire placer la dernière dalle, la plus grande de toutes, celle qui doit recouvrir le monument.

Peu à peu, sous l'influence des blancs, les tombeaux se modifièrent, devinrent de véritables monuments, et l'on plaça tout autour une colonie d'esclaves pour les garder. Tel par exemple celui que M. Laborde construisit pour la famille du premier Ministre, à Isotry, à l'ouest de Tananarive.

Jusqu'à ces derniers temps, ces tombeaux étaient considérés comme inviolables, et c'était là le véritable trésor de la famille où l'on déposait son argent et tout ce que l'on avait de plus précieux. Certains renfermaient de très grandes richesses, et même encore, c'est l'opinion à Tananarive que les tombeaux des rois gardent un véritable trésor de réserve. Mais, hélas! toute crainte disparaît devant la soif de l'or, et maintes fois des voleurs ont forcé ces asiles des morts qu'ils ont audacieusement dépouillés. Encore aujourd'hui, c'est un effroyable sacrilège qui mérite un épouvantable châtiment, mais ce n'est plus un fait inouï comme autrefois.

II

FUNÉRAILLES

J'ai eu la bonne fortune d'assister aux funérailles d'une princesse hova. J'en reproduis ici le récit à peu près tel que je l'écrivais, à cette époque, à un ami de France.

J'étais alors à Ambohibeloma, une des plus anciennes et des plus curieuses places de l'ouest de l'Imerina, située à une bonne journée de marche — à peu près 40 ou 50 kilomètres — de Tananarive.

Or, voilà qu'un dimanche, au sortir de l'église, on apprend tout à coup la mort de la princesse Ratavy, la sœur du prince Raomanina, morte subitement chez les Vonizongo, à quelques heures de là. Son frère est catholique et le chef de l'église d'Ambohibeloma ; mais elle était restée païenne et fut enterrée selon les rites païens. A peine la nouvelle connue, vous voyez aussitôt toutes les femmes de l'endroit, libres ou esclaves, paraître la tête nue, les habits en désordre et les cheveux épars. On peut juger de l'effet produit par cette apparition.

Cependant on est allé chercher le corps qui arrive dans la soirée et est placé dans une des chambres du Rova, le château du lieu. C'est là que je le visitai en compagnie du Père Laboucarie, le missionnaire d'Ambohibeloma. Il était recouvert d'une espèce de tente, en étoffe rouge, ornée de toutes les dentelles et chiffons que l'on avait pu se procurer, et quatre ou six esclaves, accroupies par terre, l'éventaient continuellement, avec des feuilles de bananier, pour en éloigner les mouches et les mauvais génies. Nous faisons comme tout le monde notre visite de condoléance au prince. Il était à l'angle nord-est de la terrasse, occupé à faire ouvrir et préparer le caveau de famille. Son fils va l'avertir. Il arrive, suivi de ses parents, passe devant nous en nous saluant du regard, et va s'accroupir dans la salle commune du Rova, où tous se rangent autour de lui. Le Père Laboucarie fait un petit discours de circonstance. Le frère du prince lui répond, et son fils reçoit notre cadeau mortuaire, un bout d'argent, qu'il inscrit aussitôt et dépose dans un plateau, avec les autres objets déjà reçus des visiteurs qui nous avaient précédés.

C'est la coutume, et personne ne doit s'y soustraire. Ce sera pour aider la famille à payer les frais des funérailles. C'est dans le même but que les chefs des divers villages de son fief ou *menakely*, lèvent un impôt extraordinaire, qu'on viendra lui apporter le plus tôt possible, toujours avant les funérailles.

En attendant, tous les membres de la famille, même les plus éloignés, ont pu arriver. Le prince fait venir des musiciens de la capitale qui, jusqu'à la fin des cérémonies funèbres, ne cesseront de jouer n'importe quoi et n'importe comment, pourvu qu'ils fassent du bruit et gagnent le rhum qu'on leur donne à boire. Avec une marche guerrière, ou un air funèbre, alterneront les notes sautillantes d'une valse.

Cependant, on tue des bœufs dont on partage la viande aux personnes présentes, on apporte le rhum, et tous de boire et de faire bonne chère, en même temps qu'ils se lamentent en l'honneur de la défunte. Cependant les pleureuses font leur devoir, se relevant à tour de rôle, ne cessant de crier, de gémir, d'apostropher la morte, toujours les cheveux épars, les mains sales, les vêtements souillés ou en lambeaux. En cette occasion, ce qui n'arrive pas toujours aux funérailles malgaches, il y avait une certaine grandeur, un air de décence et des signes non équivoques d'une douleur véritable et sincère, car la princesse était bonne et aimée de tous ; et son frère, aussi bon et aussi aimé qu'elle, est, de plus, un catholique dont la famille tout entière est autrement digne et respectable que la plupart des familles indigènes. Aussi fit-il tout son possible pour éviter les orgies, les débauches dont les funérailles sont trop souvent l'inévitable occasion. Il y réussit en partie.

Cependant, voici le mardi soir venu et le soleil disparu à l'horizon. C'est l'heure de l'ensevelissement. La princesse peut être apportée dans l'ombre du caveau funéraire, puisque toute la nature est dans l'obscurité. Elle est enveloppée de nombreux et riches lamba ; on la sort du palais en grande pompe, et on arrive en procession au tombeau, où on la dépose, après en avoir fait plusieurs fois le tour, au milieu des cris et des lamentations. Je n'assiste pas à la cérémonie, mais à deux cents mètres de là j'entends ces pleurs et ces cris. Quelques-uns sont déchirants, au milieu du silence de la nuit, surtout ceux de son neveu et héritier le prince Emmanuel, à qui elle avait servi de mère.

Le lendemain, on tue le dernier bœuf, dont tous les parents et amis reçoivent un morceau. On scelle solidement le tombeau et tout est fini, sauf pour la famille qui portera le deuil de la défunte, pendant plusieurs mois, et se disputera les lambeaux de son héritage.

Telles sont à peu près toutes les funérailles hova, sauf les différences inévitables qu'entraîne la diversité des fortunes et des situations. Il est rare que le prêtre catholique, à plus forte raison le ministre protestant, soit invité à ces cérémonies. C'est difficile en pratique, et puis les Malgaches n'y tiennent pas beaucoup. Ce à quoi ils tiennent, c'est d'avoir beaucoup de monde, beaucoup de bruit, beaucoup de viande et de rhum, en un mot, beaucoup d'appareil extérieur. On met de côté, pendant sa vie, l'argent de ses funérailles, et cet argent sera religieusement dépensé. Si même le défunt n'a rien laissé, on fera des dettes pour lui rendre les derniers devoirs. Car celui-là serait à jamais déshonoré qui économiserait dans une telle circonstance.

Cette solennité des funérailles est tellement indispensable que si des circonstances impérieuses — par exemple, le temps du Fandraona où il est interdit d'enterrer personne, ou l'inachèvement du tombeau, ou le manque de temps pour recevoir le corps du défunt mort en pays lointain — la font différer, elle ne sera jamais omise ; elle n'en sera même célébrée qu'avec plus de solennité et de grandeur sous le nom de *Mamadika* ou transfert des morts, le jour où l'on pourra enfin transporter le cadavre dans sa dernière demeure.

III

LE CULTE DES MORTS

Mais les morts ne disparaissent pas totalement après leurs funérailles. Ils n'oublient pas plus leurs familles que leurs familles ne les oublient. Ils continuent à s'intéresser à leurs enfants, à leurs parents, à leurs amis, à veiller sur eux, à les avertir, à les redresser au besoin et à les punir, surtout à les combler de toutes sortes de biens. Aussi les âmes des morts reviennent-elles souvent. Tantôt c'est pour consoler, encourager, diriger ceux qu'ils ont laissés sur la terre. Chacun désire de telles apparitions, et, dans ce but, on met un bout d'argent dans la bouche des morts, afin de leur ouvrir les lèvres et délier la langue, et à côté d'eux, une tabatière pleine de tabac, afin de se les rendre favorables. Pour la même raison, on met un plat de riz ou de miel dans l'angle nord-est de la case et une mère, par exemple, se lèvera et restera accroupie, des nuits entières, pour voir son enfant mort revenir manger le festin qu'elle lui a préparé. Cette croyance est si générale qu'il y en a une trace remarquable dans la législation hova. Un mari défunt peut revenir cohabiter avec la femme qui lui reste fidèle, et un enfant, né dix ou douze ans après sa mort, sera reconnu pour son enfant, aura droit à son héritage et pourra même être proclamé le chef de la famille !

Quelquefois, au contraire, les morts reviennent pour tourmenter et persécuter. On les reconnaît à leur air morne, à leur silence obstiné, au désordre qu'ils répandent sur leur passage, à leur persistante obsession, et l'on ne parvient à s'en délivrer que par le sacrifice d'un coq, quelquefois d'un bœuf, ou d'autres pratiques que déterminera le devin.

On peut penser de ces apparitions ce que l'on voudra, on peut faire très large la part de l'illusion, de l'hallucination, quelquefois même de la supercherie; mais il y a des faits bien difficiles à expliquer. Certains même semblent entrer dans le domaine de l'histoire. Ainsi Andrianampoinimerina continuait à tout régler dans son palais pendant l'année entière qui suivit sa mort; tout le monde l'entendait, le voyait, lui parlait, lui obéissait; et nous aurons à raconter plus tard les événements étranges qui précédèrent et, en partie, causèrent la mort de Radama II.

Quoi qu'il en soit, et sans vouloir trancher une question très délicate, il faut tenir compte de ces faits et de ces croyances, quand on étudie les mœurs d'un peuple. Car ils éclairent bien des points obscurs et donnent la clef d'une foule de pratiques qui, sans cela, seraient inexplicables.

Le culte des morts, par exemple, se comprendra bien davantage si les morts restent ainsi attachés à ceux qu'ils ont laissés ici-bas. Si les ancêtres en particulier, et les fondateurs de la famille continuent à gouverner avec une infatigable vigilance et une inflexible justice tous leurs descendants; si c'est d'eux que viennent tous les biens; d'eux aussi, quand on abandonne leurs traditions et leurs enseignements, que viennent tous les maux; s'ils conservent, en un mot, avec les vivants un commerce si intime et parfois si familier, il est imposssible que ceux-ci les oublient et ne leur rendent pas toutes sortes d'honneurs, jusqu'à leur donner pratiquement la place du vrai Dieu. C'est ce qui est arrivé.

On leur demande tous les biens, on s'adresse à eux dans tous ses besoins, on leur rend toutes sortes d'hommages. Ils ont comme deux autels : l'angle nord-est de leur case, cette place où ils reposaient de leur vivant et qu'ils continuent d'habiter après leur mort; c'est là qu'on se tourne pour les prier, qu'on s'accroupit, qu'on pleure, qu'on supplie, qu'on chante, sur un ton monotone et mélancolique, leurs louanges, et qu'on récite les formules consacrées : c'est le culte privé; puis le tombeau où l'on se rend en grande solennité, au son du fifre et du tambour, avec des morceaux d'argent que l'on jettera à l'intérieur, des morceaux de viande grillée dont on oindra la grande pierre et que l'on consommera ensuite sur place : c'est le culte public.

Le culte des morts s'étend également aux anciens habitants de l'île, les Vazimba. Dans l'hypothèse que nous avons adoptée, c'est tout naturel. Eux aussi sont des ancêtres, et des ancêtres d'autant plus vénérés qu'ils furent autrefois les maîtres du pays et que, suivant une opinion courante, ils le redeviendront un jour. Leur culte donc, pour ce peuple vaincu, est un souvenir du passé, un symbole et un espoir pour l'avenir. Les conquérants eux-mêmes, les Andriana, ont aussi accepté ce culte, par esprit d'imitation d'abord, et par esprit de crainte et de prudence. Les Vazimba, en effet, vaincus par eux, sont restés leurs ennemis, et ils s'efforcent de se venger en leur envoyant des fièvres, des maladies de toutes sortes, en leur jetant toute espèce de sorts. Il faut donc les fléchir par des sacrifices et d'autres hommages. C'est ce que l'on fait. Les Vazimba, en retour, rendent des oracles et prescrivent des remèdes. Ce sont là bien des titres à un culte d'autant plus actif qu'il est plus intéressé.

CHAPITRE VII

DES IDOLES OU SAMPY ET DES PIERRES SACRÉES

I

LES IDOLES OU SAMPY

Le culte des ancêtres, quoique le principal, n'est pas l'unique culte des Hova. S'il n'y en avait pas d'autre, on pourrait peut-être l'expliquer dans un sens raisonnable qui en exclurait l'idolâtrie. Les ancêtres seraient les agents et les serviteurs de la Divinité. Ils « demanderaient et obtiendraient pour les vivants ce que Dieu seul peut accorder », suivant le proverbe populaire. Ce serait comme une contrefaçon des honneurs rendus à nos saints ou, si l'on veut, comme une corruption des hommages rendus par les Juifs aux Patriarches, leurs ancêtres.

Au moins, ce culte serait-il facile à purifier, de manière à en exclure tout ce qu'il a d'idolâtrique, et à n'en garder que ce qu'il a de bon et de raisonnable.

Mais il est impossible de dire la même chose des idoles ou *Sampy*.

Ces idoles ou Sampy, qui existent partout à Madagascar, existent spécialement chez les Hova; tout au moins sont-elles connues davantage, quoiqu'ils ne les aient point inventées, mais les aient reçues du dehors, à une date relativement peu éloignée.

C'est, en effet, vers la fin du xvie siècle, et surtout au commencement du xviie, que leurs traditions font remonter l'introduction de la première de ces idoles. Elle s'appelait *Kelimalaza*, le petit fameux; elle fut apportée par une femme nommée Kalobe qui venait de fort loin, d'Ivondro, au pays des Betsileo, et ne voyageait que la nuit. Ralambo, le roi des Hova, accepta le présent, lui donna un village pour sa demeure, se fit introniser par l'idole et se proclama son protégé et son homme-lige.

Bientôt d'autres Sampy accoururent des mêmes régions, c'est-à-dire de chez les Betsileo qui les avaient reçus des Antaimoro; ou, directement, du pays de ces derniers, pour partager les honneurs de leur compatriote Kelimalaza. *Rafantaka*, qui préserve des blessures, et mille autres; mais surtout *Manjaka tsy roa*, le roi non deux ou roi sans rival, qui devint aussitôt et resta le favori et le compagnon inséparable de Ralambo et de ses successeurs, jusqu'en l'année 1869 [1].

Mais bientôt le peuple se fabriqua lui-même des Sampy de toute sorte et de toute forme. On en vendit au marché. Chaque caste, chaque famille, chaque individu eut le sien. On pouvait donc les remplacer ou les changer très facilement. Et on ne s'en privait pas, après cependant les avoir éprouvés par ce qu'on appelait la « danse des Sampy ». C'était une cérémonie étrange et souvent diabolique où, sur l'ordre de leurs maîtres, ces idoles se mettaient à tourner vertigineusement, entraînant souvent les spectateurs à leur suite, et leur communiquant les mouvements les plus étranges, des positions d'équilibre vraiment extraordinaires ou une course échevelée en pleine campagne, qui durait des heures.

Le Sampy hova est un objet quelconque enveloppé de linges, avec deux bandelettes ou deux rubans pendant de chaque côté, et juché au bout d'un bâton, sur lequel il semble ainsi se tenir à califourchon, d'où son nom de *Sampy*, c'est-à-dire qui est à califourchon.

Son vrai nom serait plutôt *ody*, remède, préservatif, talisman. Il est doué, croit-on, d'une vertu surnaturelle, intimement unie à lui; au-dessous de Dieu, mais son intermédiaire ou son auxiliaire auprès des hommes; un être supérieur, divin même, qui a la faculté de faire le bien, et celle, beaucoup plus grande, de faire le mal.

Quoi qu'il en soit, on les honorait comme des dieux; on leur offrait des perles, de l'encens, même des sacrifices; on les consultait et ils étaient censés répondre — parfois ils le faisaient réellement — comme les oracles d'autrefois, et leurs avis étaient fidèlement suivis.

1. Il ne faudrait même pas affirmer qu'elle n'existe plus aujourd'hui.

II

LES PIERRES SACRÉES

Les Hova adorent aussi les pierres sacrées, à peu près de la même manière et dans le même sens que les Sampy, non comme des dieux, mais comme possédant une vertu spéciale que Dieu leur a communiquée et dont elles peuvent librement disposer.

On trouve partout de ces énormes blocs non taillés — on ne doit jamais les tailler, sous peine de diminuer leur vertu — couchés ou debout, sur le bord des chemins, sur les places publiques, au sommet des montagnes, facilement reconnaissables à la graisse qui les enduit et aux nombreux ex-voto ou chiffons de toile, de drap, de rabane, de feutre, etc., etc., qui les recouvrent.

On fait des vœux à la pierre sacrée, et on les accomplit fidèlement : car elle est encore plus puissante à se venger qu'à faire le bien ; on lui immole un coq, on la salue en passant, et on la marque d'une onction ; on la consulte, par exemple en lançant sur son sommet un nombre impair de cailloux : si tous retombent, la réponse est négative, s'il en reste plusieurs ou beaucoup, la réponse est favorable ou très favorable.

Parfois on se dirige vers elle les yeux fermés et un bâton à la main pour la frapper : si on la touche, réponse favorable ; mauvaise réponse si on la manque. Mais dans l'un et l'autre cas on lui obéit.

« Je sais, par expérience, raconte à ce propos le Père Abinal, que ce sont là des puérilités fort sérieuses. Le premier jour d'un voyage de Tananarive à Tamatave, en 1866, il y eut consultation générale de mes douze porteurs, qui s'adressèrent à une pierre sacrée, plantée tout près du chemin et fort graisseuse.

« La cérémonie se fit au bâton ; elle était facile. Cependant quatre y échouèrent. Je crus à un jeu et je les regardais en riant. Ils agissaient fort sérieusement et me le prouvèrent, car, un quart d'heure après, les quatre maladroits ou infortunés m'avaient abandonné[1]. »

Il y a la « pierre enceinte », près de Tananarive, ainsi nommée à cause de sa forme ovale renflée vers le milieu, et parce qu'elle donne la fécondité.

1. *Vingt ans à Madagascar*, p. 261.

Il y a les « pierres marchantes », qui se meuvent d'elles-mêmes dans la plaine, parfois gravissent des montagnes; il y a les « pierres gloussantes et caquetantes », qui répondent en gloussant d'un ton saccadé, sec et brusque, pour refuser; d'un ton calme et tranquille, pour accorder ce qu'on leur demande; il y a aussi les « pierres-bornes », qui donnent les riches moissons.

Tout cela est triste, souvent puéril, quelquefois étrange, et ici encore on ne peut nier qu'il ne se soit passé bien des faits extra-ordinaires, humainement inexplicables. Le démon abusait et de la crédulité des Hova et de sa puissance incontestée sur ces pauvres idolâtres.

Mais au moins, ces pierres sacrées ne sont pas, comme les Sampy, d'importation étrangère; ce sont plutôt des produits spontanés du sol et une curieuse corruption de pratiques indigènes.

Ne sachant pas écrire, les Malgaches, comme les Juifs de la Genèse, conservaient le souvenir des événements nationaux, ou même des événements intéressant une famille, en érigeant « une pierre témoin ». Puis, chaque année, au jour anniversaire de l'événement, devant le peuple ou la famille réunie, le roi ou le chef de la famille refaisait le récit de l'événement qu'il terminait en s'écriant : « Ai-je dit vrai? » et tous de répondre : « Très vrai, en effet. — Vous êtes témoins, » reprenait-il. Puis il faisait une onction à la pierre, et on couronnait le tout par un festin.

De là au culte de la pierre, il n'y avait qu'un pas.

Une autre chose. Le premier roi hova fut, dit-on, acclamé sur une pierre, à peu près comme nos premiers rois mérovingiens étaient élevés sur le pavoi; il fut imité par ses successeurs, par les rois ses voisins, et par tout chef qui voulait se déclarer indé-pendant. Telle fut l'origine de la « pierre à intronisation » ou « pierre de la Reine », que l'on voit au milieu de la grande place de Mahamasina à Tananarive, et aussi de celles que l'on rencontre en beaucoup d'autres villes, par exemple à Beforona, au milieu de la route de Tamatave à Tananarive, et sur lesquelles la Reine se placera, pendant ses voyages, pour recevoir les hommages de ses sujets.

Il est aisé de comprendre avec quelle facilité, chez un peuple qui honore son souverain à l'égal d'une divinité, ces « pierres à intronisation », ces pierres de la Reine, devinrent des pierres sacrées.

De plus, au temps des guerres civiles, les villages étaient entourés, nous l'avons dit ailleurs, par des fossés profonds coupés par une seule chaussée étroite que barrait une énorme pierre ronde, en guise de porte. C'était une pierre protectrice et, en souvenir des services qu'elle rendait, n'avait-elle pas droit à des hommages particuliers ? Ajoutez à cela les « pierres-bornes » plantées par les ancêtres, pour marquer la limite du champ de famille, et devenues ainsi deux fois respectables, et par le souvenir qui s'y rattachait, et par leur utilité ; « les pierres de bonne ou de mauvaise chance », parce qu'elles furent témoins d'un événement heureux ou malheureux, d'une défaite ou d'une victoire ; les pierres à apparences fantastiques, en qui l'imagination populaire vit facilement une foule de significations étranges, et aussi ces faits extraordinaires que je signalais plus haut, et, pour peu que l'on connaisse l'amour du merveilleux qui est au fond de toute nature humaine, on aura peu de peine à comprendre comment ces pauvres ignorants en vinrent à adorer la pierre.

CHAPITRE VIII

DES SUPERSTITIONS

« Bref, il n'y a point de nation plus superstitieuse que celle-ci, » disait Flacourt, des Malgaches de son temps. Or, cela est également vrai des Hova d'aujourd'hui.

Et d'abord, toute leur religion n'est guère qu'un ensemble de pratiques superstitieuses. Le culte des pierres sacrées, les onctions dont on les marque, les ex-voto dont on les couvre, les consultations qu'on leur demande en leur lançant des cailloux ou en les frappant d'un bâton, le culte des Sampy, lui aussi, tout cela n'est qu'un ensemble de superstitions auxquelles on demande la possession de tous les biens et l'éloignement de tous les maux. Parmi les Sampy en particulier, les uns rendent invulnérable, les autres vous donnent l'éloquence, vous font réussir dans une affaire, vous rendent la santé, vous procurent beaucoup d'enfants, guérissent vos troupeaux. Flacourt a une liste fort curieuse de ces pratiques et qui remplit deux pages de son livre.

La superstition s'est glissée jusque dans le culte des morts. Ainsi la prescription de n'enterrer un Andriana qu'après le coucher du soleil, le morceau d'argent qu'on leur met dans la bouche, cette tabatière placée à côté d'eux, ces plats de riz, ces gâteaux de miel qu'on leur offre, leur tête invariablement tournée vers l'orient, mille autres pratiques rigoureusement imposées et qui n'ont aucune signification raisonnable, ne sont que des superstitions.

Mais il y en a bien d'autres, au point que la vie des Malgaches en est littéralement remplie.

Il y a des aliments impurs et prohibés, « fady », comme ils disent, ou pour toujours, ou seulement pour un temps, et, dans certaines circonstances, ils s'imposent les privations les plus dures pour rester fidèles à ces prescriptions.

Il y a les souillures contractées par des actes déterminés, non pas moralement mauvais, mais réputés impurs, comme par exemple de fouler un sol sacré, de violer le sommet interdit d'une montagne où se trouve le tombeau d'anciens rois, et mille autres choses semblables.

Il y a encore les bêtes et les oiseaux de mauvais augure. Vous devez aussitôt vous arrêter si l'un d'eux vient à traverser votre chemin. Ainsi un jour la reine Rasoherina, rentrant, avec toute sa cour, d'Ambohimanga à Tananarive, un takatra — sorte de petit héron — coupe sa route au-devant de son cortège. Tous s'arrêtèrent et ne continuèrent leur chemin qu'après avoir conjuré le sort par des sacrifices.

Mais surtout il y a le sort ou destin qui est attaché, pour chaque homme, au mois, au jour, à l'heure à laquelle il vient au monde, ou pendant laquelle il entreprend une affaire. Le soleil a une grande influence sur la fortune d'un chacun, et aussi la lune, les planètes qui sont plus près de nous. De là toute une science fort curieuse et très compliquée qui consiste à déterminer les mois, les jours, les heures fortunés, pendant lesquels on peut bâtir, partir en voyage, conclure un marché, se marier, enterrer ses morts; et les mois, jours et heures néfastes, pendant lesquels il ne faut rien entreprendre, parce que rien ne réussirait.

Ainsi, l'enfant qui naîtra au mois de mai, surtout vers minuit, sera inévitablement un sorcier; en septembre, détruira sa famille : il faut donc ne pas les laisser vivre et on les étouffe en leur plongeant la tête dans l'eau. Celui qui viendra au monde en novembre, sera malheureux et pleurera toute sa vie; en juillet, deviendra riche; en août, jouira de toutes sortes de biens. Ce fut le sort de la reine Ranavalona Ire.

Le dimanche est un jour violent, où l'on peut tout oser, jusque vers deux heures. Le mardi est très propre pour lancer une armée ou commencer une campagne. Le jeudi est de tous points parfait, le mercredi et le vendredi sont des jours noirs.

Les heures sont de plus en plus heureuses à mesure qu'on s'approche davantage du plein midi ; et c'est alors que l'enfant fera bien de venir au monde, ou bien le soir quand la famille se réunit, que les bœufs reviennent de la campagne, que l'on pile le riz.

C'est pour marquer tout cela, pour écrire cette science sur un livre à la portée de tout le monde, que les cases malgaches sont, invariablement, un carré long orienté aux quatre points cardinaux et la porte toujours tournée vers l'ouest, afin que le soleil puisse y entrer. Chaque angle de la maison répond à un mois et chaque paroi à deux, suivant la marche du soleil sur l'écliptique. Enfin, tout naturellement, la lumière de ce même soleil sur la paroi opposée à la porte, marque les diverses heures de la journée, heureuses ou malheureuses.

« Plus de la moitié de l'année est composée de mauvais jours », dit Flacourt[1].

Heureusement chacun peut corriger son sort, ou mieux le détourner sur un autre objet.

Si vous terminez une maison en février, elle est condamnée au feu; pour éviter ce malheur, prenez une torche allumée, faites le tour de la maison, en feignant de l'incendier et criant au feu, et jetez votre torche : le sort est conjuré ou satisfait. L'enfant qui naît en ce mois devrait être un incendiaire; on le prend donc et on l'enferme avec sa mère dans une petite hutte de terre et de paille, construite dans ce but, et on y met le feu : l'enfant est enlevé, la mère se sauve, la hutte brûle et le destin est corrigé.

Nous l'avons vu, on étouffe les enfants qui naissent en septembre; mais si l'heure est moins fatale, on les expose seulement aux pieds d'un troupeau de bœufs, et, s'ils ne sont pas écrasés, on les mutile pour livrer passage au destin. C'est ce qui est arrivé au premier ministre actuel; on lui a coupé le bout de l'extrême phalange du doigt du milieu et de l'index de la main gauche, ce qui ne l'a pas empêché de supplanter plus tard son frère aîné.

Au reste rien n'est comparable à la résignation du Malgache pour son sort. Tout destin est acceptable et accepté, sauf un seul, celui de sorcier.

Le sorcier, *mpamosavy*, celui qui jette les sorts, naît pour le mal; il se complaît dans le mal et il ne fait que le mal; de lui viennent les maladies, les accidents, la mort, en un mot toutes les infortunes et tous les malheurs. Aussi comme on le redoute! Dans Madagascar, après onze heures du soir, vous ne trouveriez pas une seule personne dehors, sauf le seul sorcier, à qui cette heure sinistre appartient. Comme on le hait aussi et comme on le méprise! Autrefois, et il n'y a pas longtemps de cela, sitôt que quelqu'un était soupçonné de sorcellerie, on le livrait impitoyablement à l'épreuve du tanghen; s'il succombait, il n'y avait pas de sépulture pour lui, ou au moins pas de funérailles solennelles. On le rejetait du tombeau de famille et il était enseveli, quand on ne le jetait pas à la voirie, la tête tournée vers le sud, afin qu'on le

1. Ch. XXIX, p. 92.

reconnût toujours et qu'on ne lui rendît jamais aucun honneur. Personne ne le pleurait, ses biens étaient confisqués et sa femme et ses enfants parfois réduits en esclavage.

Ce qu'il y a de plus triste, c'est que souvent, sous l'effet de cette réprobation universelle, le sorcier se persuadait que tel était son sort, et, en conséquence, il commettait toute sorte de crimes.

Il faut se garder de confondre le sorcier avec le devin: autant le premier est méchant, méprisé, craint, haï, autant le second est bienfaisant, estimé, recherché et surtout payé. Le devin c'est l'adversaire du sorcier, celui qui vous indique les pratiques à accomplir pour conjurer le mauvais sort que l'autre vous a jeté. Le devin vous apprend à corriger votre destin, à ramener l'âme d'un parent, à vous guérir d'une maladie, à sortir d'une difficulté et surtout à connaître l'avenir.

Car le devin sait lire dans l'avenir, il le fait à l'aide d'un jeu bizarre, le jeu du *sikidy*, — d'où son nom de *mpsikidy* — qui consiste essentiellement à jeter et à faire mouvoir avec une baguette un nombre déterminé de petites graines qui prendront ainsi diverses situations et formeront des figures déterminées, dont la vue et l'étude lui révéleront ce que vous avez à espérer ou à craindre. Supercherie bien rétribuée pour l'ordinaire, quelquefois diablerie? c'est son secret. Quoi qu'il en soit, il est très puissant et c'est lui qui, autrefois, tenait la place des féticheurs ou prêtres des idoles des peuplades africaines.

Telles sont les principales superstitions des Hova. Il y en a beaucoup d'autres, mais l'énumération et la description en serait fastidieuse et ne présenterait nul intérêt. Remarquons seulement, en finissant, qu'elles leur sont venues du dehors, des tribus de l'est, aussi bien que leurs Sampy; et c'est également à Ralambo ou à son père, que les vieux récits en attribuent l'introduction en même temps que celle du fer, des lances et des pirogues. Cela tient sans doute à ce qu'il y eut alors entre les Hova et ces autres tribus, un grand mouvement d'échanges et de relations qui amena ces emprunts, ou, plus probablement, à ce que la tradition populaire a attribué à un seul prince ce qui fut l'œuvre de plusieurs, pendant une assez longue période de temps. Il sera intéressant plus tard de rechercher de qui ces tribus de l'est avaient reçu ces mêmes pratiques qu'elles transmettaient ainsi aux Hova. Pour le moment revenons à ceux-ci et disons un mot de leurs fêtes.

CHAPITRE IX

DES FÊTES — LE FANDROANA

Les Hova aiment beaucoup les fêtes. Ils en ont un très grand nombre et à toute occasion : quand on prend possession d'une nouvelle maison, pour les fiançailles, pour les mariages, pour un événement public. Les funérailles, la circoncision, le *mamadika* ou transfert des corps, ne sont que des fêtes.

Il y a surtout la fête par excellence du « Bain de la Reine ou *Fandroana* », ou plus exactement du « nouvel an » malgache.

Ces fêtes se composent essentiellement de quelques pratiques superstitieuses, de quelques discours d'apparat, très longs, toujours les mêmes, de chants et quelquefois de danses très simples, vraies marches rhythmées, accompagnées de gestes et de divers mouvements du corps, de musique, mais surtout d'un festin qui, facilement, devient pantagruélique. Beaucoup se gorgent de rhum et de viandes, non pas jusqu'à en être malades — ils ont une santé à supporter tous les excès — mais jusqu'à un degré qui dépasse la vraisemblance.

Le Père Finaz, en 1855, assistait, avec M. Laborde et M. Lambert, à un dîner donné en leur honneur. Ils restèrent à table pendant dix heures et demie et durent toucher à 150 ou 200 mets. On n'était encore qu'au quart du dîner lorsque M. Lambert, par égard pour Mme Pfeiffer fatiguée, donna le signal du départ. Sinon, on fût resté à table vingt-quatre heures, et on eût encore dansé après le dîner. Huit cents hommes avaient été employés, pendant huit jours, à se procurer et à préparer les divers services de ce festin de roi. On avait servi entre autres choses un « veau arraché au ventre de sa mère pleine depuis trois mois seulement », des sauterelles, et « une espèce de cancrelas qui vit dans l'eau, et dont j'ai été obligé de goûter aussi bien que du reste », raconte dans son journal le Père Finaz[1].

Tout récemment, pour le mariage de Ratilifera, petit-fils du premier ministre, avec une esclave affranchie de la Reine, le premier repas offert, par le père de la jeune fille, comptait 150 plats, et celui offert par le père du jeune homme, 250[2].

Mais revenons au bain de la Reine que je veux décrire avec quelques détails.

Cette fête remonte à Ralambo, le grand initiateur de la dynastie hova, qui l'établit, suivant la tradition, pour célébrer le renouvellement de l'année.

L'année malgache est une année lunaire. Elle est donc à peu près de onze jours plus courte que la nôtre, et le jour du *fandroana* ne peut ainsi être un jour fixe. Cependant, pour le règne de la Reine actuelle, la solennité en a été fixée au 21 novembre, jour de sa fête. Ce jour est annoncé par avance à tous les habitants de l'Imerina, par un décret royal qui défend en outre de tuer « tout animal marchant sur quatre pattes » pendant les cinq jours qui précèdent la fête, et exhorte les époux et autres parents brouillés, à se réconcilier entre eux, au moins pour les trois principales journées de ce temps de joie.

La fête prise dans son ensemble dure un mois.

Pendant les trois semaines qui précèdent le « jour de la Reine » ou « jour du bain », toutes les affaires sont suspendues. Les absents, esclaves, parents, marchands, rentrent au pays et rejoignent leur famille ; partout on lave, on rafraîchit ou l'on renouvelle les meubles, les nattes, les habits ; la Reine et toute sa cour sont occupées à distribuer des largesses aux employés du royaume : toiles, indiennes, argent, bœufs gras ; des bœufs sont aussi envoyés aux consuls européens. En même temps se perçoit la faible cote personnelle imposée tous les ans à chaque sujet libre ; et les esclaves, régisseurs des propriétés éloignées, en apportent le tribut à leur maître.

Huit jours avant la grande journée, commencent les visites du nouvel an, pendant lesquelles il est de toute nécessité, surtout pour les petits, d'offrir un bout d'argent.

La veille, à la nuit tombante, tout le pays de l'Imerina s'illumine soudain de milliers de feux, qui courent et s'entrecroisent dans

1. Cité par le Père de La Vaissière, *Histoire de Madagascar*, tome Ier, p. 245.
2. Père Combes, sous-directeur de l'Observatoire.

un enchevêtrement féerique : ce sont les enfants qui, une torche à la main, préludent ainsi aux réjouissances du lendemain, et rappellent à tous que le grand jour est proche.

Vient ensuite le « souvenir des morts ». On les pleure dans les maisons jusqu'à l'aurore. Puis, au lever du soleil, au moins avant la prohibition de l'idolâtrie, la cour se purifiait par le sacrifice d'un coq rouge, dont la Reine d'abord, et, après elle, tous ses officiers, prenaient le sang pour s'en marquer le front, les doigts, le creux de l'estomac et toutes les articulations.

En ce moment, tous les canons de la capitale, des divers points de la colline et en particulier de la terrasse du palais, tonnent pour proclamer le « jour de la Reine ». Vous êtes réveillé en sursaut, les maisons tremblent, les échos des montagnes répercutent au loin et vous renvoient ces bruits de tonnerre, comme pour donner la réplique à ceux de la ville. L'effet est grandiose et saisissant. Puis, voici un spectacle inoubliable pour quiconque a pu l'apercevoir. Je pus le contempler de ma fenêtre qui dominait le bas de la place d'Andohalo. Des nombreux bœufs gras qu'on lui a amenés de ses diverses pâturages, la Reine en distribue, ce matin-là même, un certain nombre aux diverses corporations d'ouvriers, forgerons, charpentiers, ferblantiers, etc., aux divers serviteurs de l'État et à certains villages. Mais au lieu de les leur donner tranquillement, la coutume est de les lâcher aux portes du palais, et il est permis à tout le monde, enfants, esclaves, porteurs, etc., de courir après et de les enlever à leurs propriétaires. De là une chasse à courre du plus pittoresque effet. Au milieu des casse-cou de la capitale, des centaines de bœufs harcelés, pourchassés, frappés, furieux et bondissant d'une manière effrayante, et des milliers d'hommes, tous habillés de blanc, agiles comme des singes, bravant le danger et s'exposant à tous les coups pour s'emparer de ce gibier d'un nouveau genre, les rires, les applaudissements, les lazzi de toute sorte de la foule, et, quelquefois, les cris d'épouvante ou de détresse d'hommes parfois mortellement blessés, rien n'y manque de ce qui peut passionner et, suivant l'expression reçue, corser un spectacle.

Cette scène terminée et les rues un peu débarrassées, de nouveau les familles se visitent pour les prémices de l'eau. « Les prémices, les prémices ! O Dieu créateur, puissions-nous atteindre mille ans sans nous séparer ! » s'écrie-t-on, en trempant les doigts dans un vase d'eau placé à la porte de toutes les maisons et s'en humectant la tête.

Enfin, voici la grande cérémonie du bain, le centre de toutes

les cérémonies du *fandroana*, la fin et le commencement de
l'année. J'y ai assisté, et en ai gardé un très vif souvenir. Voici à
peu près en quoi elle consiste.

Vers huit heures du soir, à pied, car nous ne pûmes trouver
de porteurs, avec deux amis, je montai au palais, au milieu d'une
foule compacte, tout entière à la joie et au bonheur. Le ciel était
splendide. La large avenue qui conduit au palais était bordée
de multiples rangées de filanjana et de porteurs d'un côté, et, de
l'autre, d'épaisses colonnes de soldats, l'arme au bras, debout,
droits et fiers, malgré leurs habits en loques et leurs pieds nus.

A la porte, un officier nous reçoit et nous confie à un autre, un
jeune homme parlant très bien le français, qui, avec un tact et une
amabilité parfaites, nous fait traverser la cour, nous prie de nous
découvrir en passant devant les tombeaux des rois, et, enfin, nous
laisse au milieu des invités européens, sous la varangue du palais
d'argent, à l'est du grand palais. Là, on cause, on rit, on regarde
surtout. Voici le défilé des bataillons malgaches que précède la
fanfare du premier ministre, puis les divers grands personnages
qui arrivent, accompagnés d'une nuée d'esclaves et d'aides de
camp, puis enfin le cortège royal, le grand palanquin rouge surmonté de la boule d'or, et la jeune souveraine que tous acclament
avec frénésie. Elle passe ainsi, triomphante et radieuse, au milieu de
son peuple enthousiaste, et longe la façade nord du palais pour
aller rejoindre le grand escalier, inévitablement situé à l'ouest.

Nous la suivons, un huissier reçoit nos cartes, nous gravissons
les marches au milieu des dignitaires de la cour, et nous entrons
dans la grande salle du trône, splendidement illuminée. Elle était
déjà pleine. C'est une vaste salle rectangulaire, presque carrée,
supportée au centre par un énorme pilier massif qu'entoure une
table ronde chargée de vases, de verres et de carafes remplies
d'eau — ce seront nos rafraîchissements — et séparée en deux
dans le sens de la largeur par une énorme torsade rouge.

La partie de droite est abandonnée au public. C'est là qu'il
s'entasse pêle-mêle, sans ordre, sans distinction, sans sièges, tous
revêtus du *lamba* national. Quand on sera fatigué, on s'assiéra par
terre. Beaucoup, même parmi les Européens, le font sans respect
humain. Pour moi, malgré la fatigue d'une séance de quatre
heures, je voulus me tenir debout, et je jouais fortement des coudes
afin d'arriver aux premiers rangs et de tout voir.

La partie de gauche, au contraire, est réservée pour la Reine
et les gens de sa cour. A l'extrémité, dans l'angle de droite, un

rideau rouge cache la baignoire royale. Plus près, se trouve le trône, recouvert d'étoffes rouges et surmonté d'un riche baldaquin de même couleur, que M. Bompard, notre résident, vient, au nom de la France, d'offrir à la Reine; puis, au milieu, un espace vide où l'on fera cuire le riz et préparera la viande de bœuf conservée de l'année précédente; enfin, à gauche, l'enceinte réservée aux grands et aux officiers malgaches. Aux quatre angles du trône, se tiennent debout, sabre en main, droits et immobiles comme des statues, quatre officiers. Ils garderont la même situation et la même absolue immobilité pendant toute la cérémonie, faisant un contraste complet avec le tout-puissant premier ministre, en costume de général et toujours en mouvement, ou avec la petite nièce de la Reine, nonchalamment étendue sur les gradins du trône, splendidement vêtue et intéressante avec ses airs d'enfant gâté, avec son mépris de toute étiquette.

La souveraine est assise sous le dais, tranquille et résignée. Elle est jeune encore, le teint olivâtre, les traits réguliers, l'air distingué et bon. Elle est vêtue de rouge, couronne en tête et sceptre en main.

Cependant tout le monde est entré. Les canons retentissent et la Reine disparaît derrière le rideau rouge pour son bain. Elle y reste près d'une heure. Pendant ce temps, le prédicant du palais dit une longue prière en malgache, qu'il débite comme un sermon, et tout le monde se joint à lui ostensiblement, recueilli et inclinant parfois profondément la tête, surtout les Anglais, et encore davantage un Juif de Tamatave qui se trouve à côté de moi; puis alternativement la fanfare joue ses airs sauvages, et tous les assistants chantent un hymne national, rapide et enlevant qui, lui du moins, ne manquait ni de cachet, ni de couleur locale.

En attendant deux cérémonies s'accomplissent au milieu de l'enceinte réservée, curieuses toutes les deux, et tout à fait malgaches : le *hasina*, ou hommage, et la préparation de la collation.

Un des membres de la famille royale représente la souveraine pour le premier, et toutes les personnes présentes dans cette enceinte, nobles, Hova, passent devant lui, le saluent profondément et lui offrent, en témoignage de soumission et d'hommage, une piastre ou un bout d'argent. Puis, les premières dames et les plus hauts dignitaires de la cour, apportent, en grande pompe, du bois, et allument du feu au milieu de la salle, mais ce bois est si sec qu'il n'y a pas ombre de fumée; ensuite de l'eau et du riz qu'ils font cuire, assis en rond autour de l'immense marmite en terre et ne cessant de l'éventer avec des feuilles de bananier; enfin la viande de bœuf du dernier fandroana, qu'ils découpent en petites lanières.

Mais voici la Reine. Elle reparaît en grande cérémonie, vêtue d'habits magnifiques, et s'avance lentement vers la porte d'entrée, tenant dans sa main gauche une corne blanche remplie de l'eau de son bain. Elle la verse dans la paume de sa main droite, à mesure qu'elle passe devant vous, et en asperge la foule, avec discrétion, quand ce sont des Européens, généreusement, s'il s'agit de Malgaches, car ceux-ci désirent ardemment en être touchés. Puis, quand elle arrive au sommet du grand perron pour asperger la foule massée sur la terrasse, de nouveau le canon tonne et les hurrahs retentissent. L'enthousiasme est à son comble. C'est sauvage, mais c'est vraiment grand.

Vient ensuite la collation. Elle est très simple. Avec des cuillères en corne, de grandes assiettes circulent, pleines d'un brouet de riz très clair où surnagent de tout petits morceaux de la viande dont j'ai déjà parlé. Chaque Européen, s'il le désire, en reçoit une et se tient debout; les Malgaches s'assoient en cercle par terre, et mangent plusieurs au même plat. Tous, même les Anglais, même mon Juif, paraissent apprécier ce festin. Je voulus en goûter; le riz était bon, mais le morceau de viande!...

Quand tout est fini, le premier ministre commence son discours. Il s'adresse tantôt à la Reine, toujours assise sur son trône, tantôt à la cour ou au peuple. Sa voix est forte, articulée, vibrante; son geste abondant, large, énergique; son discours, chaque année le même, qu'il paraît improviser, mais qu'il récite par cœur, se compose de petits paragraphes à la louange des Hova, de leur Reine, de leur pays qui est à Elle, et ne doit être et ne sera qu'à Elle, et dont chacun se termine par une apostrophe aux assistants : « N'est-ce pas cela, peuple? — Oui, c'est cela, » répète la multitude et tout le monde trépigne d'enthousiasme, les sabres étincellent, le canon tonne, et l'émotion finit par gagner même les plus indifférents.

Tout est terminé; chacun se retire lentement. Il est minuit. L'année est finie et une nouvelle année commence. Le lendemain, chacun s'abordera en disant : « Salut à vous, atteint par la nouvelle année, puissiez-vous vivre mille ans! »

On tue alors un nombre incalculable de bœufs; on en mange à satiété, on en envoie à tous ses amis; on en reçoit de chacun d'eux; les rues de la capitale sont sillonnées d'esclaves apportant d'énormes Sobika[1] pleines de viandes, et tel commerçant français en recevra

1. Corbeilles de jonc.

des monceaux dont il ne pourra se débarrasser qu'en les envoyant aux enfants des Sœurs.

Puis, c'est la fête des enfants, un immense pique-nique avec jeux, chants et danses, sur la place de Mahamasina ; puis des invitations sans nombre au palais, chez les grands, chez tous, pendant un mois ; et enfin une visite à Ambohimanga, où une parente de la Reine va prier, manger un peu de viande, et déposer sur le tombeau de ses ancêtres le sang réservé à cet effet d'un bœuf blanc, qui a été immolé le lendemain de la cérémonie du bain, au premier jour de l'année.

La fête du bain est terminée.

CHAPITRE X

PROTESTANTISME ET CATHOLICISME

Le tableau de l'état moral et religieux des Hova ne serait pas complet si je ne parlais d'un nouveau facteur qui s'y est introduit, surtout pendant la seconde moitié de ce siècle, je veux dire la double Mission catholique et protestante.

Quatre églises protestantes se sont successivement établies à Madagascar, les Indépendants, les Anglicans, les Quakers et les Luthériens de Norwège et d'Amérique.

I

LES INDÉPENDANTS

Les premiers en date sont les Indépendants anglais, secte particulière et assez puissante, parmi celles que l'on nomme les *dissentors*, ou dissidents. Rattachés par leurs doctrines à la nombreuse famille des Méthodistes, ils rejettent comme eux toute hiérarchie et n'admettent guère que l'Ecriture sainte, la prédication, quelques hymnes, et, en fait de sacrements, le Baptême et la Cène. Ils se recrutent surtout dans les classes inférieures, leurs ministres ne reçoivent guère aucune formation spéciale, mais ils sont fortement organisés et constituent plutôt un parti politique qu'une secte religieuse.

Leur premier missionnaire à Madagascar fut le Rév. Jones, monté à Tananarive avec Hastie, l'ambassadeur de Sir Robert Farquhar, sous Radama Ier, en 1820. Il se fit accepter surtout comme imprimeur et comme instituteur de la jeunesse. Aidé de

Griffith et de sa femme, ainsi que de plusieurs autres qui allèrent successivement le rejoindre, il réunissait 2,000 enfants dans ses écoles en 1826, et 4,000 en 1830. Chassés de l'île, en 1835, par Ranavalona Ire, et exilés pendant vingt-six ans, tandis qu'un certain nombre de leurs adeptes étaient massacrés dans leur église, au pied du palais, les Indépendants y rentrèrent avec Ellis, en 1861, quand Radama II ouvrit de nouveau aux étrangers les portes de Madagascar.

Le nom d'Ellis est bien connu. On sait toute la part qu'il prit aux menées contre Radama, et, probablement, à la mort de cet infortuné roi. En tout cas, il en profita largement. Rasoherina lui devait le trône, et surtout les chefs de la conspiration, Rainivoninahitriniony, le premier ministre d'alors, et son frère Rainilaiarivony, le premier ministre actuel, leur influence et leur situation. C'était lui et son parti qui leur fournissaient l'argent. Il en profita pour combattre continuellement la Mission catholique, et pour faire changer peu à peu la législation malgache, dans un sens de plus en plus favorable à la domination anglaise et à la religion protestante. Il fut puissamment aidé dans cette œuvre par un homme d'une grande valeur, tout dévoué à son pays, et qui favorisa, dans l'intérêt de sa nation, une religion qu'il ne partageait pas, le consul anglais Packenham[1].

Du reste on ne peut nier que ces hommes et ceux qui leur succédèrent, n'aient eu un grand esprit d'organisation. Humainement parlant, ils prirent les meilleurs moyens pour fonder, et, ensuite, pour développer leur Mission. Quatre choses surtout y contribuèrent : l'argent, l'éducation, la faveur des grands et du pouvoir, enfin ce que l'on pourrait appeler la *nationalisation* de leur Église.

1° Tout s'achète à Madagascar, et l'on peut tout obtenir avec de l'argent. Généreusement subventionnés par leurs amis d'Angleterre, probablement aussi par leur gouvernement, les Indépendants payèrent largement les services rendus et, très habilement, firent espérer des récompenses plus généreuses encore, pour ceux qu'on leur rendrait. Ils allèrent plus loin, et, par des avances d'argent, ou même par des subventions annuelles, toujours révocables, ils s'attachèrent complètement les personnages les plus influents, soit à la cour, soit dans les provinces. Dans ce même but, dès qu'ils eurent des églises, ces églises, pouvant posséder, prêtèrent de l'argent aux membres de la réunion. C'était un double profit : d'abord

---

1. Packenham était anglican, et il mourut catholique à Tamatave, pendant la guerre franco-malgache.

un honnête revenu de leur argent, 24 °/. au moins, et puis la main mise, pour toujours, sur ces emprunteurs, incapables de jamais rembourser l'argent qui leur était prêté.

2° Les Hova comprirent rapidement l'importance pratique de l'éducation, et, dès le commencement, manifestèrent un vif désir de s'instruire. Répondant à ce besoin, les Indépendants couvrirent le pays d'écoles plus ou moins florissantes, et s'efforcèrent, par toutes sortes de moyens, en particulier par la loi scolaire de 1881 [1], d'étouffer les écoles catholiques et de s'emparer de toute la jeunesse malgache. Ils y ont réussi en grande partie, surtout pour les classes élevées. Les trois églises anglaises — Indépendants, Quakers et Anglicans — ont près de 100,000 enfants dans leurs écoles [2] et, de ce nombre, les trois quarts vont chez les Indépendants.

3° Chez ces peuples encore primitifs, il faut d'abord gagner les classes dirigeantes, et surtout le pouvoir. Tous les autres suivront l'exemple et l'impulsion donnés d'en haut. C'est dans ce but, qu'Ellis entra dans la conspiration contre Radama II, afin de peser ensuite de toute son influence sur ses successeurs, et que ses remplaçants ne se donnèrent point de repos qu'ils n'eussent fait supprimer le culte des idoles et déclarer leur religion « religion de la Reine » ou « religion d'Etat ». Ils obtinrent l'un et l'autre par la loi de 1869 que renforça une autre loi plus pressante de 1878. Aujourd'hui, le gouvernement tout entier et tous ses agents sont Indépendants, et par suite les agents de la religion des Indépendants [3].

4° Les Hova dès la fin du siècle dernier prétendirent devenir

1. Il y a eu trois lois principales sur les écoles : la première obligeait chaque centre de population à fournir le salaire de l'instituteur protestant; la deuxième ordonnait, sous des peines très fortes, aux parents, d'envoyer leurs enfants à l'école de leur choix, dès l'âge de 8 ans; la troisième enfin, interdisait aux enfants, une fois inscrits, de changer d'école. Il suffisait donc dès lors, de les faire inscrire, dès le commencement, chez les Anglais; c'était l'affaire des influences locales, des agents anglais et des gouverneurs, et ils n'épargnaient rien pour y réussir. (*Vingt Ans à Madagascar*, p. 307.)

2. Exactement 92,316; — 98° rapport de L. M. S., extrait du Père Caussèque, Statistiques, p. 10.

3. Qu'on en juge par le tableau suivant : « La reine et le premier ministre, en qui se concentre effectivement toute l'autorité, sont Indépendants; Indépendants aussi les vingt membres du cabinet et les seize chefs des divers districts de l'Imerina. Des quatorze membres des divers ministères, un seul est catholique. Un seul catholique aussi, parmi les huit chefs de garde et de service au palais; un seul, parmi les sept chefs des castes nobles, et, fait presque incroyable, un seul, parmi les quatre-vingt-quinze gouverneurs des principales villes et forteresses du royaume. Tous les autres sont protestants et, ordinairement, Indépendants. Et cela, dans un pays placé, au moins, dans notre sphère d'influence! » (*Annuaire malgache*, 1892, p. 11-14. Cité par le Père Caussèque, Statistiques, p. 4.)

les maîtres de l'île entière, bien résolus à ne jamais se soumettre à
aucune puissance étrangère. Dès le principe, les Anglais acceptèrent,
au moins en apparence, ce point de vue, les encouragèrent et les
aidèrent à vaincre et à soumettre les autres peuples de l'île. C'était,
du même coup, combattre l'action de la France et fortifier leur propre
influence. Dans le même ordre d'idées, ils s'efforcèrent d'enlever à
leur Église toute apparence d'église étrangère, et d'en faire au
contraire une institution malgache. Chaque missionnaire anglais,
résidant de préférence à la capitale, ou dans un des principaux
centres du pays, a sous sa direction, un vaste district dont il est
censé administrer les églises. Mais il s'en occupe fort peu. Tout
relève en pratique d'un *mpitandrina*, ou pasteur, qui préside les
réunions, et des *mpitory-teny*, ou prêcheurs, qui sont les aides du
mpitandrina et, ordinairement aussi, les maîtres d'école. Ce sont
eux qui forcent les gens à venir à l'église, qui font bâtir par leurs
adhérents les temples, les écoles, leurs propres maisons; qui perçoivent les cotisations forcées de leurs fidèles, qui exécutent et plus
souvent, dépassent ou violent, les instructions ou les ordres du
missionnaire[1]. Car s'ils relèvent nominalement de lui, pratiquement
ils relèvent des Evangélistes. Emissaires à demi payés de l'église
du palais, sorte d'inspecteurs de la prière, surveillant-nés et dé-
nonciateurs toujours écoutés, de tous ceux qui les gênent : pasteurs,
prêcheurs, instituteurs. gouverneurs même ou missionnaires étrangers, ces Evangélistes (ils étaient 184 en 1880) ont pratiquement
supplanté leurs maîtres.

C'est qu'en effet, si l'Église protestante s'est singulièrement
étendue et fortifiée par l'appui du pouvoir, et par l'adjonction à
son gouvernement de tant d'éléments indigènes, elle y a perdu son
autonomie et son indépendance. Ce n'est plus qu'une *institution
malgache*, tout entière dans la main du premier ministre. Si les

---

1. En 1880, il y avait 604 pasteurs et 4,134 prêcheurs. Evidemment, ils n'ont
ni grande valeur intellectuelle, ni grande valeur morale. « La plus grande
partie des pasteurs de campagne, peut-on lire dans un compte rendu officiel
— *Ten years review of missionary work in Madagascar*, p. 134 — n'a reçu
aucune formation en rapport avec leur dignité. Plusieurs ne savent même pas
lire. » Et des prêcheurs : « le plus grand nombre est indigne de ce nom. La
manière dont ils prêchent ne produit absolument aucun bien. Des enfants, des
jeunes gens à peine capables de lire, montent en chaire..... haranguent le
peuple..... Tous leurs efforts visent, non pas à lui faire du bien, mais à lui
plaire et à l'amuser. Tel a été l'état général des prêcheurs jusqu'en 1880. »
(*Vingt Ans à Madagascar*, p. 304.) Tel il a continué d'être depuis. Quant à
leur conduite privée et aux exemples qu'ils donnent, mieux vaut ne pas en
parler. A eux comme à tout le monde, à Madagascar, s'applique la règle que,
plus quelqu'un est élevé, plus il est vicieux et corrompu.

missionnaires anglais y ont encore de l'influence, ce n'est qu'une influence indirecte, par l'argent qu'ils distribuent, par leurs livres et leurs journaux, ou par la formation, dans leurs écoles de la capitale, des hauts dignitaires de cette Église. Même dans ces conditions, qu'ils se gardent bien de contrecarrer les vues ou les idées du gouvernement! « Aucune liberté n'est laissée au missionnaire, écrivait en 1877, le Révérend Street, la pression gouvernementale nous étouffe... Ce que l'on attend de nous, ce n'est pas Jésus-Christ selon le Nouveau Testament, mais selon le premier ministre. » Et sir Gore Jones, dans un rapport officiel sur sa visite à la Reine de Madagascar, juillet 1881 : « Le premier ministre est trop intelligent pour ne pas voir l'utilité de maintenir la Reine à la tête de l'Église, et rien d'un caractère religieux ne marche que sous sa surveillance. »

C'est ce que remarquait judicieusement un auteur bien au courant de la question malgache, dans un article du reste peu bienveillant pour la Mission catholique, publié dans le numéro du 3 avril 1894 de la *Politique Coloniale*, et il en concluait avec raison à l'inanité du projet, mis plusieurs fois en avant, en haut lieu, d'envoyer à Madagascar des missionnaires protestants français. Ils ne feraient rien, si ce n'est apporter encore plus de confusion, de trouble et de faiblesse, dans une situation déjà trop embrouillée.

II

ANGLICANS, QUAKERS ET LUTHÉRIENS

Les Indépendants furent d'abord les seuls missionnaires protestants à Madagascar. Mais bientôt ils durent partager leur monopole : 1° avec les Anglicans, arrivés en 1864, mais qui cependant ne purent s'établir dans le centre qu'en 1872; 2° avec les Luthériens de Norwège, venus en 1867, et plus tard avec les Quakers ou Amis.

Quatre sectes protestantes, fort distinctes de doctrine et de tendances, se disputaient donc le pays. Mais, à l'exception des Anglicans, plus élevés, plus gentlemen, plus dignes, et se rapprochant davantage des catholiques, dont ils affectent d'imiter les cérémonies et voudraient être reconnus comme les frères, l'intérêt et leur haine commune de la France et de l'Eglise catholique, eurent bien vite fait d'unir les trois autres, pour travailler de concert contre notre patrie et contre notre foi. Tous purent séjourner à Tananarive et y établir le centre de leurs œuvres; mais ils se partagèrent le reste de la contrée. La riche province de l'Ankaratra échut aux Norwégiens qui s'y conduisirent en maîtres. Et nulle part, la pression officielle ou la persécution contre les catholiques, n'a été aussi acharnée. Des pauvres habitants de ce pays, on aurait pu dire aussi ce que le Rév. Street écrivait des Betsileo : « Qu'ils étaient conduits comme des bêtes à nos temples[1]. »

Depuis peu, les Luthériens d'Amérique, se sont établis surtout dans le sud, et y ont apporté exactement les mêmes procédés.

Ce n'est pas que je blâme les ministres protestants d'avoir combattu l'Eglise catholique, et multiplié leurs efforts pour faire triompher leur doctrine. A leur point de vue, — et c'est à ce point de vue qu'il faut se placer pour les juger impartialement — ils devaient le faire. Seulement, il faut combattre alors à visage découvert, franchement et loyalement; et, quand il s'agit d'une doctrine à répandre par la seule persuasion, la calomnie et la violence ne sont jamais de mise, et ce sera leur honte d'y avoir si souvent recouru.

Je comprends aussi qu'ils aient travaillé contre l'influence française au profit de leur propre pays. Mais cependant on est surpris, choqué même, de voir des missionnaires faire de cette œuvre temporelle le but principal de leur apostolat. De plus, on ne peut jamais excuser la conspiration et les attentats, par exemple, la mort violente de Radama II, et Ellis aurait dû être exclu du sein des missionnaires indépendants comme le furent plus tard Parrett et leur imprimeur, le quaker Kingdon. Enfin, depuis la convention franco-anglaise de 1890, la cause est jugée, et les missionnaires doivent donner l'exemple de la soumission.

Si maintenant il faut juger l'ensemble des résultats des missionnaires protestants, après avoir de nouveau mis à part les Anglicans, qui cependant ont trop acheté les conversions et n'ont souvent recueilli que les épaves des dissidents et des catholiques, fondant ainsi une œuvre hybride et sans avenir, je n'hésiterai pas à reconnaître que les autres, les Indépendants et les Norwégiens surtout, ont fait beaucoup, et le mal qui se trouve mélangé à presque toutes leurs œuvres, ne doit et ne peut faire oublier les résultats obtenus.

Ils ont fait supprimer la traite des Mozambiques et rendre la liberté aux esclaves de cette nation (1878); ils ont présidé à la refonte de la législation malgache et beaucoup de leurs ordonnances sont bonnes; l'ensemble, en tout cas, en est bien supérieur aux

1. *Mercantile Record of Mauritius*, 11, 12, 13 oct. 1878.

anciennes coutumes; ils ont donné une vive impulsion à l'éducation, surtout des hautes classes, trop souvent dans un but de prosélytisme à outrance, mais l'œuvre n'en reste pas moins; ils ont travaillé beaucoup, et parfois d'une manière très intelligente, à faire connaître la langue malgache (grammaire et dictionnaire de Consin; dictionnaire de Richardson), de même que la géographie, la géologie, l'histoire naturelle et les richesses de l'île (Rév. Baron, etc.); enfin ils ont fondé une école de médecine, une léproserie, trois hôpitaux admirablement organisés et qui rendent les plus grands services.

Il ne faudrait pas cependant s'en rapporter exclusivement à leurs statistiques officielles. Ainsi, d'après le 98e rapport de L. M. S. (1892), les Indépendants et les Quakers auraient 92,348, et les Luthériens de Norwège 37,487 enfants dans leurs écoles. Ce serait énorme. Mais y en a-t-il un quart, ou un cinquième, à les fréquenter fidèlement, et partant, à en profiter? J'ai vu de près plusieurs de ces écoles, en particulier dans les campagnes, et telle, qui a plus de 100 élèves inscrits, doit souvent donner vacances parce qu'il ne vient aucun enfant.

Le même rapport officiel donne 310,313 adhérents ou disciples aux Indépendants et aux Quakers, et 47,681 aux Norwégiens. Mais plus des neuf dixièmes ont simplement, une fois en passant, donné leur nom, et ne sont même pas baptisés. Jamais ils ne vont au temple, jamais ils ne prient, jamais ils ne participent à aucun sacrement, jamais ils n'assistent à aucune instruction.

Au fond, il n'y a pas grand'chose de changé sauf pour l'extérieur, et les Hova ont gardé la plupart des pratiques païennes et superstitieuses de leurs ancêtres: la même croyance au destin, le même culte rendu aux morts et les mêmes cérémonies aux funérailles; les mêmes honneurs accordés aux Sampy et aux pierres sacrées; la même foi aux Ody ou amulettes, aux devins et à la divination; la même exactitude à se faire circoncire. Tout cela ne s'observe plus officiellement et en public, mais s'observe très fidèlement en particulier.

En parlant ainsi, je m'écarte beaucoup, je le sais, de la plupart des voyageurs qui ont écrit sur Madagascar et, en particulier, de l'école anglaise qui a tout intérêt à faire ressortir l'importance de la loi de 1869, et surtout à faire croire qu'elle est observée. Mais je parle d'après les observations suivies et multiples de gens qui connaissent parfaitement leurs Malgaches et, ayant longtemps vécu dans le pays, ont pu voir bien des choses qu'un simple voyageur ne soupçonne même pas. Je suis certain de dire la vérité. En fait, la très grande majorité des Hova, se disant protestants, est restée païenne. Je vais plus loin et je n'hésite pas à affirmer, qu'à la cour même, on a gardé la plupart des pratiques des ancêtres.

En somme, l'œuvre protestante à Madagascar n'est ni solide ni durable. Ils se sont imposés par les hautes classes, mais ils ne se font ni aimer ni accepter par le peuple ; ils se sont étendus beaucoup en surface, très peu en profondeur ; s'il y a beaucoup de branches et de feuilles, il n'y a ni fruits ni racines ou, si l'on préfère, le monument tout en façade, n'a pas de fondements ; déjà il se lézarde et, inévitablement, il tombera, si on lui enlève le soutien de l'État.

Les missionnaires protestants de Madagascar, certains du moins, par l'organe d'une feuille sans valeur et sans tenue, qu'inspire uniquement sa haine contre la France, le *Madagascar News*, essaient une vive campagne contre nous, et jettent les hauts cris à la perspective de la persécution qui les attend, quand la France se sera emparée du pays. Jamais la France ne les persécutera, et il n'était pas besoin d'en inscrire la promesse dans la convention de 1890. Au contraire, elle n'est que trop portée à les favoriser. Les missionnaires catholiques, d'ailleurs, seraient les premiers à réclamer si l'on recourait jamais à des mesures violentes contre leurs adversaires. La liberté suffira. Ce qui le prouve, c'est que dans les intervalles d'accalmie, partout où le missionnaire catholique peut aller ouvrir une école et fonder une réunion, les populations accourent à lui, abandonnant l'établissement protestant, qui aussitôt diminue, s'affaiblit et disparaît.

III

MISSION CATHOLIQUE

L'avenir est donc à la religion catholique à Madagascar.

Fondée en 1861, sous Radama II, la Mission catholique se vit aussitôt après, par suite de la mort de ce prince, en butte à toutes les tracasseries, à toutes les suspicions, à toutes les persécutions, surtout pendant l'administration de Rainivoninahitriniony. Son frère Rainilaiarivony, le ministre actuel, qui le supplanta en 1864, se montra au commencement moins acharné, ne voulant pas l'établissement définitif des Anglais, et désirant garder toujours un contre-poids à leur opposer. Cependant ces jours tranquilles furent bien courts pour l'Église catholique et elle en eut de terribles à traverser, en particulier depuis 1878 jusqu'à la guerre.

Malgré tout, elle avait prospéré, et, dans l'espace de vingt ans, fait de remarquables progrès :

80,000 chrétiens disséminés dans les deux centres principaux de Tananarive et de Fianarantsoa;

20,000 élèves repartis dans une multitude d'écoles; 530 instituteurs ou institutrices, plus de 250 postes ;

Une imprimerie pour ses livres, et une petite revue hebdomadaire, le *Resaka* ou *Conversation*, pour faire connaître et défendre ses œuvres ;

C'étaient sûrement de beaux résultats.

L'exil des Pères, pendant les trois années que dura la guerre, arrêta cet essor; mais les catholiques restèrent fidèles.

Depuis, sous la direction de Monseigneur Cazet, nommé précisément à cette époque Vicaire Apostolique de Madagascar, on a relevé les anciennes ruines, repris les mêmes œuvres et donné à toutes une nouvelle impulsion. — Sans parler des dispensaires, des ateliers, des léproseries, des diverses écoles normales, un petit collège a été fondé à Ambohipo pour préparer des catéchistes et des interprètes, et donner aux enfants plus intelligents une éducation plus complète et plus soignée. Un observatoire, de tous points remarquable, a été établi à Ambohidempono, et a déjà rendu les plus signalés services, en centralisant et en publiant les diverses observations météorologiques. Son Directeur en a fixé les coordonnées précises, et, pour arriver à en établir l'altitude, a relevé au théodolite, toute la route de Tananarive à Tamatave, nous donnant en même temps la première coupe exacte du chemin, et la carte au 1/100,000 d'une large bande de terrain.

Un autre missionnaire bien connu, le Père Roblet, qui avait déjà publié, au 1/1,000,000, une carte de Madagascar, récompensée de 3 médailles d'or, dont une à l'exposition universelle de 1889, reprenait ses triangulations et préparait une nouvelle carte de l'Imerina, au 1/100,000, qu'il publie, en ce moment, réduite de moitié, de concert avec M. Grandidier.

Enfin, auparavant, un troisième membre de la Mission, un chercheur s'il en fût, le Père Callet, rendait à l'histoire un service inappréciable, en recueillant de la bouche des anciens le récit des temps passés, des usages et des traditions du pays, et en les consignant dans un ouvrage malgache, en 3 volumes, imprimé à la Mission, et, presque aussitôt à peu près complètement détruit par ordre du premier ministre, « parce qu'il aurait trop bien fait connaître Madagascar ». Cet ouvrage devrait être traduit et publié en français, car il renferme tout ce que l'on peut savoir sur Madagascar.

La Mission catholique comprend en ce moment quatre centres principaux :

1° Tananarive et l'Imerina, avec une trentaine de Pères. C'est le premier de tous et le plus important, le siège du Vicaire Apostolique et le centre des principales œuvres.

2° Fianarantsoa, le second en importance, avec une quinzaine de Pères; une école de Frères et quatre tenues par les Sœurs; une splendide église en pierres et briques, qui rappelle la cathédrale de Tananarive, une lèproserie et un commencement d'hôpital. Fondé seulement en 1871, traversé de mille tracasseries et difficultés, le centre de Fianarantsoa semble aujourd'hui être en pleine prospérité. Et, l'année dernière, quand se fit l'inscription pour les écoles, les catholiques eurent seuls plus d'enfants que toutes les sectes protestantes réunies.

3° Tamatave, avec trois Pères, dont l'un s'occupe des divers postes de la côte, une école pour les garçons dirigée par les Frères des Écoles chrétiennes, une pour les filles sous la conduite des Sœurs de Saint-Joseph de Cluny, et un hôpital en construction.

4° Fort-Dauphin, fondé, il y a deux ans par les Pères Chenay et Campenon, grâce à la généreuse initiative de M. Marshall, un riche négociant créole, et qui promettait les plus concluants succès, quand la guerre est venue tout interrompre.

Voici du reste la dernière statistique des œuvres et du personnel de la Mission :

Missionnaires prêtres (dont un évêque)	51
Missionnaires scholastiques (dont un Malgache)	4
Frères coadjuteurs pour les ateliers, imprimeries, etc.	18
Frères des Écoles Chrétiennes à Tananarive, Fianarantsoa et Tamatave.	16
Sœurs de Saint-Joseph de Cluny, aux mêmes endroits	27
Personnel européen, total	116
Instituteurs et institutrices indigènes, plus de	700
Écoles normales	9
Collège	1
Élèves : garçons et filles	26,736
Églises	83
Chapelles	277
Postes ou stations	443

Catholiques ou adhérents 136,175
Imprimerie 1
Observatoire 1
Léproseries (celle de Tananarive a près de 150 malades) 2

Dans le courant de l'année dernière il y a eu :

Baptêmes d'adultes. 1,197
Baptêmes d'enfants 2,887

Toutefois il ne faut rien exagérer. Même parmi les catholiques, il y a bien des misères, et tous n'ont pas renoncé à toutes leurs pratiques superstitieuses. Il y a des tièdes, des négligents, des indifférents, de grands pécheurs aussi et des apostats. Cela tient à bien des causes, souvent locales, au manque de caractère, au milieu, aux mauvaises influences, etc. Mais il y a aussi de beaux exemples de vertus et beaucoup de bien accompli. La famille se fonde, respectable et respectée ; les enfants grandissent, meilleurs et plus instruits ; les sacrements sont fréquentés et les offices suivis, un idéal de vertu est donné auquel plusieurs s'efforcent de parvenir et, chez certains, la foi produit des fruits admirables de pureté, de dévouement, de zèle, de sainteté. C'est que, outre la grâce divine qu'il ne faut jamais oublier quand il s'agit d'évangélisation, et qui ne peut être avec les apôtres d'une religion fausse, ne considérant les choses qu'humainement, il y a une grande différence entre les missionnaires catholiques et les missionnaires protestants.

Sans doute la vie de ces derniers, les prenant dans l'ensemble, et négligeant·tel ou tel exemple qui n'est qu'une exception, est moralement pure, et peut servir de modèle à ces pauvres Malgaches ; ils ne manquent pas de tenue, ordinairement, et sont strictement honnêtes dans leurs affaires ; parmi eux certains sont dévoués à leur œuvre, et y consacrent leur énergie et leurs talents ; ils sont bienfaisants aussi, et aiment ordinairement à rendre service. Mais ils sont largement payés ; on leur assure une situation honorable et bien supérieure à celle qu'ils auraient occupée dans leur pays ; il leur faut de grandes et belles demeures, de larges jardins, une maison nombreuse, en un mot tout le confort européen ; ils sont tous mariés et ne se privent d'aucune des joies de la famille ; ils reviennent souvent, comme des employés ou des commerçants, passer quelque temps dans leur pays et « semblent ne songer à autre chose qu'à rentrer chez eux[1] ».

1. Amiral sir Gore Jones.

Le missionnaire catholique au contraire « en règle générale, ne revient plus dans sa patrie[1] ». Sa famille à lui, ce sont ses convertis et les enfants de son école ; par amour pour eux, il se prive de toutes les commodités de la vie, ne recevant que ce qui lui est strictement nécessaire pour ne pas mourir de faim ; logé à peu près comme l'un d'eux, toujours avec eux, au courant de tous leurs besoins, de leurs joies et de leurs peines ; sans cesse à leur service, se donnant, se dépensant sans mesure, ne demandant jamais rien, ne pressurant pas les pauvres et n'imposant pas de corvées ; donnant au contraire tout ce qu'il a, et tout ce qu'il peut obtenir : on voit clairement qu'il n'est là ni par intérêt, ni par plaisir, mais uniquement pour faire du bien. Et cela, alors même qu'ils ne le comprennent pas, frappe les indigènes et donne au missionnaire une grande autorité.

Aussi ai-je bon espoir pour la Mission catholique. Deux choses surtout lui manquent, et je le dirai ici clairement comme tout le reste : les hommes et l'argent. Ils ne sont pas 25 missionnaires valides en Imerina, et il en faudrait 250 tout de suite. Ils ne sont pas 50 pour toute l'île, et il en faudrait immédiatement 500. De même, le gouvernement français leur donne annuellement, sans aucune assurance pour l'avenir, 40,000 francs arrachés par les instances du Père Caussèque. Or, il faudrait au moins ce que réclame M. Paul Leroy-Beaulieu, dans un article fort remarquable de l'*Economiste Français* (14 août 1893), 200,000 à 300,000 francs. Ce serait même peu, comparé au budget des Missions protestantes, peu inférieur dans son ensemble, sinon supérieur, à 1,500,000 francs.

Je veux espérer que l'un et l'autre arriveront, et, avec ces nouveaux ouvriers et ces nouvelles ressources, toutes les œuvres qui manquent encore à l'organisation et au plein développement de la Mission catholique : hôpital, cours de médecine, ateliers de métiers, fermes modèles, etc., etc.

1. Amiral sir Gore Jones.

CHAPITRE XI

FAMILLE, CASTES, ESCLAVAGE

I

DE LA FAMILLE

D'après ce que nous avons dit plus haut des mœurs malgaches, de l'instabilité du mariage et des désordres qui le déshonorent, la conclusion toute naturelle semblerait être, qu'il n'y a pas de famille chez les Hova. Et cependant elle existe, forte, puissante, profondément enracinée dans les mœurs et les souvenirs de la nation.

D'abord, elle est en grand honneur, et c'est la famille qui est la véritable unité sociale et le fondement de l'État malgache, au sens absolu du mot.

Aussi, tout le monde désire-t-il en fonder une au plus tôt. Voilà pourquoi tous se marient et très jeunes. Tout le monde aussi aime à avoir beaucoup d'enfants, et c'est là, parmi tous les autres, le souhait le plus fréquent et le mieux accueilli chaque fois que l'occasion s'en présente. Et plus les enfants sont nombreux, plus le bonheur est grand et parfait, car leur éducation ne coûte à peu près rien et la famille en est grandie d'autant.

Ce désir poussera même à l'inconduite si cela devient nécessaire, et les enfants nés de l'adultère seront, non seulement reçus et traités comme les enfants légitimes, mais privilégiés par l'usage qui les élève au rang de « frères de la mère » et leur assure une part égale à son héritage.

Enfin si malgré tout, on ne peut avoir d'enfants, on en adopte[1],

---

1. On en adopte aussi quand on en a beaucoup, car cette coutume de l'adoption s'est singulièrement modifiée et élargie. Aujourd'hui elle n'a plus de limites d'âge ni de conditions. Un enfant adopte un vieillard; adopte son père, son oncle, son aïeul; un esclave adopte son maître, un sujet son

car, avant tout, il faut éviter la honte qui s'attache aux familles sans héritier, il faut empêcher la sienne de s'éteindre, et ses biens de passer au seigneur ou au souverain; il faut conserver sa race, la multiplier et l'accroître, et ainsi continuer à vivre dans ses descendants.

Mais outre cette estime universelle de la famille, quatre choses ont puissamment contribué à la maintenir chez les Hova, en dépit de tout ce qui aurait dû l'affaiblir et la détruire :

1° La vie en commun :

2° Les lois particulières de chaque famille;

3° La place au tombeau;

4° La crainte de la malédiction paternelle.

1° *La vie en commun :*

Ordinairement les enfants commencent à posséder quelque chose dès leur naissance, parfois même avant que de naître. Mais tous, jusqu'au jour de leur mariage, frères, sœurs, cousines, enfants adoptés, enfants nés avant le mariage, d'un autre père ou d'une autre mère, vivent ensemble, jouissent en commun des biens de la famille et concourent, chacun pour leur part, à les faire prospérer. C'est une coutume universelle, et personne ne songerait à s'y soustraire.

2° *Lois particulières de la famille :*

Chaque famille forme comme un petit État, avec ses lois et ses coutumes propres, transmises oralement. Le père, ou à défaut du père, son fils aîné ou tout autre choisi par lui ou désigné par l'usage, y est tout-puissant. C'est lui qui régit tout pendant sa vie, et il a pleine liberté à sa mort de laisser ses biens à qui il veut et comme il veut. Il peut rejeter ses enfants, ou en adopter d'autres, à la seule condition de notifier sa décision au gouvernement. Avant 1861, il pouvait même les vendre; il peut encore les châtier et les punir corporellement ou par la prison. Cependant les affaires importantes, mariages, vente des biens patrimoniaux, procès, peine des fers ou autres semblables, se discutent en commun et relèvent de la famille réunie en conseil. Pour les procès seulement, on peut en appeler à l'État, et alors on se ruine.

seigneur. C'est la cupidité et l'intérêt qui ont produit ces curieux résultats. L'adopté héritera en effet de son père adoptif : il a donc tout intérêt à le rendre riche. S'il le peut, il le nommera gouverneur, lui donnera une charge lucrative, lui confiera l'autorité sur ses autres esclaves, en un mot l'aidera à faire fortune. C'est ainsi que le tout-puissant premier ministre a des centaines de pères adoptifs.

3° *Le tombeau de famille* :

Mais les deux grands châtiments, devant lesquels aucun coupable ne reste insensible, et qui, presque toujours, suffisent à ramener les plus endurcis, c'est la perte de leur place au tombeau des ancêtres, et la malédiction paternelle qui entraîne avec elle le rejet du sein de la famille.

Le Hova, tout comme le Chinois, estime sa place au tombeau de famille plus que sa propre vie. Ce sera donc un malheur irréparable s'il succombe au loin et qu'on ne puisse rapporter son corps. On fera tout pour l'éviter. Mais quel malheur autrement grand s'il en est exclu à cause de son indignité! Aussi cette seule pensée suffit-elle d'ordinaire pour l'arrêter au milieu des plus grands désordres.

4° *La malédiction paternelle* :

De même la crainte de la malédiction paternelle, qui le marquerait au front, lui et toute sa postérité, d'un ineffaçable stigmate, absolument comme dans la Bible du temps des Patriarches.

En voici un exemple frappant;

Un homme, du nom de Ramazava, avait deux fils. L'un se fit mendiant et l'autre voleur. Le premier resta pauvre et le second devint riche. Mais à la fin le voleur fut pris et condamné à mort.

Or, avant l'exécution, son père, en présence de toute la famille, demande la parole et maudit tous ceux de sa descendance qui ne se conformeraient pas à la loi qu'il va leur imposer : « Fils et petit-fils de cet enfant voleur, s'écrie-t-il, et vous tous qui naîtrez d'eux, vous mendierez de porte en porte, jusqu'aux dernières générations. »

Aujourd'hui, ces descendants sont nombreux et riches, et forment une caste puissante. Et cependant, par crainte de cette malédiction, ils sortent deux fois par an de leur pays et s'en vont de porte en porte, jusque dans la capitale, demander l'aumône sur un air et avec des paroles à eux réservés. Je les ai vus et entendus moi-même et leur ai donné un bout d'argent. C'est alors qu'on me raconta leur histoire que j'ai retrouvée ensuite dans le Père de La Vaissière[1].

II

DES CASTES

La caste n'est que le naturel développement de la famille. C'est donc l'ensemble des familles issues d'un père commun mort depuis

1. *Vingt Ans à Madagascar*, p. 187.

de longues années. Autrefois elles formaient les diverses unités dont
la réunion composait l'Etat, et jusqu'à Radama Ier, au commencement de ce siècle, c'était aux castes que l'on réclamait les impôts
et les diverses corvées.

La caste, réunie en conseil, est évidemment supérieure à chacune
des familles qui la composent, et certaines affaires plus importantes
lui sont exclusivement réservées. Elle aussi a ses usages, ses lois,
ses coutumes, fidèlement conservées par la tradition et inviola-
blement observées. Elle a aussi ses chefs supérieurs et subalternes.

Chaque caste a en jouissance — non en *propriété*, car il n'y a
que la Reine qui possède à Madagascar — une part de territoire
qui ne saurait être aliénée, ni vendue aux membres d'une autre
caste. Il n'y a d'exception que pour Tananarive, où chaque caste
habite bien un quartier déterminé, mais où le terrain peut être
vendu ou acheté indistinctement par tout Malgache.

Parmi ces castes, les unes sont nobles ou *Andriana ;* les autres
sont roturières ou *Hova.*

Au premier rang et au-dessus de tous, il y a la Reine ou
Andriana par excellence — c'est même là son nom ordinaire, *ny
Andriana,*— puis les *Zanak' Andriana*, enfants, c'est-à-dire proches
parents de la Reine, ou princes du sang ; enfin, les six castes de la
noblesse, descendant toutes des anciens rois de l'Imerina, et ayant
chacune d'elles, leurs chefs propres et leurs privilèges et usages
particuliers.

Les trois dernières castes ne sont guère que des artisans, et l'une
d'elles est renommée pour son adresse dans les travaux de ferblanterie. Tous ses membres sont « ouvriers » dans l'armée, et c'est là
un de ses privilèges. Elle habite le village de Soamanandrarina,
près de la route de Tamatave, au nord-est de l'Observatoire.

Aucun homme de ces trois castes ne peut épouser une femme
de l'une des castes supérieures, sinon ses enfants perdront le rang
de leur mère, contrairement à la règle qui veut qu'un enfant, dont
les parents sont de caste différente, appartienne à la caste la plus
élevée ; mais une femme peut être épousée par un membre même
de la première caste, et ses enfants appartiendront à la caste de
leur père.

La troisième caste, les *Zanatompo*, ou plus ordinairement les
Ambohimalaza, du nom de l'endroit où ils résident, s'adonne au
commerce. Vous les trouverez partout dans les centres importants.
Ils sont très riches et très puissants, mais aussi très pressurés par
le premier ministre qui les accable d'impôts.

Les deux castes supérieures, comme aussi celle des princes, vivent de leur fortune privée, ou plus ordinairement de l'Etat, c'est-à-dire du public, et se trouvent ainsi dépendre entièrement du premier ministre. Beaucoup ont des fiefs territoriaux appelés *menakely*, et s'appellent alors *Tompomenakely* tandis que les terres qui relèvent directement de la Reine forment le *menabe*, et la Reine est le *Tompomenabe*. Ces *Tompomenakely* perçoivent une part des moissons, reçoivent des présents dans les grandes circonstances, jouissent d'une haute considération et quelquefois encore d'une certaine influence. Mais la plus grande partie de leur autorité a passé aux mains des gouverneurs, établis précisément contre eux, par le premier ministre. Et s'il est permis de se servir d'une comparaison historique bien prétentieuse, mais à peu près exacte, ces nobles des deux premières castes, et ces princes ou *zanak' andriana* sont, en raccourci, à Madagascar, vis-à-vis de la Reine et de son ministre, ce qu'était la noblesse en France sous Louis XIII, vis-à-vis du roi et de Richelieu. Même orgueil, même impatience du joug, même soif de révolte, d'un côté; et de l'autre, même ministre autoritaire, implacable et tout-puissant, même abaissement des pouvoirs locaux et même concentration excessive.

Les six castes nobles réunies forment approximativement le sixième de la population libre hova.

Parmi les castes *hova*, il n'y a guère à signaler que celles d'où sont sortis les divers premiers ministres au pouvoir sous les dernières Reines, caste très ancienne et toute-puissante; puis, celle des *Zafimbahaza*, ou petits-fils de blancs, dont l'origine remonterait à un célèbre naufrage sur la côte est. Leur type plus relevé et leur couleur plus franchement bronzée, sembleraient donner fond à cette tradition.

Les castes hova n'ont généralement aucun privilège. Il y a cependant quelques exceptions. Ainsi on ne doit pas faire couler le sang d'aucun membre de celle des *Trimofoloalina*, absolument comme s'ils faisaient partie de la famille royale, en souvenir et en récompense du dévouement héroïque dont fit preuve leur premier ancêtre, sous le roi Andriamasinavalona. Ce prince, en effet, à peine délivré d'une longue et dure captivité, que lui avait fait subir son fils, et afin de prévenir à jamais le retour d'un pareil malheur, voulut, sur le conseil de ses devins, offrir un sacrifice humain aux idoles. Mais personne ne désirait être la victime et tous tremblaient d'être désignés par le sort. Trimofoloalina alors s'offrit de lui-même. Il ne fut pas immolé et on lui substitua un coq, dont on lui répandit le sang sur le cou et sur le visage. Mais il n'en avait pas moins fait preuve d'un dévouement sans borne, et c'est pour en perpétuer le souvenir que le Roi lui fit octroyer ce privilège, soigneusement gardé par ses enfants, encore aujourd'hui, et fidèlement respecté.

D'autres castes, au contraire, sont vouées à des corvées humiliantes, comme par exemple le balayage des rues. Les *Antsihanaka* sont exempts du service militaire; mais, en retour, ils doivent porter les munitions et les caisses de la Reine. C'est aux femmes sans mari, que revient l'obligation de recueillir et d'apporter aux endroits désignés, l'urine des vaches, qui produira le salpêtre nécessaire à la fabrication de la poudre.

III

DE L'ESCLAVAGE

Après avoir parlé de la famille et des castes, on est naturellement amené à parler de l'esclavage. Car il y a des esclaves à Madagascar, et beaucoup; seulement l'esclavage y revêt une forme toute particulière et y est soumis à des usages spéciaux qu'il sera utile de faire connaître.

Les esclaves, évidemment, n'appartiennent à aucune des castes que nous venons d'étudier. Mais certains parmi eux, par exemple les esclaves de la couronne, sont bien plus riches et plus puissants que les membres libres de ces castes.

Ce sont d'anciens esclaves venus autrefois à la suite des conquérants, ou des prisonniers de guerre, quelquefois des naufragés, ou bien les descendants des Mozambiques, affranchis sous le précédent règne. Ils sont ordinairement noirs, forts, souples, ambitieux. C'est parmi eux que l'on prend les coureurs ou courriers de la Reine, les gardes du corps et autres officiers du palais. L'un d'eux, Rainingony, a commandé en second toutes les troupes hova et a été, pendant vingt-deux ans, de 1854 à 1876, le second après le tout-puissant premier ministre.

Naturellement, leur situation leur donne beaucoup d'influence; les gouverneurs et autres grands fonctionnaires ont à compter avec eux et recherchent leur faveur; certains possèdent de brillantes fortunes et ont eux-mêmes des centaines d'esclaves. Seulement, ils ne peuvent jamais être affranchis et doivent toujours, eux et leurs descendants, rester esclaves.

Au-dessous d'eux, sont les esclaves des particuliers, étrangers faits prisonniers de guerre, ou bien Hova réduits en servitude pour dette, pour crime, ou par suite de l'épreuve du tanghen. Ils sont très nombreux dans l'Imerina, où ils forment certainement la majorité, peut-être les deux tiers de la population. Il y a des familles qui en ont des centaines, parfois des milliers, et c'est le nombre de ses esclaves qui fait la vraie fortune du Hova. Les meilleurs, et de beaucoup les plus nombreux, sont les Betsileo.

Il y a deux sortes d'esclaves : les esclaves domestiques et les esclaves cultivateurs.

Les premiers sont plus ou moins considérés comme membres de la famille, quoique à un degré inférieur. Quelques-uns, ordinairement des enfants, et surtout des petites filles non encore mariées, habitent la maison du maître ; et alors ils sont nourris, soignés, habillés, comme les autres enfants de la famille. Mais le plus grand nombre est marié et vit à part dans sa case. Tout leur service consiste alors dans quelques corvées qu'ils se partagent entre eux : préparer le riz, puiser l'eau à la fontaine, balayer la maison, laver le linge, voilà pour les femmes; porter leur maître, lui faire escorte, entretenir sa maison, etc., voilà pour les hommes. Cela leur prend, en moyenne, le douzième de leur temps, l'équivalent d'un mois par année. D'ailleurs, si cette corvée leur déplaît. ils peuvent s'en exempter, en donnant un bout d'argent. En dehors de ce service, ils s'occupent de leurs propres affaires.

Il faut dire la même chose des esclaves cultivateurs, de ceux qui travaillent les rizières et gardent les troupeaux de leur maître. A côté du champ et du bœuf de ce dernier, il y a leur propre champ et leur propre bœuf, qu'ils font prospérer en même temps que celui du seigneur, quelquefois plus vite.

Enfin, c'est un esclave qui est l'intendant de la maison, qui distribue à chacun sa tâche, surveille toutes les dépenses et a toutes les clefs.

Outre ces deux classes d'esclaves, il y a encore les esclaves porteurs. Ceux-là sont jeunes, vigoureux, pleins d'entrain. Ils gagnent beaucoup d'argent et en donnent d'ordinaire une partie à leur maître. Mais ils sont heureux, parce qu'ils voyagent beaucoup, s'amusent beaucoup et ne manquent de rien.

Les esclaves sont exempts de service militaire, exempts aussi de la corvée de l'État, souvent plus dure que celle du maître. Enfin on ne les maltraite généralement pas, et jamais on ne doit faire couler leur sang. Le maître peut cependant les châtier, les frapper du fouet ou les mettre aux fers. Mais il le fait rarement, car ils s'enfuiraient aussitôt, pour ne jamais revenir.

Les esclaves ont le droit et parfois les moyens de se racheter. Il leur suffit pour cela de payer le prix de leur rançon, c'est-à-dire leur valeur vénale, et de le déclarer au gouverneur à qui on offrira une piastre, comme tribut. La Mission catholique en a ainsi racheté beaucoup, de 1890 à 1892. Mais ils n'y tiennent pas énormément, surtout les jeunes gens; et, quand ils se rachètent, pour éviter les corvées et le service militaire, ils restent les esclaves nominaux, par exemple de leurs parents ou d'un ami sûr.

En somme, l'esclavage serait supportable à Madagascar, s'il n'y avait pas deux abus criants, qui devront disparaître le plus tôt possible, car ils sont tous les deux en opposition directe avec les lois de la nature, je veux dire :

1° La vente des esclaves;

2° L'état de leurs enfants, qui naissent esclaves et sont la propriété du maître de la mère.

A Madagascar, les esclaves se vendent au marché, comme du bétail, et cela même à Tananarive, à deux pas de la Résidence française. Et, ce qu'il y a de pire, on sépare le mari de la femme, l'enfant de sa mère; on brise et on détruit tous les liens de famille. Je sais bien qu'un homme riche se déshonore en vendant ses esclaves. Mais que peut un préjugé contre la cupidité ou le besoin? J'ai vu de jeunes femmes, mariées et mères, vendues aux Sakalaves de l'ouest qui les emmenaient à 100 kilomètres de leur pays [1]!

L'influence anglaise amena Rasoherina à interdire la traite des Mozambiques, puis, à les libérer tous, d'un trait de plume, en les prenant sous sa protection. Mais ce fut tout. En principe, les Anglais condamnent l'esclavage à Madagascar; mais ils ne croient pas possible de l'abolir encore. Au moins c'est ce que dit Sir Gore Jones dans son rapport de 1881.

En tout cas, ils n'ont rien fait, même alors que leur influence était la plus forte, contre cette ignoble vente des esclaves.

Ils n'ont rien fait non plus, pour faire décréter qu'un enfant doit naître libre. Et cependant aucun gouvernement civilisé ne pourra

1. Voici un aperçu des prix courants : Une femme jeune et pouvant avoir de nombreux enfants, de 80 à 100 piastres; une jeune fille de 10 à 12 ans, de 30 à 40 piastres; un garçon du même âge, de 20 à 30; ce sera à peu près le même prix pour un homme fait.

jamais accepter en principe que l'enfant d'une femme esclave soit, par le seul fait de sa naissance, esclave lui-même.

La gloire de remédier à ces deux abus criants, et d'éteindre ainsi rapidement l'esclavage en les adoucissant d'abord, puis, plus tard, en les supprimant, est donc réservée à la France qui, j'en ai la conviction, ne faillira pas à ce devoir.

CHAPITRE XII

L'ARMÉE HOVA

Il nous reste maintenant à dire quelques mots de l'armée.

On prend facilement en France l'armée hova au sérieux, et on lui attribue inconsciemment les qualités que ce mot comporte : organisation, instruction, discipline, bravoure. C'est un tort et une erreur.

Jusqu'au commencement de ce siècle, il n'y avait pas d'armée régulière chez les Hova. C'est Andrianampoinimerina qui, le premier, leva une petite troupe d'abord de 100, puis de 1,000, puis de 20,000 hommes qu'il nomma prétentieusement les « foloalindahy » ou les 100,000 hommes, et qu'il arma et instruisit aussi bien qu'il put. Sous l'inspiration de l'Anglais Lesage, l'agent de sir Robert Farquhar, son fils, Radama Ier, continua son œuvre, dans laquelle il fut aidé par deux sergents anglais et le Français Robin. On lui envoya même de Londres 400 « red coats » qu'il n'employa que pour les jours de revue et de parade. En dehors de là, chaque homme dut s'habiller, et évidemment se nourrir et se loger comme il put. L'État ne lui donnait qu'un fusil et quelques cartouches. A lui de se procurer tout le reste, à lui aussi de nourrir et d'entretenir ses officiers.

Cependant telle qu'elle était, cette organisation suffisait pour donner aux Hova une incontestable supériorité sur les autres tribus, armées seulement de sagaies ou de lances, et leur permettre d'étendre au loin leur domination.

Depuis, cette organisation rudimentaire s'est développée. D'abord négligée sous Ranavalona Ire (1828-1861), puis, sous Radama II (1861-1863), qui voulait vivre en paix avec tout le monde, l'armée hova a été refondue et réformée par Rainilaiarivony en 1866, et surtout en 1879.

Aux termes d'une loi datée du 25 mars de cette dernière année, tout « Hova » libre et valide doit le service militaire pour cinq ans, à partir de 18 ans d'âge, et les chefs qui exempteraient un homme de leur propre autorité sont passibles d'une amende de 500 francs, et perdent leur grade. Passé ce temps, il est libéré et peut être rappelé en cas de besoin.

I

RECRUTEMENT

Le recrutement se fait de la manière suivante[1] :

Quand le premier ministre veut faire une levée, il convoque à Tananarive les chefs de districts, et, d'après leurs indications, fixe le contingent. Les chefs de districts répartissent à leur tour ce contingent entre les diverses provinces, soumettent cette répartition au premier ministre qui l'approuve, et retournent chez eux.

Rentré dans sa province, chacun convoque chez lui les divers chefs de village et c'est avec eux qu'il effectue la répartition par village. Puis, le recrutement commence dans chaque endroit, sous la direction du chef qu'assistent deux agents, l'un hova, l'autre de caste noble ; et, ce recrutement terminé, toutes les recrues montent à Tananarive pour l'enrôlement ou l'inscription définitive.

Cette dernière opération est faite par le premier ministre en personne, qui y consacre les matinées du mardi de chaque semaine, et elle peut durer quatre mois.

D'après la loi de 1879, cette levée devait se faire chaque année. On y fut fidèle jusqu'en 1884 ; de 1884 à 1888, il y en eut trois ; puis une dernière en 1893. La première donna 20,000 hommes ; la dernière, de 12,000 à 15,000 ; toutes les autres, de 7,000 à 8,000.

Le contingent devrait être beaucoup plus élevé ; mais le Hova déteste le service militaire et fait tout pour l'éviter. Le plus grand nombre y réussissent. On se fait nommer « chef de la prière », maître d'école, aide de camp d'un gouverneur ; on donne de l'argent au chef de village qui prendra n'importe qui à votre place, car tout ce qu'on lui demande, c'est d'atteindre le nombre fixé ; on s'enfuit dans les provinces éloignées, on déserte pendant le voyage ou pendant les quatre mois que dure l'inscription, en un mot on

1. Voir M. Martineau, *Madagascar en* 1894, p. 335 et suiv., qui m'a beaucoup servi à compléter et contrôler mes propres renseignements.

invente toutes sortes de moyens, et c'est ainsi que les pauvres surtout deviennent soldats.

Il faut diviser l'armée hova en trois parties :

1° Ceux qui sont envoyés dans les pays lointains. Ceux-là doivent être relevés chaque année. Ceux de Tamatave, cependant, y restent trois ans.

Ils sont ainsi approximativement, de 3,000 à 4,000 hommes, encadrant une douzaine de mille de troupes indigènes[1].

Ainsi dans le pays Sakalava, il y a :

150 hommes à Mojanga,

400 hommes à Maevatanana,

50 hommes à Maraovay,

30 à 150 hommes, dans chacun des postes, entre Tananarive et Mojanga.

Ensemble, 750 hommes.

Dans le pays Betsimisaraka :

500 hommes à Tamatave (Farafatra),

175 soldats et 20 officiers à Mahanoro,

700 soldats et 75 officiers dans la province de Mananjary,

En tout près de 1,500 hommes.

Enfin chez les Antankara :

800 hommes dans la province de Vohemar,

150 hommes à Anorotsangana,

90 hommes à Befandriana,

200 soldats et 50 officiers à Ambohimarina.

Total 1,290 hommes.

Ajoutez à cela quelques autres petites garnisons à Fenoarivo, Vatomandry, et dans le sud, et vous arrivez à peu près au chiffre donné plus haut.

Chez les Betsileo, il y a un recrutement sur place, qui donne les résultats les plus surprenants. En 1889, sur 2,500 recrues, le lendemain de la première étape, il restait 3 officiers. En 1893, sur 250 conscrits à Fianarantsoa, on en comptait quelques jours après 40 à 50. Notre Résident, le Dr Besson, qui connaît admirablement ces pays, évalue à 400 ou 500 le nombre des Hova ainsi recrutés dans tout le pays Betsileo, et à 700 ou 800 le nombre des soldats indigènes[2].

1. M. Martineau, p. 340.
2. D'après le traité de capitulation conclu avec Radama Ier, les Betsileo ne devaient pas être soldats, pas plus du reste que les Betsimisaraka et les Antahanaka. Mais, en retour, ceux-ci doivent porter les munitions, et les Betsimisaraka, les diverses caisses de la reine.

2° La deuxième partie de l'armée est composée des hommes qui restent à Tananarive, où ils forment la garde royale et constituent le noyau véritable des forces hova. Ils sont théoriquement 4,000 et forment 6 bataillons; ils sont commandés par 230 officiers. Tous les jours, 300 d'entre eux montent la garde au palais, ou parcourent la ville armés d'un fusil.

En outre, il y a trois ans, on créa un corps de police (de 100 à 200 hommes). Ils ont pour costume un pantalon noir, une redingote brune ou noire, un large baudrier en sautoir sur lequel est écrit *Ranavalona Manjaka*, et un képi. Mais, comme ils doivent se procurer et remplacer à leurs frais ce costume, il faut voir comment en pratique il est composé. Ils sont armés d'un fusil à baïonnette, avec 10 cartouches dans leur giberne.

3° Tous ceux qui restent, constituent la troisième partie de l'armée hova. Ils sont répartis en compagnies de 100 hommes que commande un capitaine appelé centenier ou *ambonizato*, et assisté d'un lieutenant et de 5 sergents. 10 compagnies manœuvrent sous les ordres d'un *tomponiarivo* ou chef de mille.

L'habillement est très défectueux. Le premier ministre avait bien introduit une espèce d'uniforme : pantalon et veston blancs, toque ronde en toile blanche avec les initiales R. M. — Ranavalona Manjaka, Ranavalona Reine — séparées par la couronne royale, le tout bordé de rouge; enfin un ceinturon noir à boucle de laiton, dans lequel se passe la baïonnette. Cet uniforme, bien entendu, le soldat se le procure à ses frais, et doit le faire durer tout le temps de son service, ou le remplacer lui-même. Et, comme il n'est pas riche, il va tout déguenillé.

Les officiers ont une tenue proportionnée à leur fortune, un habit de général dans les grades inférieurs ou, inversement, un costume de lieutenant pour un général. Ce sont les costumes anglais qui ont le plus de faveur[1]; on les enrichit encore de larges bordures d'or et d'argent, selon la fantaisie et les ressources d'un chacun.

Ces soldats, comme ceux de Tananarive, ou ceux des garnisons lointaines, doivent de plus se nourrir et se loger eux-mêmes, eux et leur famille, car il n'y a à Madagascar ni paye d'aucune sorte, ni caserne, ni approvisionnements, ni intendance[2]. Ils résident

1. Ces costumes viennent de l'Inde, et sont vendus par des marchands indiens à Tamatave.
2. On prélève bien le tribut sur la récolte de riz pour le temps de guerre; mais les officiers s'en emparent et le vendent aux soldats. De temps en temps aussi, les officiers supérieurs font tuer un bœuf qu'ils partagent entre leurs hommes, au nom de la reine. Ainsi, après la revue de 1890 et après l'entrée

dans leurs villages et ne montent à la capitale que deux fois par
mois, chaque second mardi, pour y apprendre quelques mouvements rudimentaires, parfois puérils, et le maniement du fusil.
D'après le texte de la loi, tous les nouveaux soldats devraient rester
sous la tente pendant les deux ou trois premiers mois de leur service, puis, de nouveau, le même espace de temps, après un congé
de plusieurs mois. De plus, il devrait y avoir, de temps en temps,
de grandes revues générales sur la place de Mahamasina, vaste
déploiement de forces pour la parade. Avant la guerre, on comptait,
dans une de ces revues, jusqu'à 25,000 hommes. Enfin, une fois
par an, il doit y avoir des exercices de tir au fusil, et quelquefois
au canon. Chaque soldat reçoit alors deux ou trois cartouches dont
il devra rapporter les douilles, afin de bien s'assurer que ces cartouches ne sont point volées. La cible est à 100 ou 200 mètres, et
un bout d'argent sera la récompense de ceux qui l'auront atteinte.
Chaque quinze jours, il y a aussi de petites revues sur le plateau
de Soaniarana, surtout pour le maintien de la discipline, car c'est
alors qu'on constate et punit les absences, qu'on châtie les paresseux et les négligents. Et cela, d'autant plus efficacement, que les
réprimandes sont publiques et les châtiments corporels.

Mais tous ces règlements sont loin d'être appliqués avec régularité. Il y eut un peu de zèle avant la dernière guerre. On est de
nouveau dans la période de relâchement et d'abus. Ainsi le double
stage sous la tente pour la formation des recrues n'existe plus. Un
grand nombre d'hommes trouvent le moyen de s'exempter de tout
service. Depuis cinq ans, il n'y a eu qu'un seul exercice de tir et
une seule revue, celle de 1890, qui réunit à peu près une quinzaine
de mille hommes.

Outre ces soldats, il y en a d'autres qui correspondent de très
loin à ce que nous appellerions le génie. Ce sont les tailleurs, les
cordonniers, les ferblantiers, tous ceux qui savent un métier. Ils
sont armés d'une lance, et eux aussi montent à Tananarive deux
fois par mois, les deux mardis laissés libres par les soldats réguliers; mais ils y font souvent d'autres corvées que des corvées
militaires.

Il y a aussi des compagnies héréditaires[1] de soldats peu connues et dont aucun écrivain, à ma connaissance, ne parle, celles

triomphale de Ramahatra, chaque soldat retourna chez lui, emportant un
quartier de bœuf piqué au bout de sa baïonnette.

1. Leurs enfants mâles portent les cheveux ras à l'exception d'un petit
toupet sur le front et d'une courte queue au milieu de la tête.

qui gardent les frontières. Ils devraient être 100, mais, en réalité, ils sont de 20 à 30 dans chaque village commandant un défilé, par exemple, à Vodivato, à Ankadinahary, etc., dans les gorges de l'Ankay qui donnent accès sur la grande plaine de Moramanga. Ordinairement, étant sur la lisière de la forêt, ils sont en même temps bûcherons. Ils ont des fusils à pierre et s'occupent très peu, parfois nullement, de leurs devoirs militaires, à la seule condition de donner au chef un bout d'argent en place du service qu'ils lui doivent.

Enfin il y a, pour l'artillerie, une compagnie ou école des cadets. C'était le colonel anglais Graves qui la dirigeait. Il y a deux ans, il s'en alla au Cap, d'où il est revenu depuis dans l'espoir d'événements importants. Shervington dirige une deuxième école de cadets pour les autres armes. Pendant quelque temps, après la guerre, le capitaine français Lavoisot avait aussi son école; ses hommes étaient armés de fusils Gras et de sabre-baïonnette, et étaient conduits par deux clairons. Chacune de ces écoles comptait de 30 à 35 hommes, et c'est de leurs rangs que devaient sortir les officiers.

II

EFFECTIF ET ARMEMENT DE L'ARMÉE HOVA

Telle est l'armée hova. Elle n'est pas, on le voit, bien terrible par sa composition ni par sa formation et son instruction.

Elle ne l'est pas non plus par son nombre ou par son armement.

Son effectif est très difficile à déterminer. Voici les chiffres que donnait le Père de La Vaissière pour l'année 1883, c'est-à-dire au commencement de la dernière guerre :

20,000 hommes levés en 1879 dans les 6 provinces de l'Imerina;

9,000 à 10,000 hommes recrutés de 1879 à 1883, et un nombre égal d'anciens soldats;

Enfin 6,000 à 7,000 venant de chez les Betsileo, les Tanala et les Antaimoro.

En tout près de 45,000 hommes.

C'est aussi le chiffre donné par M. Martineau. Mais il y joint les 15,000 soldats, hova et autres, disséminés dans toute l'île, et il arrive ainsi au chiffre de 60,000 hommes.

En pratique, pour la guerre qui se prépare, le gouvernement hova réunira-t-il même la moitié de ce nombre? Il est permis d'en douter.

Quand, en 1888, il voulut soumettre Tulear, un premier convoi de troupes fut envoyé par terre; 50 % désertèrent, et l'expédition échoua complètement. On la recommença l'année suivante, sous la direction du prince Ramahatra, et l'on s'embarqua à Tamatave; 30 % des hommes disparurent pendant le chemin de Tananarive à Tamatave. L'année d'après, le premier ministre dut s'adresser aux Betsileo qu'il ne parvint à embarquer que par la ruse. On les convoqua à Fianarantsoa pour un grand Kabary. Là, on s'empare de tous les hommes valides que l'on emprisonne; puis, prenant à part la moitié d'entre eux, on leur promet la liberté s'ils conduisent l'autre moitié jusque sur le vaisseau à Mananjary. Comme toujours les Betsileo obéirent et une fois à Mananjary, on les garda tous. L'expédition cette fois réussit.

En 1893, 2,000 hommes ayant été promis, furent enfin envoyés à M. Suberbie pour réprimer les troubles du Boina. 1,800 partirent, c'est M. Suberbie qui me l'a raconté lui-même, 300 disparurent en chemin et les autres très peu de temps après[1]. Au bout de quelques jours, il n'en restait que 600, puis 300 qui n'avaient pas un bout d'argent à donner aux chefs, et que M. Suberbie dut faire travailler pour les empêcher de mourir de faim.

Évidemment, pour se défendre contre nous, le gouvernement hova fera des efforts autrement sérieux et parviendra à maintenir un peu plus de cohésion. Mais il n'ira pas loin. Puis son armement, quoi qu'on en ait dit, est encore bien défectueux.

Pour la dernière guerre on avait 8,000 à 9,000 fusils à pierre; 600 carabines rayées; 500 chassepots et 5,000 Snyders ou Remington achetés en 1882 au moyen d'un impôt extraordinaire; Enfin 90,000 lances, fabriquées au commencement de la guerre, une mitrailleuse et 8 ou 10 pièces de campagne.

On a mieux aujourd'hui. Tout le monde se rappelle l'émotion causée en France à la nouvelle du débarquement, à Vatomandry, d'un certain nombre d'armes et de munitions, achetées en Angleterre. Depuis, le gouvernement français a déclaré s'opposer à ce

---

1. Un d'entre eux rentra le *soir même* dans sa famille à Arivonimamo, à une journée de la capitale, et il racontait simplement qu'il s'était entendu avec son chef.

commerce, et menacé de capturer tout nouveau convoi. Mais comment surveiller une telle étendue de côtes?

De nouvelles armes seront donc encore achetées en Angleterre et transportées à Madagascar; et, plus nous tarderons à agir, plus nous serons exposés à avoir devant nous des soldats réellement armés, et pouvant par suite, malgré tous leurs défauts, non pas nous faire reculer, mais nous résister et nous faire du mal. Ici donc, comme en beaucoup de choses, le plus tôt sera le meilleur.

En attendant, voici à peu près exactement l'état actuel de l'armement hova. Je le cite avec confiance d'après M. Martineau, car il a puisé ses renseignements à une source très sûre, la Résidence française de Tananarive.

A Tananarive :

1 canon Armstrong, se chargeant par la culasse; 10 mitrailleuses de fabrication anglaise; 30 Gardner; 30 Hotchkiss, 4 Hoodfood, se chargeant par la bouche; enfin quelques vieilles pièces se chargeant aussi par la bouche, dont beaucoup sont couchées par terres, ou hissées sur des affûts indescriptibles. Je m'en rappelle en particulier une, derrière le palais du premier ministre, montée sur des roues en bois, toutes tremblantes.

Tous ces canons datent d'avant la guerre.

La dernière commande comprenait, 12 canons-revolvers et 24 Hotchkiss; 36 pièces; 36 affûts, 36 paires de roue, 670 caisses d'obus, 27 caisses de fusées, 6 d'explosifs, 163 d'écouvillons, essieux de rechange, courroies, etc. Tout cela fut monté à dos d'homme de Vatomandry à Tananarive.

Ajoutez-y une cinquantaine de vieilles pièces de tout calibre, de toute forme, de toute provenance disséminées un peu partout dans l'île, à Fianarantsoa, Tamatave[1], Maevatanana, Mojanga, Mahanoro, Ambohimarina, et vous aurez l'état complet de l'artillerie hova.

En fait de fusils, ils ont, autant qu'on peut donner des chiffres exacts :

A Tananarive, 3,500 Snyders d'origine anglaise, 4,500 Remington américains, dont 3,000 seraient complètement détériorés, et 4,000 autres Remington en assez bon état et entre les mains de la garde royale;

A Fianarantsoa, 500 Snyders et 3,000 fusils à pierre;

A Mojanga et Maevatanana, 500 Snyders;

1. Ce sont les canons de l'*Ambohimanga*, ancien vaisseau de guerre hova, qui sont à Tamatave.

A Morotsanga, 700 fusils;

A Ambohimarina, 120 Snyders;

A Mahanoro, 320 Snyders;

A Tamatave, 500, et 820 à Mananjary.

Enfin un certain nombre de vieux fusils à pierre, pour les soldats qui n'en ont pas d'autres.

Dans l'ensemble, environ 20,000 fusils se chargeant par la culasse, et 8,000 à 9,000 fusils à pierre.

Encore ces armes sont-elles en triste état, sales, encrassées, rouillées, détériorées à plaisir. On ne les astique pas; on les remise n'importe où; on les charge parfois avec des pierres pour tirer le caïman[1].

Une certaine quantité de poudre est fabriquée sur place et distribuée en six arsenaux : elle est de fort mauvaise qualité. Mais, outre cette poudre, destinée surtout aux démonstrations publiques, on en achète pour la guerre en Amérique et en Angleterre. Dernièrement on a fait venir des machines pour faire les cartouches. Elles se trouvent au palais de Soanianana.

III

MANAMBONINAHITRA ET AIDES DE CAMP

Il nous faut maintenant parler un peu plus en détail des chefs de l'armée hova, et par suite de deux institutions dont on a beaucoup parlé, et qui sont bien malgaches : les *Manamboninahitra* ou *honneurs* et les *aides de camp* ou *decans*.

Quand Radama Ier créa son armée, il voulut lui donner les mêmes grades qu'en Europe, et il chargea le Français Robin d'en désigner les noms. Robin prit tout simplement les noms français à qui l'on donna une tournure malgache :

Sorodany (sourdane), soldat; sariza (sarze), sergent, et ainsi de suite.

Mais bientôt on abandonna ces noms étrangers durs à prononcer, et on les remplaça par des chiffres qui précédèrent le nom *honneur*, *voninahitra*.

Le soldat fut 1er honneur; le caporal, 2° honneur; le sergent,

1. V. M. Martineau, pages 351-355.

3ᵉ honneur, et ainsi de suite jusqu'au maréchal qui fut 12ᵉ honneur.

Les grades inférieurs étaient conférés par les chefs, mais à partir de celui de capitaine ou 6ᵉ honneur, ils étaient donnés par le souverain, et la marque en est un diplôme muni du sceau royal.

Le 12ᵉ honneur était donc au sommet de la hiérarchie. Mais l'orgueil hova voulut monter plus haut. A la mort de Radama Iᵉʳ, on créa un 13ᵉ honneur, puis un 14ᵉ, un 15ᵉ, enfin un 16ᵉ honneur, qui correspondrait à je ne sais trop quoi dans une armée européenne. En même temps le nombre de ces officiers se multipliait outre mesure, surtout sous Radama II, dont les favoris, se servant de son sceau à volonté, prodiguèrent les grades et les « honneurs ».

En vain le premier ministre actuel a tenté de réagir contre cet abus, et supprimé d'un trait de plume tous les diplômes suspects. Les « honneurs » continuent de se donner à la faveur, et parfois à des hommes qui sont toute autre chose que des soldats.

Mais un second abus, bien autrement criant, est l'existence des aides de camp.

Radama Iᵉʳ avait donné aux chefs des aides de camp, comme cela se fait chez nous, et le nombre en était proportionné au grade. Mais bientôt ce nombre fut considérablement dépassé et les « decans » furent employés à tout, excepté aux choses de l'armée. Ils devinrent de vrais intendants, des serviteurs, une garde d'honneur ou de sûreté, ou bien encore firent le commerce au nom de leur maître. Bien des grands ont 100, 500 « decans » et plus. Le frère du premier ministre, Rainivonahitriniony, en 1864, en avait 700, et le premier ministre lui-même en a aujourd'hui 10,000.

En vain, dans un grand Kabary tenu à la place d'Andohalo, le 13 juillet 1876, voulut-il remédier à cet abus, et supprimer d'un coup tous les « decans » surnuméraires, en décrétant qu'à l'avenir,

le 9ᵉ honneur en aurait   1,
le 10ᵉ honneur en aurait   3,
le 11ᵉ honneur en aurait   5,
le 12ᵉ honneur en aurait   10,
le 14ᵉ honneur en aurait   20,
le 15ᵉ honneur en aurait   25,
le 16ᵉ honneur en aurait   30;

il garda les 10,000 qui lui appartenaient et son exemple sera plus facilement suivi que son décret obéi.

Tels sont donc les chefs de l'armée hova, et tel son état-major.

Il n'est ni formé, ni instruit, ni capable de conduire une véritable guerre.

Évidemment les troupes seront alors sous la direction, sinon sous le commandement effectif, des deux colonels anglais, Graves et Shervington[1], qui tous les deux se sont fait naturaliser Malgaches. Mais ni l'un ni l'autre ne paraissent bien à craindre, et ces deux épaves de l'armée anglaise sont loin d'avoir la valeur et l'habileté de l'aventurier Digby Willougby.

Du reste ils ne seront pas secondés.

Il y a quelques années, le premier ministre avait envoyé en France d'abord, puis en Angleterre, quelques jeunes gens pour s'y former au métier militaire. En particulier un de ses petits-fils, le fils de Rajoelina, est resté huit ans en Angleterre, dont deux ou trois à Woolwich, et il en est revenu instruit et capable de rendre de vrais services. Ni lui, ni aucun des autres n'ont obtenu d'emploi, mais, de parti pris, ont été tenus complètement à l'écart.

Il faut avouer que plusieurs le méritaient. « Lorsqu'ils arrivèrent à Tananarive, raconte M. Martineau, le premier ministre les fit venir et leur demanda ce qu'ils pensaient de l'armée française, si elle était réellement aussi nombreuse et aussi puissante qu'on la lui représentait. L'un d'eux lui répondit simplement qu'on en faisait un tableau fort exagéré; un autre, plus hardi et meilleur courtisan, lui déclara que notre armée n'était pas à craindre, que dans les revues c'étaient toujours les mêmes soldats qui défilaient et repassaient! Vraisemblablement, celui-là avait fréquenté nos cirques plus que nos champs de manœuvre. »

Les officiers formés par Graves et Shervington savent, peut-être, le service d'une pièce d'artillerie et quelques manœuvres rudimentaires de compagnie ou de bataillon. Les anciens ne doivent rien savoir de ce que l'on appelle la science de la guerre, et il est probable qu'ils devraient recourir à leur ancienne tactique.

IV

TACTIQUE

Cette tactique, du reste, quoique très simple, ne manquait pas d'une certaine habileté.

---

1. Shervington n'est qu'un ancien sous-officier anglais, sans instruction, sans tenue, ni valeur, quoique peut-être de bonne famille. Graves est plus honorable; il est allé à Madagascar pour se faire une situation.

En voici un aperçu sommaire. Il achèvera de faire connaître l'armée malgache.

Quand une guerre est déclarée ou imminente, quand une expédition lointaine est décrétée, toute l'armée est convoquée sous la tente près de la capitale, et c'est alors que l'on choisit les hommes qui feront partie de l'expédition.

Ensuite on se met en marche, au milieu des gestes, des cris, des menaces, des éclats de rire. Cependant un semblant d'ordre s'établit peu à peu et l'on avance assez vite. Les soldats sont peu chargés : leur fusil, quelques cartouches, une mince natte qui leur servira de lit, une toile de rabane pour la tente, un peu de riz et une marmite en terre pour la faire cuire, c'est tout. Encore peut-on le faire porter par un esclave ou un ami. Les officiers vont en filanjana. Les gens du pays sont réquisitionnés pour porter les canons, les boulets, les bagages des chefs. De plus une foule de marchands accompagne et encombre l'armée.

Il y a donc un grand nombre de bouches inutiles, quatre à cinq fois plus que de soldats. Par exemple, pour une armée de 4,000 hommes, il y aura une troupe de près de 20,000 personnes.

Évidemment, il n'y a pas d'intendance, chacun se procurera ses vivres. Si la colonne n'a pas plus de 500 hommes, elle sera logée dans les casés des villages traversés. Si elle est plus nombreuse, elle campera sous la tente.

Ces tentes sont encore plus rudimentaires que celles de nos pioupious. Deux piquets verticaux enfoncés en terre et réunis au sommet par un bâton horizontal qu'attache un lien quelconque, une rabane jetée par-dessus, la tente est achevée. Celle des officiers sont blanches.

Le camp est disposé d'une manière symétrique, toujours la même.

Au milieu, la tente du général en chef, et le *rova* ou palissade, qui l'environne. Autour de lui les gardes et esclaves royaux ; puis le reste de l'armée, partagée en quatre carrés par quatre allées perpendiculaires et toujours dirigées aux quatre points cardinaux. Toutes les tentes sont bien alignées et forment une succession de carrés concentriques. Quant à la distribution des hommes, elle est toute naturelle. On donne à chaque peuple la situation géographique qu'il occupe dans l'Imerina, et ainsi chacun est sûr de retrouver rapidement la place qui lui est destinée.

Au nord-est les Avaradrano (au nord de l'eau ou de l'Ikopa) dont

le corps d'élite des Voromahery (oiseau fort, aigle) occupe la première place près du rova ;

Au sud, les Vakinisisaony ;

Au sud-ouest, les Ambodirano (au-dessous de l'eau) ;

Plus au sud, les Vakinankaratra ;

Au nord-ouest, les Marovatana ;

Enfin au nord, les Vonizongo[1].

Quand l'ennemi est proche, on établit des sentinelles, jour et
nuit, et lorsque le moment de l'action est arrivé, l'armée se partage
en deux moitiés, l'une pour combattre et l'autre pour garder le
camp. Les officiers se tiennent à l'arrière et lancent leurs hommes
à l'avant, prêts à tuer quiconque reculerait. Ceux qui déserteraient
en ce moment doivent être brûlés vifs, d'où le proverbe : « Mieux
vaut avancer pour mourir, que de reculer pour être brûlé. » En fait,
on recule beaucoup et l'on est rarement brûlé : on en cite deux ou
trois exemples seulement, sous Radama Ier et Ranavalona Ire. On
m'a même raconté qu'une fois pendant la dernière guerre, les chefs,
non contents de se mettre derrière leurs soldats, voulurent placer
tout à l'avant leurs esclaves et leurs porteurs. Mais ceux-ci se mu-
tinèrent et l'on n'insista pas.

Plus souvent, les Hova se servent de la ruse. Ils attaqueront à
l'improviste pendant la nuit ; ils attireront dans une embuscade,
ils vous inviteront à une fête, comme ils firent autrefois pour les
chefs des Betsimisaraka, et vous massacreront au mépris de la foi
jurée.

S'ils ont à lutter contre des Européens, qu'ils savent bien ne
pouvoir vaincre de vive force, ils compteront surtout sur la fièvre et
le temps pour les en débarrasser, et sur leurs montagnes pour les
protéger. C'est pourquoi ils temporiseront et éviteront autant que
possible toute action. Ils feront eux-mêmes ce que l'on pourrait
appeler le « blocus intérieur » afin de les affamer, tout au moins de
les lasser et de les user. C'est ainsi que de 1845 à 1854, par suite de
l'attaque des Français et des Anglais contre Tamatave, tout commerce avec les uns et les autres fut complètement interrompu,
et l'approvisionnement de Bourbon et de Maurice devint très
difficile.

Aujourd'hui le résultat ne serait pas le même, et les Hova s'use-
raient vite à ce jeu. Leur armée devrait être nombreuse. Et comme
elle n'a pas d'approvisionnements mais vit sur place, elle aurait
vite fait d'épuiser les pays quasi déserts où elle devrait attendre

1. Cf. *Vingt ans à Madagascar*.

nos soldats, et devrait changer de place. Nos soldats, au contraire,
bien approvisionnés et appuyés sur une base solide, marcheraient
sûrement et triompheraient, peut-être même sans livrer bataille.

V

LACHETÉ DES HOVA

L'armée hova, on le voit, n'est ni organisée, ni exercée, ni bien
commandée, et partant elle ne pourrait lutter contre une armée
européenne. Il y aurait cependant chez elle, on ne peut le nier, des
éléments pour une résistance sérieuse, si les Hova étaient plus
braves. Car ils ont, nous l'avons vu dans un chapitre précédent,
plusieurs des qualités physiques qui font le bon soldat ; et leur pays
se pr.'e, comme pas un au monde, à la défense la plus longue et la
plus acharnée. Mais il leur manque la bravoure.

Je ne veux rien exagérer et j'admets que le soldat hova peut
être entraîné parfois à un acte de courage ou d'audace, s'il espère
une facile victoire, comme, dans la dernière guerre, quand il fit reculer nos soldats, envoyés en reconnaissance à Farafatrana, ou qu'il
osa par deux fois attaquer Tamatave. Il est possible encore que,
dans leur lutte séculaire contre leurs voisins, ils se soient bien conduits plus d'une fois, quoiqu'ils .. t dû leurs succès surtout à leur
habile politique et à la supériorité de leur armement. Mais je ne
puis en aucune manière souscrire à l'avis des rares voyageurs ou
autres qui célèbrent leur bravoure.

Non, le Hova n'est pas brave. Il est, au contraire, le plus lâche
de tous les peuples de l'île, plus lâche en particulier que le Sakalave, le Bara, ou le Betsileo. Cela, j'en suis convaincu, et c'est le
témoignage de ceux qui les ont étudiés de près et ont vécu avec
eux, surtout sur les frontières, dans le voisinage des Sakalaves et
des « Fahavalo »; c'est en particulier le témoignage de M. Besson,
vice-résident de Fianarantsoa, qui les a vus à l'œuvre et les a accompagnés, sinon conduits, dans leurs expéditions contre les brigands.

En 1891, nous étions quelques Français, sous la varangue du
palais de la Reine, au grand jour de la fête du Bain, à regarder défi-
ler les bataillons hova. Ils étaient moins déguenillés que de coutume,
et marchaient en assez bon ordre, mais les pieds nus.

« Vous devriez bien leur donner des souliers, » dit mon voisin au commandant de l'escorte française, le capitaine, aujourd'hui commandant Drude.

« Oh! des souliers, on le pourrait, répondit ce dernier ; mais ce qu'on ne pourra jamais leur donner, c'est du courage. »

Voilà la vérité.

Le 26 août 1885, le colonel Pennequin avec 120 hommes, dont 70 Sakalaves se précipite vers Tongoa à la poursuite d'un corps hova de 1,000 hommes conduit par l'Anglais Shervington, et muni d'une pièce d'artillerie. Les dispositions de l'ennemi étaient bien prises : « Il s'était jeté sur le flanc de la route et il avait pris position sur des hauteurs qui la dominaient... Les Hova s'étaient déployés face à la route, formant des lignes de feux étagés[1]. » Par un mouvement fort habile, Pennequin, faisant occuper un mamelon voisin par 20 de ses hommes, les attira à sa poursuite en simulant une retraite. Puis « il fait coucher tout son monde et observer le plus grand silence... Les tambours battaient furieusement ; on entendait nettement les paroles ; ils nous cherchaient ; une bande vint se heurter sur la face du carré à cheval sur la crête ; une décharge à bout portant l'arrêta net ; à gauche, face au ravin, une seconde bande arriva à quelques mètres du carré et reçut notre feu à bout portant. Ils se rallièrent dans le fond ; de nouveaux assaillants essayèrent encore quelques assauts. Chacune de leurs attaques fut repoussée. Je faisais faire une ou deux décharges, puis observer le silence. Il fallait ménager les munitions. On entendit une dernière fois leurs cris, et la masse des assaillants s'enfuit comme un troupeau de bœufs. »

Quelques irréguliers lancés à leur poursuite rapportèrent le lendemain 56 têtes et un assez gros butin.

Je pourrais rapporter bien d'autres faits, s'il en était besoin. Tous les hommes, par exemple, d'un village du nord de l'Imerina s'enfuyant par deux fois devant un Sakalave blessé, et un an après, n'osant pas encore aller à la forêt où le malheureux était mort de misère.

Une autre fois, la garnison tout entière d'une ville frontière, traînant après elle un canon qu'on vient de lui envoyer de la capitale, sort au-devant des Fahavalo ; mais au premier coup de fusil qu'osent tirer les brigands, sans riposter, elle s'enfuit épouvantée, toute fière d'avoir caché son canon dans un silo de riz.

Les Hova donc ne sont pas réellement à craindre ; et, je

1. Rapport du lieutenant-colonel Pennequin.

n'hésite pas à le dire pour conclure, et je voudrais être cru de tous ceux qui auront à conduire nos soldats. Supposez deux régiments de nos marsouins ou de nos tirailleurs, arrivés en face de Tananarive, avec trois ou quatre batteries de campagne, toutes les forces hova réunies ne leur résisteront pas, et la question malgache sera finie.

CHAPITRE XIII

DU GOUVERNEMENT : LA REINE ET LE PREMIER MINISTRE

I

LA REINE

Le gouvernement à Madagascar est entièrement despotique, et l'esprit de servilité le plus absolu règne dans toute la population. Cela est vrai pour toutes les tribus de l'île qui ne reconnaissent pas la souveraineté des Hova; cela est également vrai pour ces derniers, soit chez eux, soit encore davantage vis-à-vis des peuples qui leur sont soumis.

La royauté n'est pas précisément héréditaire, quoiqu'elle ne sorte jamais de la même famille. Jusqu'à la mort de Radama II, en 1863, c'était le prince précédent qui, avant de mourir, désignait son successeur. Depuis, c'est la volonté du premier ministre qui l'impose au peuple. Et ce successeur a toujours été une reine qui, par le fait même, devient la femme du premier ministre. C'est ainsi que le ministre actuel a été successivement le mari de trois reines, Rasoherina, Ranavalona II et Ranavalona III.

Celle-ci monta sur le trône en 1883, au détriment de sa sœur aînée. Bien que de sang royal, elle était d'une famille presque pauvre. Son oncle était boucher. Naturellement sa famille s'est élevée avec elle, mais sans acquérir aucune influence politique. Son oncle Ratsimamanga, le chef des Zanakandrina est 15e honneur, mais il ne songe qu'à s'enrichir, en usant de la corvée et de son influence.

Sa sœur est fort connue à Tananarive, mais ne s'occupe de rien. C'est elle qui est la mère de ce fameux Rakotomena, un gamin de vingt ans, qui récemment insultait et frappait un soldat français.

Si la Reine est de la première noblesse, par contre son ministre est « hova » ou plébéien. Par là se concilient dans la même autorité et les nobles et le peuple, celui-ci fournissant le premier ministre et ceux-là la souveraine ou, plus exactement, celui-ci prenant tout le pouvoir et ceux-là en gardant l'apparence.

Ce système hybride est dû à l'influence des Anglais qui y voyaient leurs intérêts. Car ils espéraient bien avoir dans leurs mains le premier ministre qu'ils avaient élevé si haut. Et puis, c'était en partie une imitation de leur propre constitution.

Mais cet état de choses entraîne à Madagascar deux conséquences dont ils doivent porter toute la responsabilité. La première, c'est que la Reine ne doit pas avoir d'enfants, car ces enfants, étant les fils d'un Hova, seraient Hova eux-mêmes et par suite ne pourraient régner. Donc, on les étouffera à leur naissance. On raconte sous le couvert que la Reine actuelle a déjà eu deux ou trois enfants. La seconde, c'est le mécontentement sourd et caché, mais durable et profond, de la noblesse contre le premier ministre.

Les souverains de Madagascar sont censés descendre des dieux, et il n'y a pas un demi-siècle, Ranavalona Ire s'appelait tout comme l'Empereur de Chine « la souveraine du ciel et de la terre ». Depuis l'introduction officielle du christianisme, elle n'est plus que « la souveraine de toute la terre ». Mais cela, elle prétend bien l'être, et son peuple a gardé pour elle un respect à demi idolâtrique et une tranquille confiance dans toutes ses décisions.

Par le seul fait qu'elle est reine, aux yeux de son peuple, elle est toujours jeune, elle est remarquablement belle et a toutes les qualités.

> Notre reine, eh! eh! eh! est une belle reine,
> Notre reine, eh! eh! eh! est notre soleil,
> Notre reine, eh! eh! eh! est notre dieu,
> Notre reine, eh! eh! eh! ne l'a pas qui la désire,
> Celui qui la possède, eh! eh! eh! est réellement heureux,
> Celui qui ne la possède pas, eh! eh! eh! la désire tout de bon, etc., etc.

chantent les *mpiantra* royales, battant des mains en cadence, lorsque la souveraine rentre d'un long voyage dans sa bonne ville de Tananarive, sous le grand parasol rouge à boule d'or, à la tête d'un splendide cortège, et environnée d'une foule innombrable accourue de tout les côtés pour la voir et l'acclamer. Et tous les canons tonnent en son honneur. Le spectacle ne manque pas de pittoresque et de grandeur.

Mais ce n'est pas seulement dans les circonstances solennelles qu'on la traite avec ce respect. C'est toujours et dans toutes les occasions. « L'air de la Reine » est joué au commencement et à la fin de toute cérémonie, même en son absence, et tous, y compris les Européens, se tiennent debout et découverts. En sa présence, on ne passera jamais devant elle, sans lui en demander la permission; on ne s'approchera jamais d'elle sans lui baiser, ou bien la main si elle vous l'offre, ou bien le pied. Tout ce qui lui appartient, même les objets les plus vulgaires, participent à sa grandeur. Ainsi tout le monde doit se ranger et se découvrir devant son eau, qu'on lui apporte d'une fontaine à elle seule réservée, devant son bois, ses caisses, etc.

En montant de Tamatave à Tananarive, en 1891, je vis un jour mes porteurs s'arrêter derrière une dizaine de pauvres diables qui succombaient sous le poids d'un énorme fardeau, et ne passer devant eux, qu'après en avoir demandé et obtenu l'autorisation. C'était, je crois, des carreaux de céramique, que portaient ces malheureux, pour daller une des salles du palais.

II

LE PREMIER MINISTRE

Mais tout cela est pour l'apparence. En réalité, la Reine n'est qu'un paravent destiné à couvrir son premier ministre, qu'un jouet ou une poupée entre ses mains, et c'est lui qui est tout, qui fait tout, qui juge, détermine, règle et administre tout; d'un mot, c'est lui qui règne et c'est sa volonté qui est la loi.

Sans doute il parle toujours au nom de la Reine, et en public se proclame son esclave. Mais personne n'est dupe de ses paroles. Comme le faisaient autrefois nos anciens rois, il consulte aussi le peuple assemblé, à de rares intervalles et pour des occasions solennelles, par exemple, en 1881, pour la promulgation des lois, ou, un an plus tard, pour faire la guerre à la France : — « N'est-ce pas cela, peuple? » — Et tout le peuple de répondre : « Oui, c'est cela. » Répondraient-ils autrement, que ce serait la même chose.

D'ailleurs malheur à celui qui oserait résister à la moindre de ses volontés. Le tout-puissant Rainilaiarivony pourrait dissimuler, remercier même, peut-être céder en apparence. Mais il n'oublie jamais, et l'exil, ou un commandement éloigné en un lieu malsain, ou le poison, ou tout autre accident, l'aurait vite débarrassé de l'imprudent qui aurait eu l'audace de différer d'avis avec lui.

On ne l'aime pas, mais on le craint. et tout le monde tremble devant lui.

Il sait tout, il découvre tout, il prévoit tous les complots.

Par deux fois, depuis la guerre, son ministre des affaires étrangères d'abord, puis l'année dernière son propre fils, Rajoelina, ont tenté de le renverser. Ils avaient bien combiné leur plan et paraissaient sûrs du succès. Mais voilà qu'au dernier moment tout est découvert. Ils sont, en une seule journée, saisis, jugés, condamnés à mort, graciés et exilés à Ambositra.

C'est vraiment un homme extraordinaire que ce premier ministre. Le voilà au pouvoir depuis trente ans, sous trois Reines différentes, et depuis, rien ne s'est fait sans lui. Affable, avenant, simple en apparence et paraissant vouloir être juste envers tout le monde ; d'une capacité de travail extraordinaire, avec une mémoire prodigieuse, un jugement droit et une volonté de fer ; ne se trahissant jamais, ne s'abandonnant ou ne s'emportant en aucune circonstance ; soigneux de ses propres intérêts et de ceux de sa famille, mais sans oublier ceux de l'Etat ; ne se livrant ni à la France, ni à l'Angleterre, mais s'efforçant de les user l'une par l'autre ; il a traversé des moments très difficiles et a toujours su s'en tirer à son honneur.

Ce n'est pas qu'il soit très intelligent ; beaucoup de ses subordonnés le sont plus que lui ; mais il a du caractère et c'est là le secret de sa force. Il a aussi certains sentiments de droiture et de justice qu'il a conservés de son commerce avec M. Laborde et qui le distinguent de tout son entourage. Il garde la parole donnée, il tient ses promesses, il ne volerait pas, il ne se vendrait pas ; il veut que justice soit faite à tout le monde. Ce sont de réelles qualités, souvent réduites à l'impuissance par ses collaborateurs ou par des traditions invétérées de corruption et de vénalité, mais qui l'honorent d'autant plus qu'elles sont plus rares autour de lui. On dit qu'aujourd'hui, sous l'empire des circonstances, il s'est perverti. Peut-être, mais ce n'est pas un « mauvais homme » comme me disait quelqu'un qui le connaît très bien. M. Laborde, qui tenait une espèce d'état civil de la cour et des grands de Tananarive, avait écrit à côté du nom de Rainilaiarivony cette remarque : « Bonne nature, pas intelligent, n'arrivera à rien. » Tout est vrai. sauf le dernier point.

Cependant son prestige a considérablement diminué ; et lui-même, cruellement éprouvé par la perte de ses enfants, par la résistance sourde et continue qu'il éprouve au palais — car la Reine ne l'aime pas — par les conspirations nombreuses qu'il a su toujours étouffer, mais qui recommencent toujours, surtout par la crainte de l'influence française, est moralement très atteint. Déjà sa succession est ouverte et les compétitions nombreuses.

Une première femme qu'il avait épousée avant d'arriver au pouvoir, et qu'il répudia ensuite, l'abandonnant à la plus profonde misère[1], pour se marier avec la reine Rasoherina, lui avait donné seize enfants. Dix sont déjà morts, et, parmi eux, ceux qu'il préférait et qu'il destinait à le remplacer : Rainizanamanga, qui expira en 1890, empoisonné, assure-t-on, par son frère Rajoelina, et Rainiharivony que ses propres excès emportèrent l'année suivante.

Les deux filles et les quatre fils qui lui restent, et qui sont âgés de trente-cinq à quarante-cinq ans, ne se conduisent pas de manière à lui donner beaucoup d'appui ni de consolations. L'aîné, Radilifera, ferait exception. Bien marié et chef d'une belle et nombreuse famille sa conduite est à l'abri de tout reproche; mais il n'a aucune ambition, et sa capacité intellectuelle ne lui permet peut-être pas de jouer un grand rôle. Puis surtout, élevé en France, au pensionnat des Frères de Passy, et resté catholique malgré tout, il est facilement suspect et doit soigneusement cacher ses sentiments personnels de sympathie pour la France. Quant à ses frères, Panoely est un brigand et un chef de bandes que rien n'a pu corriger; et tout dernièrement, il s'est déclaré avec Rajoelina contre son propre père. Rabanome ne songe qu'à faire de l'argent et à vendre l'influence qu'il prétend avoir aux étrangers qui demandent des concessions. Rajoelina enfin, est tout dévoué aux Anglais dont il est l'élève et la créature. Intelligent, intrigant, dévoré d'ambition et prêt à tout pour la satisfaire, il affecta d'abord des allures de prétendant. Il se fit bâtir une maison princière qui devint comme le quartier général des mécontents, et, secondé par Panoely et ses deux beaux-frères, dont l'un Rajoany est le fils du gouverneur de Tamatave et un docteur de l'Université d'Edimbourg, il forma avec les grands amis des Anglais, quelques aventuriers étrangers, des missionnaires et surtout le Quaker Abraham Kingdon, un puissant parti politique. Bientôt même il ne cacha plus son dessein de remplacer, sinon de supplanter le premier ministre.

Son impatience le perdit.

1. Elle vit à Tananarive complètement délaissée, et, si ses enfants ne lui donnaient quelques secours, elle mourrait de faim.

Son père en effet paraissait préférer un jeune homme de vingt ans, Ratilifera, son petit-fils, autour de qui dès lors se rallièrent tous ceux qui ne voulaient pas de Rajoelina. Encouragé par le premier ministre, soutenu et dirigé par sa sœur, Razanadranibe, une femme de tête et d'initiative, Ratilifera faisait tous les jours de nouveaux progrès.

Ce fut alors que Rajoelina, Kingdon, Rajoany et quelques autres, décidèrent de tout précipiter et de renverser le premier ministre. La Reine même paraissait les favoriser. Mais le complot fut découvert et Rajoelina exilé à Ambositra. Son rôle ne semble pas fini pour cela. De loin il surveille les événements, ses partisans lui restent fidèles et il espère bien revenir un jour et reprendre sa revanche.

Cependant le premier ministre se montra très affecté, hésitant et irrésolu. Et ce qui, plus que tout le reste, dut lui être pénible, ce fut de voir la Reine pactiser secrètement avec les révoltés. Jeune encore — elle a trente-six ans — fatiguée d'être condamnée à vivre avec un vieillard, mise complètement à l'écart de l'administration, sans initiative et sans pouvoir, elle eût préféré Rajoelina à son père, comme en 1887 elle lui eût préféré le ministre des affaires étrangères, Ravoninahitriniarivo. Depuis elle n'a plus la même soumission et la même résignation. Elle ne craint même pas de résister à son tout-puissant ministre, et de lui faire sentir combien sa domination lui pèse. Evidemment cette opposition ne peut aller loin ; mais on la connaît au dehors, et c'est là un appui pour les mécontents. De plus, elle suffit pour affaiblir l'énergie du premier ministre et, peut-être est-ce là qu'il faut chercher, en même temps que dans le chagrin que lui causa la conduite de Rajoelina, l'explication de son irrésolution actuelle, de ses hésitations et des craintes continuelles dans lesquelles il vit.

Mais une chose reste certaine qui domine toutes les considérations de personnes, c'est que son successeur, quel qu'il soit et à quelque parti qu'il appartienne, restera l'ennemi de la France. C'est dans la nature même des situations. Tel ou tel peuvent avoir pour nous des sympathies, mais aucun ne sera jamais un auxiliaire pour notre influence. Et c'eût été se préparer une cruelle déception, que d'escompter la mort du premier ministre actuel, pour nous donner, à Tananarive, une autorité que nous posséderons seulement le jour où nous saurons la prendre.

CHAPITRE XIV

DE L'ADMINISTRATION : MINISTÈRES, CABINET, SECRÉTAIRES, GOUVERNEURS

Une légende s'est formée, surtout en Angleterre, sur la civilisation et les progrès des Hova, qu'il importe de détruire. A lire les livres, journaux et revues, inspirés par les missionnaires quakers et indépendants, Madagascar le céderait à peine aux nations européennes. Son administration, en particulier, serait presque parfaite, et les progrès qu'elle a réalisés depuis une trentaine d'années, sous la direction et l'inspiration de l'Angleterre, seraient immenses. A l'appui de cette affirmation on cite ses lois, on décrit son gouvernement, ses tribunaux, on fait une longue nomenclature de ses gouverneurs. Et mêlant à ces récits emphatiques des expressions bibliques, qui font toujours bel effet sous la plume des dissidents, on vous montre ce peuple qui « s'élance à pas de géants », qui s'avance « par sauts et par bonds[1] » dans les chemins de la civilisation. Sa Reine c'est la « Reine de Saba, noire, mais toute belle » ; son pays, « un véritable Eden[2] ».

Tout cela, je l'ai lu et relu à Tananarive même, alors que la triste vérité s'étalait sous mes yeux. Je veux la dire ici sans phrases et sans ménagements.

Je ne nie pas que les Anglais n'aient fait des efforts pour changer et améliorer l'administration hova. Dans quel but ? pour donner le change en édictant des lois et des décrets impraticables, et tout à fait au-dessus de ce peuple, mais que l'on pourrait faire lire aux souscripteurs de Londres ? ou bien réellement pour l'aider et lui faire du bien ? Peu importe. Le résultat est toujours le même, c'est-à-dire qu'il

1. *Madagascar News, passim.*
2. M. Waller, ancien consul des États-Unis à Tamatave.

est nul, si même il n'est pas mauvais. L'instrument était trop perfectionné pour un peuple enfant, il ne s'en est pas servi, ou, pour parler à mon tour le langage biblique, l'habit n'allait pas à sa taille et gênait ses mouvements, il l'a rejeté.

C'est surtout Parrett qui a été l'instigateur de toutes ces réformes que l'on a multipliées sur le papier, surtout depuis 1879 et 1881. D'abord missionnaire, puis imprimeur, puis voyageur au compte du gouvernement malgache, et inspirateur à Paris de M. de Freycinet pour le traité de 1885, toujours aventurier sans scrupule, Parrett est aujourd'hui l'âme damnée et le conseiller intime du premier ministre. C'est lui qui surveille ses constructions, administre ses propriétés, fait ses achats d'armes; c'est lui qui le maintient dans la funeste voie où il s'est engagée, lui qui le perdra; et en même temps il s'occupe de photographie, la seule chose qu'il fasse bien. Pour tout cela il reçoit 11,000 francs par an. Il s'est fait du reste naturaliser Malgache et ses filles sont dames d'honneur à la cour. Il y a plus. Il est réellement devenu Malgache, et en a pris le caractère, les sentiments, la servilité. Le premier ministre ne l'aime pas. Parfois même il prend plaisir à l'humilier. Il n'y a pas longtemps, un mur d'une des maisons de campagne de la Reine, bâti par Parrett, s'écroula. Parrett dut se mettre à genoux devant toute la cour, subir dans cette posture les reproches sanglants de Rainilaiarivony et demander publiquement pardon. Quant à ses filles, elles ont à ce point perdu le sentiment de toute convenance, qu'elles s'empresseront de présenter le crachoir à la Reine, ou même, m'a-t-on affirmé, d'ouvrir et d'étendre la main pour recevoir ses crachats. Parrett est le contraire du premier ministre, il est intelligent, mais n'a pas de caractère.

I

MINISTRES

Dès 1881, des ministères ont été créés à Tananarive. Il y en a huit et leurs attributions sont nettement déterminées.

1º *De l'intérieur*, pour la police, l'état civil, les forêts, les routes, la perception des impôts, la vérification des poids et mesure, l'enregistrement.

2º *Des affaires étrangères*, pour les relations avec les étrangers et les affaires entre Malgaches et étrangers.

3° *De la guerre*, pour la levée des recrues, leur formation, l'organisation de l'armée, les promotions, les récompenses, les manœuvres, la convocation des troupes en cas de guerre.

4° *De la justice*, pour l'étude du droit et l'expédition rapide des procès.

5° *De là législation*, pour la confection et la promulgation des lois.

6° *Du commerce, de l'agriculture et de l'industrie*, pour le défrichement des terres, l'élève du bétail; pour récompenser les inventions et favoriser le commerce à l'intérieur et avec les étrangers.

7° *Du trésor*, pour recevoir, garder et verser l'argent destiné aux services publics.

8° *De l'instruction*, pour organiser, développer et inspecter les écoles et pour délivrer les diplômes.

9° *Des travaux publics* enfin, pour l'organisation et l'usage de la corvée.

Qui ne serait émerveillé à cette énumération? La conservation des routes, le reboisement des forêts, l'étude du droit, les inventions, etc., etc. Vraiment ce peuple est très avancé!

Le malheur, c'est que de tous ces ministères, un seul travaille, j'allais dire un seul existe, celui de l'instruction publique. Il a deux titulaires : un protestant ou Anglais, et un catholique ou Français. Celui-ci, Radoara, est un ivrogne et c'est son collègue Rakoto qui fait tout. Il délivre les diplômes aux maîtres d'école, visite ou fait visiter ces écoles, préside aux diverses solennités où il aime à prêcher la fidélité à la Reine, tranche les différends qui peuvent s'élever, etc.; surtout, jusqu'à ces derniers temps, il a gêné et paralysé les écoles françaises au profit des écoles rivales. Il faut toutefois reconnaître que, depuis deux ou trois ans, il s'efforce d'être moins partial.

Le premier ministre aurait voulu donner également une apparence d'existence au ministère des affaires étrangères. C'eût été, en effet, un habile moyen d'éluder l'article 2 du traité de 1885, qui veut que les relations extérieures de Madagascar passent par le gouvernement français. Mais M. Le Myre de Vilers refusa d'entrer en relation avec lui; puis l'Angleterre, qui l'avait admis pendant quatre ans, cessa aussi de le reconnaître après la convention de 1890. Et ainsi il a cessé d'exister.

Tous les autres ministres ne sont absolument rien, pas même des aides ou secrétaires, au sens le plus restreint du mot. Ils n'ont pas ce que nous appellerions voix consultative, ni même cette influence que donnent le travail et la connaissance particulière d'une branche d'administration. Ils n'ont même ni local particulier, ni bureau, ni employés d'aucune sorte. Au fond, ce n'est là qu'un titre, qu'une situation honorable, dont ils tirent tout le parti possible pour leur fortune et la prospérité de leur famille, et nullement une charge ou un emploi.

II

DU CABINET OU CONSEIL

Il faut dire la même chose des conseils dont s'entoure le premier ministre. Il y en a deux : le conseil privé ou conseil de gouvernement et le Cabinet.

Il n'y a rien à dire du premier. Tous les officiers de la cour sont censés en faire partie, mais le premier ministre les consulte quand il veut et comme il veut. Ces conseillers jouissent en réalité d'un simple titre qui ne leur confère aucune autorité, aucun pouvoir.

Le « Cabinet » ou, plus exactement, le « Conseil », est une institution d'État créée, en même temps que les ministères, pour assister et éclairer le gouvernement. Il est composé d'hommes qui occupent dans l'État les plus hautes situations, de presque tous les ministres, des membres de la famille royale, des parents de Rainilaiarivony, du grand juge, du chef des aides de camp, du chef de la caste noire, etc. Il paraît même qu'en ce moment, on songe à y faire entrer les chefs du peuple.

Evidemment une telle institution pourrait apporter un précieux concours et donner d'utiles renseignements au premier ministre. Mais les membres du « Cabinet » se garderont bien de le faire. Ils tâcheront, au contraire, de deviner et de prévenir tous ses désirs. Car presque tous lui doivent leur situation et ils sont presque tous révocables à merci. Du reste on ne les convoquera au Conseil que si on les sait par avance favorables à la mesure projetée. Et ainsi toutes les décisions sont prises à l'unanimité.

III

LES SECRÉTAIRES

Si le Cabinet et les ministres n'ont ni autorité, ni influence, il n'en est pas de même des trois secrétaires de Rainilaiarivony : Rasanjy, Marc Rabibisoa et Rasoarainiarisoa. Ils servent d'interprètes : Marc, pour le français, et les deux autres pour l'anglais. Ils travaillent continuellement, surtout Marc et Rasanjy, avec leur maître, et sont au courant de tous les secrets et de toutes les affaires. C'est par leur intermédiaire aussi qu'il faut inévitablement passer pour arriver auprès du premier ministre, et c'est là pour eux la source d'une très grande fortune, car il faut auparavant les combler de « cadeaux ».

Rasoarainiarisoa est un élève des Indépendants. Il est tout dévoué à ses anciens maîtres. Il a trente-deux ans, mais son rôle est encore secondaire et son influence peu considérable.

Marc Rabibisoa doit toute sa fortune aux Pères Jésuites qui le ramassèrent dans le ruisseau, l'élevèrent et en firent ce qu'il est devenu. Il ne s'est pas montré entièrement ingrat. Un de ses fils a été élevé au collège de Montpellier, qu'il vient à peine de quitter. Lui-même est bon mari, bon père de famille, et il est resté fidèle à sa foi. Il a aujourd'hui trente-cinq ans. C'est un homme à la tenue toujours correcte et de figure très douce. C'est lui qui, encore enfant, transcrivit le traité conclu, en 1868, entre Rasoherina et la France, et son écriture fut si belle que la Reine en fut frappée et l'autorisa en récompense à joindre à son nom de *Rabiby* — bête — le suffixe *Soa*, bon. En 1882, il accompagna l'ambassade malgache à Paris et dans les autres capitales de l'Europe, et il assista plus tard aux négociations pour le traité de 1885. Il s'occupe aujourd'hui tout spécialement des affaires qui regardent la France, et cette situation lui a donné une grande importance. Aussi est-il déjà 13e honneur. Dans le principe, il manifesta des sympathies pour notre pays, peut-être les conserve-t-il encore; mais, craignant de se compromettre, il les cacha avec soin et ne songea plus qu'à plaire à son tout-puissant patron.

Rasanjy, le premier secrétaire, a une quarantaine d'années. Comme Marc, il est correct, prudent, avisé et plus intelligent que lui. Il a été élevé par les Indépendants et toutes ses préférences

sont pour les Anglais. Mais il ne se compromet jamais, pas même
en leur faveur, et tâche toujours de réserver l'avenir. Peut-être
même songe-t-il à remplacer un jour le premier ministre.

Mais ces trois hommes ne sont évidemment que les dociles
instruments du premier ministre. C'est lui qui fait tout, qui règle
tout, qui dirige tout, personnellement, et par l'intermédiaire de ses
aides de camp et de leur chef Rainisoavelomanana, qui transmettent
ses ordres aux chefs de districts ou *fokolona* nommés par lui, et à
la mairie d'Isotry pour la capitale; par ses gouverneurs dans les
provinces.

IV

LES GOUVERNEURS

Ces gouverneurs existent également dans l'Imerina et il y en a
dans chacune des principales villes ou chefs-lieux de province.

Créés pour diminuer et annihiler la noblesse, et pour favoriser
le protestantisme, ils ont fidèlement travaillé à l'un et à l'autre but.
Choisis en effet, presque exclusivement, parmi les élèves des écoles
protestantes, ils mettent tout naturellement leur influence au service
de leurs maîtres qui, du reste, ne négligent pas de les suivre avec
soin, de les surveiller, de les récompenser ou de les briser. Ils sont
tout-puissants, ils rendent la justice, imposent les corvées,
enregistrent les mariages, perçoivent les impôts, en un mot
administrent tout et connaissent de tout, ne laissant absolument aux
seigneurs ou *tompomenakely* qu'une situation honorable et un
simulacre d'autorité.

Surtout ils pressurent, pillent et volent.

A Madagascar, aucun officier d'aucune administration n'est payé.
Souvent même ils ont dû acheter, et fort cher, la place de
premier, de second, de troisième gouverneur. Il faut donc rentrer
dans ses fonds d'abord, puis s'enrichir. Pour cela, on vendra tout,
son influence, ses arrêts, ses services et, quand cela ne suffira pas,
on se fera donner ce que l'on trouve à sa convenance.

Avez-vous une villa qui plaise au premier ministre, ou même à
quelqu'un de son entourage, on vous fera dire que la Reine trouve
votre villa très belle. On sait ce que cela signifie et on s'empresse de
la lui offrir. Dans les provinces le gouverneur fait absolument la

même chose. Trouve-t-il par exemple votre plantation de cannes, de café ou de coton, remarquable, vous recevrez une invitation semblable et vous n'aurez qu'à y faire la même réponse.

Mais ce sont surtout les gouverneurs des pays conquis qui pillent, volent, saccagent et s'enrichissent. Un gouvernement, pour eux, c'est suivant une heureuse expression de M. Martineau, une ferme prise à bail à laquelle il faut faire rapporter le plus possible, tout en payant au gouvernement central un loyer proportionné à son revenu. Car, leur principale mission, c'est de procurer des ressources au premier ministre. S'ils le font convenablement, on fermera volontairement les yeux sur leurs exactions et on restera sourd à toutes les plaintes, pourvu qu'ils n'aillent pas au delà de toutes les bornes; sinon, le premier ministre qui connaît par ses espions toutes les ressources de leur gouvernement, les fait avertir, et ils s'empressent de s'exécuter. Ils savent du reste, moyennant finances, s'assurer en haut lieu de puissants protecteurs, pour les défendre et les avertir.

La place est difficile à obtenir. Il faut pour cela faire de grandes avances, donner un peu à tout le monde et se créer ainsi un courant de sympathies qui vous porte tout naturellement au pouvoir, si un autre n'est pas plus généreux que vous. Ainsi le gouverneur actuel du Boina, Ramazombasaha, donna 30,000 francs pour obtenir sa place, et, en 1892, quand je quittais Tananarive, deux familles désirant obtenir, si je ne me trompe, la direction des établissements pénitenciers et agricoles du premier ministre près de Tamatave, l'une dépensa, m'assura-t-on, 10,000, et l'autre 12,000 piastres. Ce fut la dernière qui l'emporta.

Mais une fois la place obtenue, et toutes les précautions prises, le pays est mis en coupe réglée.

Il y a d'abord les dons de joyeux avènement, moutons, bœufs, piastres, etc., etc.; et celui-là serait à plaindre qui oublierait d'être généreux. Puis il y a la corvée pour cultiver les rizières du gouverneur, bâtir ses maisons, faire ses moissons, garder ses troupeaux, piller ses subordonnés, etc.; ensuite, les impôts de douane et autres qu'il doit faire rentrer au compte du premier ministre, mais dont il garde la plus grande partie; enfin les *cadeaux* de toute sorte qu'il reçoit ou qu'il se fait donner pour les procès, pour l'enregistrement, pour mille autres causes et à toute occasion. Ainsi quelqu'un néglige-t-il de faire inscrire son mariage : c'est 250 fr. d'amende qu'il évitera par un large *cadeau* fait au gouverneur; de même, s'il vit en concubinage, s'il se sépare de sa femme sans avertir, s'il est accusé, même à faux, de n'importe quelle faute. L'époque de la levée des troupes, en particulier, est pour les gouverneurs une source de revenus vraiment extraordinaire. « Dans une des circonscriptions de l'Imerina, raconte M. Martineau[1], tous les jeunes gens qui pouvaient offrir une rançon suffisante étaient dispensés du service militaire ; en revanche, on enrôlait les infirmes et les vieillards. »

Que craindraient-ils ? Le pis qui puisse leur arriver, c'est d'être obligés de partager un peu plus largement avec le palais. Quelques milliers de piastres de plus leur feront tout pardonner.

Ainsi le gouverneur de Maevatanana, chargé de seconder M. Suberbie dans son exploitation, le faisait impudemment voler, par ses ouvriers, par ses surveillants, à la douane, partout. Et personne ne saura jamais ce que M. Suberbie a perdu de ce chef. Sous la pression de la Résidence de France, ce gouverneur fut enfin mandé à Tananarive. On espérait sa révocation. Il est retourné à son poste, moins riche qu'auparavant, mais plus fier et plus arrogant, et plus voleur que jamais.

Veut-on un autre fait très expressif et qui montre bien comment un gouverneur peut s'enrichir ? On avait volé à un commerçant de Mahela pour un millier de francs de riz. Pressé par le premier ministre d'agir et de faire justice, le gouverneur, au lieu de rechercher les coupables — et pour cause peut-être — lève sur les habitants une contribution de 6,000 à 7,000 piastres, en donne 1,000 au négociant et... garde le reste.

Évidemment, il y a des places de gouverneur beaucoup meilleures que les autres, par exemple celles de Tamatave, de Fianarantsoa, du Boina, etc. Celles-là sont les plus recherchées, et une fois qu'on les a obtenues, on les garde longtemps, ordinairement toute la vie ; parfois même on les passe à son fils. Ainsi Rainandriamampandra, gouverneur de Tamatave, est-il à son poste depuis de très nombreuses années. C'est lui qui négocia le traité de 1885 avec l'amiral Miot et M. Patrimonio. Un de ses fils est le gendre du premier ministre, et il pouvait au moins prétendre à remplacer son père, quand il se laissa entraîner dans le complot de Rajoelina.

Quelquefois cependant un gouverneur est disgracié ou envoyé dans un poste subalterne; mais alors c'est ordinairement pour des considérations politiques, ou bien certains gouvernements sont comme un exil déguisé. Ainsi, le gouverneur actuel d'Ihosy, Ramaniraka, 14e honneur et second ambassadeur en France en 1882,

1. Page 285.

a été envoyé à ce poste, perdu aux confins du pays des Bara, pour avoir manifesté ses sympathies envers l'ancien ministre des affaires étrangères, Ravoninahitriniarivo.

Il y a onze gouverneurs généraux, correspondant aux onze provinces ou onze tribus soumises, qui, en dehors de l'Imerina, composent la plus grande partie de Madagascar.

Ce sont ceux :

1° D'Ambatodrasaka, chez les Antsihanaka ;

2° De Moramanga, chez les Bezanozano ;

3° De Fianarantsoa, chez les Betsileo, à l'intérieur de l'île puis, sur la côte en partant de Tamatave et se dirigeant vers le sud, pour faire le tour de la grande île, ceux

4° De Tamatave, chez les Betsimisaraka ;

5° De Vangaindrano, chez les Antaimoro ;

6° De Fort-Dauphin, chez les Antanosy ;

7° D'Ihosy, chez les Bara ;

8° De Tuléar, dans le Fierenana ;

9° De Mahabo, dans le Menabe ;

10° De Mojanga, pour le Boina ;

11° D'Ambohimarina, chez les Antankara.

Ainsi le pays des Sakalaves est divisé en trois gouvernements : ceux du Fierenana, du Menabe et du Boina.

Au-dessous de ces gouverneurs, il y en a d'autres plus ou moins nombreux, suivant que la province est plus ou moins soumise, plus ou moins considérable. Ainsi il y en a sept chez les Betsileo, onze chez les Betsimisaraka, quatre chez les Antaimoro, onze dans le Menabe, vingt-deux dans le Boina et six chez les Antankara. Par contre, il n'y en a aucun dans le sud, chez les Antanosy, les Bara et les Fierenana ; et ceux du Menabe et du Boina ne sont, à proprement parler, que des postes militaires. A plus forte raison, les Hova n'ont-ils aucun agent auprès des tribus entièrement indépendantes, les Mahafaly, les Antandroy, les Masicora au sud, et plusieurs autres, répandues un peu partout.

Ces gouverneurs subalternes sont plus ou moins soumis au gouverneur général de la province, à peu près comme celui-ci est soumis au gouvernement central de Tananarive.

A un même endroit, il y a d'ordinaire trois gouverneurs, au moins dans les postes importants. Le premier gouverneur est évidemment le personnage honorifique et responsable. C'est aussi celui qui touche la grosse part des revenus. Le second gouverneur est chargé de la besogne administrative. C'est en même temps un espion, placé auprès de son chef par le premier ministre, et dont la présence le tient continuellement en alerte. Le troisième gouverneur enfin est chargé des affaires locales, des écoles, etc.; et ils sont assistés, les uns et les autres, par des aides de camp, qui aident à faire le travail et à rançonner le pays.

Le premier ministre est donc au courant de tout ce qui se fait par le deuxième ou le troisième gouverneur. Il l'est encore et surtout par les *Tsimandoa* ou courriers de la Reine, qui vont partout porter ses ordres et surtout pour surveiller et lui rendre compte de tout. Les gouverneurs sont ordinairement Hova ou Andriana, mais jamais ils n'appartiennent aux peuples soumis. Ils sont pris quelquefois dans les situations les plus humbles. Ainsi le second gouverneur d'Ambohibeloma est l'ancien gardien de l'âne du Père Laboucarie.

Ils sont aidés dans leur administration par les « chefs des villages ou *mpiadidy* », qu'ils choisissent et nomment eux-mêmes, et qui les aideront à lever les recrues, à percevoir les impôts, à répartir la corvée, à entretenir les courriers royaux, etc.

Ils habitent toujours une sorte de camp retranché, plus petit et ne contenant que des maisons pour eux et leurs officiers, sur la côte : c'est la *batterie;* plus étendu et entouré d'une palissade en bois ou en cactus, avec des cases pour les soldats, les femmes et les enfants, à l'intérieur de l'île : c'est le *rova.*

C'est par le moyen de ces gouverneurs que les Hova se sont étendus, et continuent à s'étendre, dans tout le pays, à force de prudence, d'habileté, et surtout de constance et de ténacité. Voici comment ils procèdent d'habitude. Ils établissent un gouverneur dans un poste perdu, presque au milieu d'une tribu hostile. Il s'y maintient comme il peut. Son autorité est très douce d'abord et à peine sensible. Quand il a pris pied, qu'il s'est créé des partisans ou que ses soldats se sont établis dans le pays, il envoie des messagers chez une peuplade voisine pour leur proposer des échanges, leur demander à bâtir une maison, à s'établir chez eux. Plus tard, il enverra un gouverneur. Et l'on avancera ainsi peu à peu, comme une tâche d'huile, le joug devenant de plus en plus lourd à mesure que la conquête se raffermit.

Rarement on emploiera la force. On s'efforcera plutôt de semer la division; s'il le faut, on saura attendre. Si même telle tribu reste sourde à toutes les avances et soit d'humeur à se défendre, on passera outre, comme par exemple pour les Tanala d'Ikongo; mais on ne renoncera jamais entièrement à son but et, malgré tout, le travail d'absorption continuera et progressera.

CHAPITRE XV

DES FINANCES ET DES IMPOTS

Un gouvernement, comme celui que nous venons de décrire, n'a pas besoin de beaucoup d'argent, puisque aucune fonction publique n'est rétribuée; au moins en était-il ainsi avant la guerre, alors qu'il n'y avait, ni annuités à payer au Comptoir d'Escompte, ni achats d'armes à faire à l'étranger.

Aussi les impôts sont-ils très faibles. En voici l'énumération à peu près complète.

Impôts directs. — Et d'abord les impôts personnels ou directs[1]. Ce sont :

1° Le *hasina*, c'est-à-dire un bout d'argent offert à la Reine à son avènement, à la fête du Bain, et à quelques autres solennités extraordinaires, par exemple quand on lui est présenté, quand elle visite son peuple, etc. C'est un signe de soumission et de respect plutôt qu'un impôt. Les plus riches donnent une piastre, mais il y en a très peu à le faire. M. Le Myre de Villers interdit aux Français de faire le *hasina*.

2° Un impôt d'à peu près 0 fr. 03, à la mort du souverain pour ses funérailles.

3° La cote personnelle, inférieure à 0 fr. 18.

4° Un impôt annuel en nature, d'environ trois mesures de riz par famille (à peu près trois décalitres); ou bien une mesure par bêche. La mesure vaut environ 2 francs.

Un impôt analogue est également dû aux seigneurs territoriaux. Et eux aussi profitent de toutes les occasions, naissances, morts, mariages, etc., pour se faire offrir un bout d'argent. Car, à Madagascar, ce ne sont jamais les riches qui donnent aux pauvres, mais

1. Cf. *Vingt ans à Madagascar*, du Père de La Vaissière, et *Madagascar en 1894*, de M. Martineau, p. 297 et suiv.

toujours les pauvres, au contraire, qui donnent aux riches, un peu comme en Angleterre, avec leur système de *présentation*.

5° A ces impôts, que l'on pourrait appeler ordinaires, et qui ne donnent que des revenus dérisoires, s'en joignent d'autres beaucoup plus productifs et qui ne dépendent que de la volonté du premier ministre, par exemple l'impôt extraordinaire de 1882, pour acheter des armes en vue de la guerre prochaine, ou l'impôt de la piastre, établi en 1892, pour aider à payer l'annuité due au Comptoir d'Escompte. Pour ce dernier, chaque homme valide, libre ou esclave, dans l'Imerina et dans tous les territoires soumis aux Hova, devait une piastre. De plus, cette contribution était perçue par villages et c'étaient les chefs de village, avec les grands et les gouverneurs, qui en étaient chargés. Ce fut une vraie catastrophe. Il y a peu de Malgaches, en effet, qui possèdent une piastre. Il fallut donc emprunter à des taux de 100 à 150, parfois 250 à 300 0/0, c'est-à-dire se ruiner. De plus ce fut l'occasion de fraudes sans nombre. On était *invité* — on sait ce que ce mot veut dire à Madagascar — à donner davantage suivant ses moyens, et les grands en profitèrent pour..... s'enrichir. Dans tel gros village, on reçut de 700 à 800 piastres, et il n'en arriva que 200 à la capitale. Dans les provinces, sur 4,000 ou 5,000 piastres recueillies dans un gouvernement, 1,000 à peine furent envoyées au palais.

Ce même impôt extraordinaire a été renouvelé l'année dernière et étendu à tous les enfants mâles. De plus tous les officiers, tous les grands, tous ceux qui ont une situation quelconque furent invités à souscrire à *un emprunt dont la date de remboursement était indéterminée.* — Que cela est bien malgache! — Bien malgache aussi le mode de souscription. Chacun monte à son tour au palais. Là, dans la salle du trône, en présence du premier ministre, de la Reine et de toute sa cour, on lui demande le montant de sa cotisation. Il désigne un chiffre : 10, 15, 20 piastres, par exemple. Tous alors de se récrier. Il est si riche, il peut donner cinq fois, dix fois plus ! Et le malheureux doit s'exécuter au risque d'y perdre tout ce qu'il a et..... sa liberté.

Dans la pensée du premier ministre, l'impôt de la piastre, assure-t-on, doit devenir permanent. Mais il n'y réussira pas et devra renoncer à son projet. Beaucoup de Malgaches, en effet, ne peuvent pas matériellement le payer, et il est inique d'exiger de tous, riches ou pauvres, une somme identique. Puis son mode de perception achève de le rendre injuste et impraticable. Ainsi tel homme réputé riche — souvent il ne l'est pas — doit donner

10, 15 piastres; tel autre doit payer l'impôt deux, trois fois par an, parce qu'il plaît au gouverneur de le lui demander. Le résultat de toutes ces vexations, c'est qu'on ne fait plus rien, afin de n'être pas dépouillé du fruit de son travail; que l'on s'enfuit au milieu des *fahavalo*, afin de ne pas payer; ou même, que des peuplades entières se révoltent, comme celles situées entre Vangaindrano et Fort-Dauphin. On est parvenu à les réduire, en semant la désunion entre elles, mais il a fallu cependant apporter plus de modération et de justice dans la perception de cet impôt odieux.

Il est difficile de dire ce que l'impôt de la piastre a rapporté. Ce devrait être plusieurs millions, et plusieurs millions en effet ont été levés, mais on ne croit pas qu'on ait reçu plus de 500,000 francs au palais.

Impôts indirects. — Outre ces impôts, qui sont à proprement parler des impôts directs, il y en a un certain nombre d'autres correspondants à nos contributions indirectes :

Les principaux sont :

1º Les droits d'enregistrement et le cautionnement que les étrangers doivent payer pour obtenir une concession;

2º Les amendes, les confiscations et les exactions de diverses sortes;

3º Les droits sur le transport des marchandises et, surtout, les douanes.

1º *Enregistrement et cautionnement :*

D'après les lois malgaches, certaines transactions doivent être inscrites sur les « livres du royaume » et, par suite, acquitter un certain droit. Ainsi, pour l'affranchissement d'un esclave, une piastre; pour la location d'un terrain, 5 % du loyer, et 12 ¼ % par mois pour celle d'une maison; pour un emprunt, un douzième du taux légal qui est de 24 %, par conséquent 2 %; pour l'adoption d'un enfant 6 fr. 25, etc., etc. Mais si l'on en excepte les loyers des Européens et la libération des esclaves, presque aucune transaction n'est déclarée, et par suite ne paie de droit d'enregistrement; ou bien, la somme déclarée est tellement faible que le droit acquitté est insignifiant. On ne croit pas que cet impôt rapporte plus de 60,000 francs.

Le cautionnement est une somme d'argent que doit verser tout Européen qui obtient une concession, ou se lie par un contrat quelconque avec le gouvernement malgache. Ce cautionnement ne lui sera jamais rendu, même s'il ne pouvait pas, n'importe pour quelle cause, exploiter sa concession ou donner suite à son contrat.

Il devra en outre, en cas de réussite, verser au premier ministre une part de ses profits. Ainsi, M. Suberbie, comme nous le dirons plus tard, lui devait 55 % de la poudre d'or exploitée.

2° Amendes et confiscation :

Il y a cent quarante-deux articles du Code malgache pour spécifier et fixer les amendes, parfois très élevées, que l'on encoure pour une infinité de choses. J'en ai déjà cité quelques-uns en parlant du mariage et ailleurs. Outre ceux-là, on paiera une amende si l'on manque de respect à la Reine, si l'on ne dénonce pas un vol dont on a connaissance, si on se livre au commerce des esclaves, si l'on vole des bœufs ou des pirogues, si l'on fabrique de la fausse monnaie ou si l'on se sert de fausses mesures, si l'on trompe sur la marchandise vendue; de même pour les délits de presse (?), la diffamation, les fausses nouvelles, la corruption des juges et autres officiers publics, les incendies, la vente de faux médicaments, les faux témoignages, les prêts d'argent à un enfant prodigue, la fabrication et la consommation du rhum; ou bien encore, si l'on garde chez soi un lépreux ou un varioleux, au lieu de les chasser sur les montagnes, si l'on maltraite un animal destiné à la boucherie, si l'on abat de gros arbres ou fait du feu dans la forêt, etc., etc.

La plupart de ces amendes sont assez équitables, et si la loi était régulièrement appliquée, l'effet en serait salutaire, en même temps que l'État y trouverait une source de revenus. Mais la plupart des délits qu'elle veut ainsi atteindre et proscrire, jouissent en réalité de la plus complète impunité. En fait, ces amendes ne sont exigées que selon le bon plaisir des gouverneurs et des juges. Ordinairement elles se changent en *cadeaux* offerts à ces employés et ne rapportent rien, ou presque rien, au gouvernement.

Il en est à peu près de même des confiscations, qui atteignent les biens des sorciers criminels, et ceux des femmes mourant sans enfants, et parfois de beaucoup d'autres, suivant le bon plaisir du premier ministre qui, dans ce cas, administre leurs propriétés, ou perçoit les revenus, et daigne leur en abandonner une faible partie. Ainsi furent confisqués les biens du ministre des affaires étrangères en 1887, et sa maison simplement ajoutée à la maison du premier ministre à laquelle elle était contiguë. Ainsi également la princesse Ravero, de son vrai nom Rasoaveromanana, la fille adoptive de Rasoherina, celle qui devrait être la Reine de Madagascar, mais

1. Cf. Martineau, p. 308.

qui en est du moins la plus riche propriétaire, vit, quoique mariée, sous la tutelle de Rainilaiarivony. C'est lui qui lui *emprunta* 150,000 piastres pour la dernière guerre ; lui qui fait valoir ses biens, perçoit ses revenus et en garde la plus grande partie. Et cependant Ravero n'a contre elle que sa naissance et sa fortune.

A ces confiscations se rattachent les diverses extorsions et exactions dont nous avons parlé ailleurs. Mais ce ne sont pas des impôts. Ce sont plutôt de vrais vols qui, du reste, peuvent enrichir des particuliers, mais ne rapportent presque rien au trésor.

3° *Transport des marchandises et douanes :*

Toutes les marchandises, à l'intérieur de Madagascar, sont transportées à dos d'homme, marchant ordinairement, surtout pour les parcours de la côte aux villes de l'intérieur, par escouade de douze porteurs, sous la conduite d'un commandeur. Ce dernier doit être muni, quand il va de la capitale à Tamatave, d'un passe-port portant les noms du lieu de départ et du lieu d'arrivée, et indiquant la nature et la quantité des marchandises ; et chaque porteur reçoit une carte qu'il devra présenter aux gouverneurs. S'il la perd, il devra retourner en chercher une autre au point de départ. Mais pour obtenir ces cartes et ce passe-port, il faut donner un *loso* ou 2 fr. 50 pour un convoi de douze hommes, et un *kirobo* ou 1 fr. 25 pour chaque douze hommes en plus.

Mais de tous les impôts, le plus important, et celui qui rapporte davantage, ce sont les droits de douane, que toute marchandise doit payer, à l'entrée ou à la sortie de tous les ports du royaume.

Ces droits sont fixés à 10 % de la valeur des marchandises, d'une manière absolue à l'importation, avec quelques exceptions à l'exportation. Les principales sont les suivants :

Caoutchouc	les 100 livres	12 fr.
Rofia	—	1 65
Sucre brut	—	0 50
Cire	—	10 »
Café	—	8 »
Gomme copale	—	6 »
Gingembre	—	2 »
Rabanes	—	3 »
Suif	—	3 »
Tabac	—	2 50
Riz blanc	—	0 75
Bœuf	par tête	15 »
Porc vivant	—	2 50
Mouton	—	1 50
Cabri	—	1 50
Nattes fines	la pièce	1 »

Dindes .... la douzaine	3 »
Oies.......................... —	3 »
Canards sauvages............. —	3 »
Volailles .... —	» 75[1]

Les revenus des six ports de Vohemar, Fenoarivo (ou Fene-rife), Tamatave, Vatomandry, Mananjary et Mojanga, ont été destinés à payer les annuités dues au Comptoir d'Escompte. Ils sont perçus par des capitaines de douane indigènes, qui fixent la valeur des marchandises et font verser l'argent, sous le contrôle d'agents du Comptoir, qui vérifient si les droits sont fidèlement perçus et, surtout, encaissent les recettes. Mais, comme ces employés français n'ont guère de pouvoir pour l'estimation des marchandises et la fixation des droits, les fraudes sont très considérables. Les commerçants font couramment ce que l'on appelle « des coups de douane », c'est-à-dire déclarent pour 100 ou 200 francs ce qui en vaut 1,000 ou 2,000, ou même ne déclarent rien du tout, quittes à donner un *cadeau* aux agents. Ainsi un commerçant de la capitale m'affirmait-il ne jamais rien payer pour l'exportation de ses produits, parce qu'il avait prêté quelques piastres à l'un des employés de la douane et qu'il ne les lui réclamait pas, sous cette condition, au moins tacite.

C'est bien autre chose encore dans les ports où il n'y a pas de contrôle. Là, c'est un vrai pillage et un vol perpétuel. Ou bien, les commerçants s'entendent avec le gouverneur, lui donnent de l'argent et ne paient aucun droit; ou bien, ils traitent de gré à gré avec lui, et les droits sont ramenés à un taux insignifiant — tout le monde y gagne, le commerçant évidemment, le gouverneur aussi qui reçoit pour lui de fortes sommes d'argent, la ville enfin dont le port devient ainsi très fréquenté : tels ceux de Fort-Dauphin, de Mahanoro, de Mahela, de Vangaindrano. Il y a plus : si un vaisseau doit nécessairement attérir ailleurs, on lui donne un certificat comme quoi il a acquitté les droits de douane, et il sera ainsi reçu en franchise dans des endroits où les gouverneurs sont moins malléables. D'autres fois les gouverneurs reçoivent une partie des marchandises, ou même prennent à leur compte toute la cargaison, qui évidemment alors ne paie rien, la font porter à l'intérieur par leurs esclaves ou leurs subordonnés, la vendent à crédit, sûrs qu'ils sont d'être toujours payés — car qui oserait ne pas payer un gouverneur? — et partagent avec le négociant.

Mais dans tous les cas, pour le gouvernement central, le

1. Cf. M. Martineau, p. 298.

résultat est-il sensiblement le même, c'est-à-dire qu'il ne lui en revient à peu près rien. Par exemple, de tous les droits que le caoutchouc a dû payer à Fort-Dauphin, depuis plus de trois ans qu'il a été exporté en si grandes quantités, il paraît que le premier ministre n'en a pas reçu une piastre.

Aussi les douanes de tout Madagascar, qui devraient donner de 4 à 5 millions de francs, ne rapportent en réalité que de 700,000 à 800,000 francs [1].

Ce n'est guère que la moitié de ce qu'il faudrait pour payer les annuités du Comptoir d'Escompte [2], et c'est ainsi que le gouvernement a été amené à créer l'impôt de la piastre, les autres ne rapportant à peu près rien.

Jusqu'ici nous n'avons parlé que des impôts, sans rien dire de leur emploi. C'est que, en réalité, il n'y a rien à en dire. Car, sauf l'argent destiné à payer les annuités dues au Comptoir d'Escompte, et qui est fourni par une partie des douanes et une partie de l'impôt de la piastre, tout le reste est laissé à la libre disposition du premier ministre, et se confond avec sa fortune privée, ou, si l'on veut, avec celle de la Reine. Il n'y a pas, en aucune sorte, de budget des dépenses à Madagascar; mais l'argent, que le gouvernement parvient à se procurer, est employé non pas à l'administration : elle ne coûte rien; ni à l'entretien de l'armée : elle pourvoit d'elle-même à ses besoins; ni à aucune amélioration d'aucune sorte : on n'en fait pas, et, en tous cas, la corvée y suffirait; mais à faire des *cadeaux*, à acheter des objets européens pour la cour et les favoris de la cour, à se procurer des fusils, des cartouches et des canons, et peut-être à grossir un « trésor de guerre ».

J'avais bien entendu parler de cette réserve de guerre à Tananarive, de ces jarres remplies de piastres et soigneusement cachées dans le sein des tombeaux des anciens rois, ou bien ailleurs, dans

---

1. Voici le relevé exact des six dernières années :

1888	724.000	francs.
1889	725.000	—
1890	816.000	—
1891	823.000	—
1892	740.000	—
1893 (6 premiers mois)	310.000	—

2. Le 4 décembre 1886, le premier ministre emprunta au Comptoir d'Escompte 15,000,000 de francs à 6 % ; puis, le 20 juin 1887, il convertit cet emprunt en une avance d'argent remboursable par annuités en vingt-cinq ans. Ces annuités se paient par semestre et s'élèvent, pour chaque versement, à 582,982 fr. 50. Aujourd'hui, le capital à amortir dépasse encore 12 millions et demi.

l'enceinte du palais. Seuls le premier ministre et le ministre de l'intérieur en auraient la clef, et personne n'y toucherait jamais. Chaque année, au contraire, on l'augmenterait, et elle atteindrait déjà, les uns disent de 15 à 20 millions; les autres de 10 à 12 millions. En fait, j'y croyais à peine, et je ne l'aurais même pas mentionné si M. Martineau n'en avait parlé. Mais comme je sais que ses renseignements sont très sûrs et lui viennent d'une source très autorisée, je n'hésite plus à admettre ce qu'il affirme lui-même. Cela du reste correspond parfaitement aux habitudes et aux craintes perpétuelles de la cour d'Imérina.

Mais cela prouve aussi que l'on peut trouver de l'argent pour les besoins publics, et que Madagascar pourra suffire aux dépenses de son administration, le jour où l'on voudra mettre de l'ordre dans cette administration, dans la perception et l'emploi des impôts.

CHAPITRE XVI

DE LA CORVÉE

Tous ces impôts, que nous venons d'énumérer, ne sont pas excessifs et ils pourraient être supportés, même par un peuple pauvre, comme le peuple malgache, s'il ne s'y en joignait un autre, plus lourd, plus odieux, plus vexatoire, et qui est l'occasion de criantes injustices, je veux dire la corvée.

Il ne s'agit pas ici des corvées que les esclaves doivent à leurs maîtres. Celles-là, nous en avons déjà parlé. Du reste elles ne dépassent pas la mesure, et tant que l'esclavage ne sera pas aboli, elles seront inévitables.

Mais les hommes libres doivent eux-mêmes d'innombrables corvées, au seigneur, aux gouverneurs, au premier ministre, à la Reine, qui peuvent exiger de tous et pour toute chose, tout ce qu'il leur plaira. Et ces corvées des hommes libres sont autrement dures et nombreuses que celles des esclaves. Pas plus que ces dernières, du reste, elles ne concourent au bien public, mais sont, ordinairement du moins, uniquement employées pour le plus grand bien et le plus grand avantage des personnes qui, à un titre quelconque, détiennent le pouvoir, ou de leurs alliés.

Il n'en était pas ainsi dans le principe, et la corvée était au contraire une institution très raisonnable, très utile, populaire même, que des intérêts tout à fait personnels ont complètement viciée, en la détournant de son but, et en en multipliant les exigences.

Primitivement, la corvée était due au souverain, chef des seigneurs, à peu près au même titre et de la même manière qu'à ces derniers.

Le seigneur formait avec ses serfs une véritable communauté. Il leur avait concédé une partie de ses terres, il les protégeait et les défendait. Eux, à leur tour, lui devaient certaines redevances : du riz, de la viande, etc., et aussi le concours de leurs bras pour certains travaux; et celui de leurs personnes, quand il s'agissait de repousser une incursion des ennemis ou de porter la guerre chez un de ses voisins.

Or, le souverain n'était que le chef des seigneurs, presque l'un d'eux, vivant de leur vie, avec un pouvoir très restreint, des sujets fort peu nombreux, un territoire très limité, sans faste et sans prétentions.

Il nous est possible de reconstituer un de ces anciens chefs du peuple hova, qui en avait une foule alors, un des ancêtres des souverains actuels de l'Imerina.

Il est couvert d'un lamba de soie, d'un de ces vieux lamba presque introuvables aujourd'hui, aux dessins variés, à l'ornementation régulière, faite de triangles et de losanges; un pagne, petit rectangle d'étoffe avec des perles de plomb recouvrant complètement le tissu, lui ceint les reins; il porte trois colliers de petites perles multicolores pressées les unes contre les autres en lignes droites brisées, deux aux chevilles et un troisième au poignet gauche; une amulette, qui est souvent un bout de corne encadrant un poil de taureau, lui pend sur la poitrine, et sa tête est ceinte d'une couronne formée de dents de caïmans.

La case du Fanjakana, conservée dans le palais de la Reine à Tananarive, est le type fidèlement conservé des anciennes demeures royales. Elle mesure 18 mètres de long sur 5 de large; son toit en chaume s'appuyait sur trois piliers en ligne droite, ceux de chaque côté supportant celui du milieu, qui ne supportait rien; aussi était-ce celui-là qui était l'emblème de l'autorité, et c'était là que se plaçait le souverain.

Du reste, cette case n'avait aucun ornement, et sa disposition intérieure reproduisait la disposition invariable des cases malgaches : la porte à l'ouest, ou plus exactement au sud-ouest; le mortier à piler le riz, au sud en face de la porte; plus loin, à l'angle sud-est, le poulailler; le lit à l'angle nord-est, et le foyer en face de la paroi ouest, au milieu, devant le pilier central[1]. Telle était la case d'Andrianampoinimerina. Chacune de ses douze femmes en avait une semblable; il y en avait une autre pour les idoles; toutes

---

1. Tous ces détails ont pu être reconstitués grâce aux documents recueillis par les soins de M. Jully, à qui du reste sont empruntés la plupart des détails de ce chapitre.

ces cases étaient environnées d'une enceinte commune et constituaient le rova.

Le souverain devait à ses subordonnés aide, protection et défense ; il réglait leurs différends, s'occupait de maintenir l'ordre, en un mot les gouvernait. Ses sujets, en retour, outre certaines redevances fort légères, se réunissaient à certains jours pour planter et récolter ses rizières[1], réparer l'enceinte du rova, bâtir ou entretenir ses maisons. Il fallait peu de corvées pour cela. La forêt était encore assez rapprochée, et tous les bois étaient apportés par la multitude marchant en corps, pleine d'entrain et de gaîté, le pas réglé par un rhythme variant avec les difficultés du chemin, plus alerte et rapide à la descente, se ralentissant à la montée.

La guerre, elle aussi, était une corvée, et tous les hommes libres devaient y participer, toujours prêts du reste à accourir au premier son de la conque marine. Mais c'était une corvée d'un genre particulier, que tout le monde comprenait et acceptait, et dont nous ne parlerons pas ici. Jusque-là, on n'avait pas encore songé à des travaux publics pouvant intéresser toute la communauté.

Ce furent surtout Andrianamasinavalona et, encore plus, Andrianampoinimerina, qui s'occupèrent de travaux d'intérêt général, reprenant, continuant et achevant, ce qu'avaient ébauché leurs prédécesseurs. Et comme ils n'avaient pas d'argent, comme alors il n'y avait pas d'ouvriers payés, ils firent naturellement appel à la corvée.

Tananarive était en ce temps-là comme un îlot rocheux, une montagne isolée, perdue au milieu d'un immense lac ou, pour parler plus exactement, d'un immense marais, formé par les eaux de l'Ikopa recouvrant les plaines voisines. Une double digue de 30 kilomètres de long fut construite en terrassements, large, élevée, solide, et c'est ainsi que furent créées les immenses rizières qui font face à la ville du côté de l'ouest, et sont les plus belles de toute l'Imerina.

Chacun comprenait l'utilité de cet immense travail, et tous s'y prêtaient volontiers : « Quand le ventre est dans l'eau, il faut travailler, » disait un chef, apportant lui-même de la terre pour réparer ces mêmes digues, crevées après le cyclone de janvier 1873. Ce langage expressif peint bien le grand travail exécuté par Andrianampoinimerina et aussi l'empressement du peuple à y contribuer.

Le grand monarque ne s'en tint pas là.

---

1. Cet usage subsiste encore aujourd'hui, et c'est ainsi que chaque année on plante et on récolte la « rizière de la Reine », située à l'ouest de la place de Mahamasina, au sud du petit lac où se trouve l'îlot de Nosy.

Il créa le **Rova** d'Ambohimanga, fit construire la route qui y conduit, une des meilleures qui existent encore dans le pays; surtout régularisa, organisa, jusqu'à un certain point, fonda la corvée.

C'est lui qui créa la caste ou corporation des bûcherons, les 700 hommes de Vakinandiana, « qui sont chauves de bonne heure », à cause des charges que continuellement ils portent sur la tête; groupa les forgerons, les charpentiers; distribua à chacun sa tâche particulière, en dehors de laquelle on ne doit rien lui demander; en un mot réglementa ce service public.

Mais tout cela, il ne faut pas l'oublier, avec l'assentiment, ce n'est pas assez dire, avec l'enthousiasme public, tellement l'utilité de tous ces travaux était manifeste et comprise de tous, tellement aussi ce peuple est naturellement obéissant, soumis à ses chefs, facilement disciplinable.

Son fils et successeur, **Radama Ier**, avait la même ambition, la même valeur guerrière, mais non peut-être le même talent d'organisation ni la même intelligence pratique que son père. Il était en contact constant avec les blancs, il s'était fait, par leurs récits, une haute idée des nations européennes, il avait entendu parler de Napoléon Ier et il voulait le reproduire : « As-tu servi sous l'empereur? demandait-il au sergent français Robin, je veux l'imiter. »

Cela fait sourire, mais c'est là cependant qu'il faut chercher le secret de ses entreprises.

La vieille case couverte de chaume ne lui suffit plus. Il voulut avoir un palais et il se fit bâtir par Le Gros celui de Soavinana. Il commença le nivellement de la montagne d'Ambohinajary, située au sud de la place de Mahamasina; il continua la création et l'organisation d'une armée permanente; il multiplia les guerres de conquête et recula les bornes de son empire, à peu près jusqu'aux limites actuelles.

Mais la corvée se trouvait ainsi singulièrement alourdie et détournée de son but. Ce n'étaient plus quelques travaux légers pour cultiver la rizière du souverain, ou lui construire une case en chaume. C'étaient d'immenses travaux qui n'avaient d'autre but que d'entretenir le faste d'un roi orgueilleux et ambitieux. De plus, alors même qu'elle concourait à des travaux publics, guerres ou autres, le peuple n'en voyait plus l'utilité immédiate, comme par exemple pour les digues de l'Ikopa, construites sous Andrianampoinimerina; et, peut-être, si Radama avait été plus perspicace et

moins orgueilleux, eût-il aperçu un commencement de mécontentement et de légers murmures se manifester parmi la multitude. Ces
plaintes cependant n'allaient jamais bien loin et, en définitive, on
obéissait encore d'assez bonne grâce.

L'avénement de Ranavalona Iʳᵉ détourna la corvée vers les
usines de Mantasoa, la fabrique de canons et les autres prépara-
tifs de guerre.

C'était le moment où la France avait bombardé et pris quelques
points de la côte est et que, résolue enfin à venger la conquête de
Tamatave sur son allié le roi René, et celle de Fort-Dauphin sur son
propre représentant, elle paraissait décidée à une action décisive à
Madagascar. M. de Polignac venait d'écrire à Ranavalona une
lettre qui était une mise en demeure de se soumettre à notre protectorat, et le prélude d'une conquête.

La Reine hova voulut se préparer à la guerre et fonda Mantasoa.

Ce fut une vraie merveille, la création d'un homme de génie
que cette ville de Mantasoa, où la Reine vint elle-même résider souvent, où son fils de prédilection et futur successeur, Radama II, s'était
fait bâtir une maison à côté de celle de M. Laborde, où la plupart
des grands de Tananarive voulaient avoir une villa, où surtout
d'immenses usines, solidement bâties en briques et pierres, s'éle-
vaient pour la fonte des canons, pour le percement des fusils, etc.
On fabriqua des obus, des fusées à la congrève, de la poudre et mille
autres inventions utiles, dont beaucoup n'ont pas été reproduites
depuis, la fabrique de papier, la verrerie, la porcelaine, etc., etc.

Mais tout cela était fait par la corvée, et 10,000 hommes tra-
vaillaient à la fois dans les usines de Mantasoa. Quelle charge écra-
sante ce devait être pour un peuple aussi peu nombreux !

Et cependant l'on ne se plaignait pas. C'est que, outre la main
impitoyable de Ranavalona Iʳᵉ qui eût promptement étouffé dans
le sang du coupable toute apparence de mécontentement, M. Laborde était aussi bon qu'il était inventif, et son cœur l'emportait
encore peut-être sur son admirable intelligence. Il était obligé de
se servir de la corvée. Mais son unique préoccupation était d'en
adoucir la dureté. Il prélevait sur les sommes considérables, par
lesquelles la vieille Reine récompensait chacune de ses nouvelles
inventions ou payait ses immenses services, tout ce qui ne lui était
pas nécessaire pour son entretien personnel, afin de payer de ses
propres deniers, au moins autant qu'il le pouvait, cette corvée dont
il était le premier à gémir, d'exciter parmi ses ouvriers une véritable émulation, de les intéresser à son œuvre.

Et ce ne sera pas un des moins beaux chapitres de sa vie que celui où l'on racontera tous ses efforts, toutes ses industries, toutes ses créations, pour soulager ces pauvres malheureux, leur rendre la corvée tolérable, les aider à vivre, et souvent les arracher à la cruauté d'une vieille Reine sanguinaire. Si ce fut par ses services et par son intelligence, toujours en éveil, et capable de satisfaire à tous les caprices de Ranavalona, qu'il put se maintenir si longtemps en sa faveur, ce fut par sa générosité sans bornes, par son dévouement à ses inférieurs, par la bonté de son cœur, qu'il sut, dans un poste où tout devait concourir à le faire détester, se faire aimer de ses ouvriers, devenir leur ami, leur père, et acquérir une telle popularité qu'aujourd'hui encore son nom est en bénédiction.

Et si l'on veut être complet, on comparera cette conduite à celle des Anglais, qui ruinèrent son œuvre et depuis bientôt cinquante ans lui ont succédé dans la direction de la corvée, et cet amour du peuple pour le grand Laborde, à la haine dont il poursuit Parrett et consorts.

« Accablez vos sujets, aurait dit ce dernier. Des corvées, encore des corvées; c'est le meilleur moyen de régner. »

En tout cas, c'est là ce qu'il a mis en pratique.

La corvée est aujourd'hui aussi multipliée que sous M. Laborde; mais outre qu'elle n'est jamais récompensée par ses directeurs actuels, on l'a complètement détournée vers l'utilité personnelle et privée de toutes les personnes qui, de près ou de loin, concourent au gouvernement, ou seulement leur sont alliées.

La Reine, le premier ministre, les gouverneurs, les seigneurs, leurs frères, leurs sœurs, leurs oncles et tantes, leurs enfants, leurs cousins, tous demandent à la corvée toutes sortes de services.

C'est par corvée qu'on bâtit leurs maisons, celles de leurs parents, de leurs serviteurs, — par corvée qu'on leur apporte l'eau, le bois, le riz, la viande, — par corvée qu'on garde leurs troupeaux, qu'on cultive leurs rizières; qu'on défriche, garde et fait prospérer leurs plantations sur la côte ou ailleurs, et qu'on exploite les mines d'or, — par corvée qu'on les accompagne dans leurs voyages pour les porter eux-mêmes avec leurs bagages et leurs provisions, ou simplement pour leur faire honneur, — par corvée surtout qu'on apporte de Tamatave à Tananarive, en se relayant de village en village, tout ce qu'il leur plaît de commander « an-dafy », au delà des mers. C'est cette dernière corvée surtout qui est parfois terrible. Que j'en ai rencontré de ces malheureux, par ces horribles chemins de la forêt, pliant littéralement sous le faix, et succombant

sous le poids de caisses pesant des centaines de kilos! Ils étaient de
10 à 15 conduits par un aide de camp, qui les piquait du fer de sa
lance, comme il l'eût fait pour un troupeau de bœufs; montant, par
exemple, un énorme corps de pompe pour *Raparretty* sur les pentes
de l'Angavo, mettant des heures entières à faire des centaines de
mètres, épuisés, haletants, brisés, et cependant obligés toujours
d'avancer. L'officier qui les conduisait en était lui-même indigné!
Et pour tout cela, comme en général pour toute corvée, ils ne recevaient pas même la poignée de riz nécessaire à leur nourriture!
Un bœuf parfois que l'on tue et qu'on leur distribue, à la fin du
voyage... et c'est tout.

C'est une corvée aussi que les divers emplois de secrétaires,
d'écrivains, d'aides de camp, etc. Et alors, c'est toute leur vie,
tout leur temps, tout leur travail qu'on leur prend, sans aucune
compensation. Ils s'en tireront facilement, s'ils sont haut placés, en
vendant leur influence. Mais s'ils ne sont que des subalternes, ce
sera la misère pour eux, leurs femmes et leurs enfants.

C'est la même chose également pour tout bon ouvrier, un ciseleur
remarquable, un maçon ou un menuisier habiles. Un aide de camp
viendra les féliciter au nom de la Reine, et leur dira que, dorénavant,
ils auront l'honneur de travailler pour elle. Auparavant, ils étaient
à l'aise et gagnaient de l'argent; désormais, ils mourront de faim.

Le Hova est tellement docile de sa nature, tellement respectueux
de l'autorité, tellement habitué à accepter tout ce qui vient de haut
qu'il se soumet encore, même volontiers, quand c'est pour la Reine,
ou le premier ministre ou le *fanjakana*, c'est-à-dire l'intérêt du
royaume. Mais quand il voit ces corvées se multiplier pour l'oncle de
la Reine, pour la tante de la Reine, pour les dix ou quinze enfants
du premier ministre, pour tous les parents et amis, pour tous les
gouverneurs, il ne se révolte pas encore, mais il s'efforce d'y
échapper, il déserte, il s'enfuit, au besoin il va grossir les bandes
des Fahavalo. Il y a même d'autres symptômes plus graves du
sourd mécontentement qu'entraînent ces abus criants : les marchandises des convois — ce qui ne s'était jamais vu auparavant —
commencent à disparaître et, dans un moment d'effervescence, des
plantations sont pillées et détruites, comme par exemple les plantations de vanille du gouverneur de Mahanoro.

Telle qu'elle est pratiquée aujourd'hui, la corvée est donc une
oppression sans nom qui accable la population, qui est répartie, à
tort et à travers, au gré des caprices individuels, sans justice et sans
discernement.

De plus elle a le grand tort d'arrêter toute initiative et d'étouffer tout progrès.

Elle ne doit donc pas durer ainsi.

Faut-il en conclure que l'institution est mauvaise et que nous devrons la supprimer quand nous serons les maîtres à Madagascar.

Evidemment non.

Nous sommes naturellement portés en France à ces conclusions exagérées. Une institution, bonne et utile en elle-même, donne-t-elle lieu à des abus? Vite, il faut la détruire.

Eh! mon Dieu! toutes les institutions humaines donnent lieu à des abus!

La corvée a rendu de très grands services dans le passé; c'est un usage séculaire généralement accepté, une contribution au bien public parfaitement à la portée des habitants. Il faudra donc la garder. Ce sera même une nécessité.

Une fois Madagascar conquise, une foule de travaux seront à faire, des routes d'abord, des chemins de fer, des terrassements, etc., etc. Le pays n'est pas riche, les revenus seront faibles, au moins dans le commencement; et il semble bien certain que la métropole se refusera à ce vieux système de subventions ou d'avances d'argent ruineux, et pour le pays qui les fait et pour celui qui les reçoit. Madagascar devra se suffire. On ne pourra donc songer à faire exécuter tous ces travaux à prix d'argent.

Pourquoi ne pas y appliquer la corvée?

Le Malgache ne pourra pas vous donner d'argent, par la raison qu'il en a fort peu. Mais il vous donnera son travail, il vous prêtera ses bras, même pendant de longues journées, et sans résistance ni récriminations, et avec cela vous pourrez faire de grandes choses.

Tant que le gouvernement hova n'a fait que demander des corvées, même excessives, même injustes et sans utilité aucune, le peuple a cherché à s'y soustraire par la fuite; mais dans l'ensemble il s'y est soumis. Quand, au contraire, on a voulu lui imposer l'impôt de la piastre, impôt injuste en soi et mal réparti, mais semble-t-il, pas excessif, le mécontentement est devenu tel que l'on a pu craindre des révoltes, et tous s'accordent à dire que cet impôt ne peut durer.

C'est par ce système de la corvée que l'on a construit les routes de Java; c'est aussi de la même manière que l'on devra créer celles de Madagascar. La corvée ne sera ni odieuse, ni oppressive, ni même pénible, pourvu que l'on n'oublie pas les trois conditions suivantes :

1° Qu'elle soit équitablement répartie, n'écrasant pas les uns pour épargner les autres, et encore moins ne tombant pas précisément sur les meilleurs ouvriers ou les artisans les plus adroits, comme une prime à rebours à la paresse ou à la maladresse. C'est une charge publique, à laquelle tout le monde doit contribuer, car tout le monde profitera des résultats obtenus.

2° Qu'elle ne soit appliquée qu'à des travaux d'une véritable utilité publique et, autant que possible, d'une utilité évidente aux personnes mêmes qui y travailleront. En sorte que chacun comprenne bien qu'en travaillant pour tous, c'est réellement pour lui-même qu'il travaille.

3° Qu'elle ne soit pas excessive et laisse largement à chacun tout le temps nécessaire pour ses propres travaux, son industrie ou son commerce. Sur ce point, on pourra cependant aller loin, surtout si l'on donne aux ouvriers quelques sous (cinq ou six par jour) pour leur nourriture. Le Hova a beaucoup de temps, et il est prêt à en donner beaucoup, parce qu'il l'apprécie à une très faible valeur.

A ces conditions, et avec une direction habile, une conduite prudente, une manière de faire pleine de condescendance, de l'indulgence et de la bonté, en même temps que de la fermeté dans la direction des travaux, on pourra tirer beaucoup de la corvée. Et les routes en particulier, les digues des rivières, les conduites d'eau pour alimenter les villages, etc., etc., les terrassements d'un chemin de fer même, tout se fera rapidement, bien et à peu près pour rien.

Ce ne sera plus la corvée si l'on a peur du mot. Ce seront des prestations pour le bien public. Et bien du temps se passera avant qu'on ne sente le besoin de les abolir à Madagascar, puisqu'elles existent encore en France où bien des ouvriers, bien des cultivateurs, bien des fermiers, préfèrent travailler quelques jours à nos chemins vicinaux, plutôt que de se racheter au prix de quelques francs.

CHAPITRE XVII

DE LA LÉGISLATION[1]

L'étude philosophique de la législation d'un peuple est un des meilleurs moyens de connaître ses défauts, ses vices, ses qualités, et par suite sa valeur morale. Elle nous permet parfois de reconstituer le passé, de comprendre le présent et de préjuger de l'avenir.

A ces divers titres, quelques considérations sur les lois malgaches trouveront naturellement leur place dans ce travail.

Du reste nous n'aurons pas à remonter bien haut. La nationalité hova n'a pas un siècle d'existence. A peine sortie de la barbarie, ne possédant pas d'industrie, isolée au milieu des mers, privée de voies de communication, ses intérêts à régler sont sommaires et ne comportent, par suite, qu'un petit nombre de lois.

On distingue chez les Hova trois législations distinctes :

1° Celle d'Andrianampoinimerina au commencement de ce siècle ;

2° Celle de 1868 au début du règne de Ranavalona II, et

3° Celle de 1881 vers la fin du règne de la même reine, lorsque les Indépendants eurent enfin, soit par eux-mêmes, soit par leurs affidés, acquis une influence prépondérante sur le gouvernement de Tananarive.

---

1. Ce chapitre a été écrit en grande partie, d'après une note de M. Le Myre de Vilers à qui je désire ici exprimer, une fois pour toutes, ma profonde reconnaissance pour sa très grande obligeance.

I

LÉGISLATION D'ANDRIANAMPOINIMERINA

Jusqu'à la fin du siècle dernier, il n'existait pas de lois écrites en *Imerina*. Il n'y avait que des coutumes et usages transmis oralement, et variant pour chaque tribu, chaque caste, chaque famille, tout en ayant un fond commun, héritage d'un même patrimoine. C'était le Roi ou Chef, dans chaque tribu, qui appliquait ces coutumes aux différents cas particuliers; c'était lui aussi qui devait prendre les décisions nouvelles, ou bien seul, ou plus probablement en soumettant ses décisions aux assemblées du peuple ou « Kabary », afin de prendre son avis. Les « coutumes des Ancêtres » étaient gardées avec soin et beaucoup plus fidèlement appliquées que ne le sont aujourd'hui les lois écrites. Leur influence se fait du reste puissamment sentir dans la rédaction de ces lois. Lorsque Andrianampoinimerina eût réuni sous son sceptre les différentes collectivités des hautes vallées, et étendu son empire jusque vers l'Océan, il dut rédiger des lois générales destinées à assurer la sécurité du nouveau royaume, ou, selon ses propres expressions, « pour faire du bien aux individus, aux familles, au peuple en général ; pour sauvegarder la tranquillité dans le pays et la paisible possession des biens, afin que le riche dorme en paix et que le pauvre ne convoite pas le bien d'autrui, et que chacun se contente de son sort. »

Ces lois, au lieu de rester secrètes, comme une menace permanente sur la tête des sujets, furent acceptées par le peuple et promulguées, afin de permettre à chacun de connaître ses droits et ses devoirs.

Dans cette société embryonnaire de forme fédérative, où les différentes tribus conservaient leur autonomie locale, le pouvoir central n'avait que peu d'objets à règlementer. Par suite le Code primitif ne contient-il que vingt-deux articles.

Le point essentiel était d'assurer la sécurité de l'État. Aussi les peines contre les perturbateurs sont-elles d'une extrême sévérité. La rebellion est punie de mort; la femme et les enfants du coupable sont réduits en esclavage, et ses biens confisqués, à peu près comme dans notre ancienne société française, où la condamnation

d'un criminel entraînait aussi la confiscation de ses biens et, conséquemment, la ruine de sa famille.

L'homicide et la complicité d'homicide sont punis des mêmes
peines que la révolte, car il fallait prévenir les luttes intestines et
les assassinats, qui ne pouvaient manquer de se produire, entre les
différents membres de tribus toujours en rivalité.

L'intérêt général étant la principale préoccupation du législateur, de simples délits se trouvent transformés en crimes. Ainsi le
fait d'avoir recueilli un individu atteint de la petite vérole, cette
maladie si redoutée des noirs, entraîne la servitude pour la famille
entière.

Avec des maisons construites en bois et couvertes de paille,
l'incendie peut dévorer des villes entières : le propriétaire
sinistré sera condamné à l'amende. Il est interdit de boire du
rhum, de fumer du chanvre, de mâcher du tabac, l'usage de ces
drogues étant considéré comme contraire à la reproduction de
l'espèce et à la vigueur de la race. Cette défense s'est perpétuée,
mais elle est très peu observée. Pour le tabac, elle est complètement tombée en désuétude. Dans l'Imerina, en effet, tout le monde
chique, hommes, femmes et enfants ; seulement, au lieu d'employer
la plante en carotte, on la réduit en poudre impalpable qu'on
introduit entre la gencive et la lèvre inférieure. La coutume est
même tellement entrée dans les mœurs qu'elle donne lieu, pour la
Reine, à un cérémonial spécial. Au milieu d'une revue, quand Sa
Majesté tire sa tabatière, les troupes arrêtent leurs mouvements et
la musique joue l'air national.

Chose digne de remarque, le vol n'est pas visé dans le Code ;
c'est que, paraît-il, jusqu'à Radama Ier, ce crime était très rare en
Imerina. Si les villages se pillaient entre eux, la plus grande pro-
bité régnait parmi les membres de la collectivité. Le cultivateur, en
quittant son travail, laissait ses outils sur le sol et était certain de
les retrouver le lendemain. Dépouiller de ses biens mobiliers le
voisin appelé à la défense commune constituait une sorte de crime,
dont les habitants faisaient justice eux-mêmes. Encore aujour-
d'hui, facilement le voleur, arrêté en flagrant délit, est lynché par
les témoins qui, en le conduisant en prison, l'accablent de coups,
parfois jusqu'à ce que la mort s'ensuive.

Détourner les deniers royaux, usurper des fonctions publiques,
manger la culotte de bœuf qui est réservée au souverain, constituent de simples délits punis de l'amende.

Trois articles seulement sont consacrés au civil : adoption, droit de déshériter, testament. J'ai traité de ces trois points en parlant de la famille; je n'y reviendrai pas ici.

L'esclavage pour dettes est maintenu, ainsi que la vente des *menakely* ou fiefs féodaux, qui entraîne la cession des sujets, espèces de serfs attachés à la glèbe.

Nous verrons plus tard ce que ce Code contient sur la propriété, quand nous traiterons spécialement de ce sujet.

Il n'est rien prévu pour l'organisation des tribunaux. Le Roi désigne pour chaque cause les juges appelés à en connaître.

Au civil, les parties sont autorisées à constituer, d'un commun accord, un tribunal arbitral. Mais, détail curieux, c'est le chien qui justifie de la déposition de son maître, et celui-ci sera condamné pour faux témoignage, si le pauvre animal succombe à l'épreuve du tanghen.

Les châtiments sont très sommaires, l'administration étant trop rudimentaire pour constituer un régime pénitentiaire, et ils se réduisent à trois :

La mort;

L'esclavage;

L'amende, dont une moitié revient au Roi et l'autre à ses officiers.

Celui qui favorise la fuite d'un détenu, lui est substitué pour l'exécution de la peine.

La confusion qui existe dans ces lois et leur insuffisance prouvent que les Hova sortaient à peine de la barbarie. Cependant elles constituaient un progrès et la première manifestation de tendances civilisatrices.

Le royaume de l'Imerina était fondé et Andrianampoinimerina, son œuvre accomplie, pouvait mourir, laissant à son fils un pouvoir affermi.

Radama (1810-1828) continua brillamment et affermit son œuvre. Mais ni lui, ni sa femme Ranavalona Iʳᵉ (1828-1861) n'ajoutèrent rien à l'œuvre législative du fondateur de l'hégémonie hova.

Cependant la mort de Radama II, la création d'un premier ministre qui, sous Rasoherina et Ranavalona II, devint tout-puissant, l'admission de la religion protestante, et par-dessus tout l'influence prépondérante des Indépendants, devaient nécessairement, en modifiant profondément la condition du pouvoir et l'état du pays, amener un changement profond dans la législation et une refonte générale des lois malgaches. De là le nouveau Code de 1868.

II

LOIS DE 1868

Créature des Indépendants, et ne pouvant résister à leur influence que soutenaient de nombreux coreligionnaires indigènes recrutés à prix d'argent, le premier ministre s'allia avec eux. Et de cette collaboration étrange, de cette double influence du barbare et des Anglais, des anciennes coutumes hova et de la législation britannique, qu'interprétaient des dissidents fanatiques, sortit un composé hybride, inférieur à plusieurs égards, à l'œuvre législative d'Andrianampoinimerina.

C'était peut-être habile de la part des Anglais, mais ce sera pour eux « une honte ineffaçable d'avoir prêté leur concours à cette œuvre de fraude, de corruption et d'hypocrisie », comme s'exprime M. Le Myre de Vilers. Les Prédicants invoquent pour leur défense les prétendus services rendus par eux à la cause de l'humanité, et le capitaine Pasfield Oliver va jusqu'à voir, dans les institutions politiques hova, une image de la Constitution britannique. Pour lui, les nobles deviennent des Lords; les chefs du peuple, des Membres de la Chambre des Communes; le Dictateur se transforme en Premier Ministre et Ranavalona II devient la sœur de la Très Gracieuse Reine Victoria.

Tout cela est-il dit sérieusement?

En tout cas, on saura déjà ce qu'il faut en penser, si l'on se rappelle ce qui a été dit sur le pouvoir. — On le verra mieux encore dans l'analyse rapide que nous allons faire de cette législation de 1868.

Je cite encore M. Le Myre de Vilers.

« Sous l'ancienne législation, dit-il, la tentative de rébellion contre le souverain était punie de mort; avec la loi de 1868 (art. 1er) qui énumère les douze grands crimes entraînant la peine capitale, le commencement d'exécution n'est plus nécessaire, l'intention suffit[1].

1. Voici cet article tel qu'il est reproduit dans le Code de 1881 :
« Les douze grands crimes, emportant la peine capitale et la confiscation des biens, sans distinction de sexe :
« 1º Préparer des poisons avec intention de donner la mort à la Reine.
« 2º Faire partie des sujets ou rebelles avec intention de provoquer ou encourager la rébellion.
« 3º Organisation de complots pour exciter à la révolte.

Non seulement les biens réels du coupable seront confisqués, mais encore ceux qu'il aurait vendus, antérieurement à son crime. La femme et les enfants ne seront plus faits esclaves — peine assez douce, car ils étaient rachetés par leur famille — mais, s'ils ont eu connaissance du crime de leur époux et de leur père, à défaut de dénonciation faite par eux, ils seront condamnés aux fers à perpétuité. C'est la délation obligatoire au sein même de la famille et le crime de complicité involontaire.

Même peine par l'article 3 pour n'importe quelle autre personne, alliée ou étrangère, esclave ou libre, qui ne dénoncerait pas ce crime, si elle en a connaissance. Article épouvantable qui fit condamner d'innombrables innocents.

Ces mesures draconiennes ne suffisent pas, il faut que les sujets puissent être atteints par des dénonciations vagues. D'après l'article 10, quiconque aura transgressé les lois d'Andrianampoinimerina sera condamné aux fers à perpétuité.

Garder de la poudre devient un crime de haute trahison puni de vingt ans de fers (art. 21). S'abstenir dans une Assemblée de donner son avis, entraîne cinq ans de fers (art. 31). Ne pas approuver les décisions prises, dix ans de fers (art. 24), etc., etc.

Il y a loin de là au régime parlementaire découvert par le capitaine Oliver.

J'accorde volontiers, cependant, que l'interdiction par l'article 9 de l'importation des Mozambiques et de l'exportation des esclaves malgaches est un progrès réel, un acheminement vers la suppression de l'esclavage.

Quant à l'esclavage intérieur il a été plutôt aggravé, en perdant en partie son caractère domestique. L'esclavage pour dettes est supprimé, ce qui est aussi un progrès, mais le débiteur insolvable reste en prison jusqu'à parfait paiement.

« 4° Provoquer la rébellion.
« 5° Exciter les esprits à la rébellion.
« 6° Désigner un usurpateur aux rebelles.
« 7° Calomnier le gouvernement de Sa Majesté, avec intention de provoquer la révolte.
« 8° Intention d'homicide pour provoquer la révolte.
« 9° Violation des palais du Gouvernement, avec intention de provoquer la révolte.
« 10° Fabrication de poignards pour servir à la révolte.
« 11° Se laisser corrompre par des présents, afin d'aider à la révolte.
« 12° Assassinat.
« Tels sont les douze crimes capitaux, et quiconque en commettrait un, sera puni de mort et ses biens confisqués, même s'ils avaient passé en d'autres mains. »   (Ed. Tachi, Tananarive, 1884.)

Le vol, qui jadis était rare en Imerina, est devenu fréquent par suite des nouveaux besoins introduits par le contact avec les étrangers, et plus particulièrement, par plusieurs innovations des missionnaires protestants, par exemple l'usage imposé aux pauvres du lamba de coton d'importation étrangère, et, plus tard, l'usage, qui ne put prendre, pour les riches, de s'habiller à l'européenne. La nation s'est démoralisée et a dû recourir aux fraudes; il a donc fallu édicter les peines les plus sévères contre le vol, les fausses mesures ou poids différents « pour la vente et pour l'achat », la fausse monnaie, etc., de même pour la concussion, la prévarication, le faux témoignage.

Par les articles 81 et 82, il est porté gravement atteinte aux droits des seigneurs féodaux. Celui qui gouverne mal son fief sera déchu et ses sujets deviendront de *menakely*, vassaux, *menabe*, c'est-à-dire sujets de la Reine.

La vente et l'hypothèque du fief sont défendues. Le seigneur devient donc simple usufruitier, simple fonctionnaire de la couronne et toujours soumis à révocation. C'est une réforme identique à celle qu'accomplirent nos rois au grand profit du peuple, mais avec cette différence essentielle, que nos rois représentaient en France la patrie et le peuple, tandis qu'à Madagascar le premier ministre n'a d'autre souci que les intérêts de son parti et la conservation du pouvoir. La suppression des *menakely*, qui n'existent guère plus que de nom, a donc eu pour conséquence de supprimer le dernier obstacle à la tyrannie.

Telles sont, rapidement analysées, les lois de 1868. Maintenant quel fut leur résultat?

Voici à ce propos la conclusion de M. Le Myre de Villers.

« Désormais toute l'autorité sera aux mains d'un seul. Mais Rainilaiarivony ne pourra pas se soustraire à l'influence croissante des Prédicants qui, exploitant les fautes de notre politique, à la fois faible et violente, finiront par s'emparer de tous les services : cultes, instruction, armée, politique extérieure, législation, presse, commerce. Pendant vingt ans, Madagascar sera aux mains de la London Missionary Society, qui éloignera les Européens, fera le vide, arrêtera le développement de la civilisation et ruinera le pays, au profit de l'Angleterre. »

III

LOIS DE 1881

Les lois de 1881 peuvent se diviser en deux parties, les lois anciennes et les lois nouvelles.

La première partie, c'est-à-dire les cent soixante-deux premiers articles, ne sont guère qu'une nouvelle codification des lois de 1868, avec quelques rares modifications. Elles contiennent en effet les douze mêmes crimes capitaux entraînant les mêmes châtiments; la même dénonciation au sein de la famille et en dehors, établie comme une obligation stricte; à peu près les mêmes lois sur le vol, le mariage, les poids et mesures, les lépreux et les varioleux, les fiefs et les seigneurs, la propriété, les ventes et les baux.

L'esclavage y est officiellement reconnu comme dans l'ancien Code, et réglementé avec soin, avec équité même (art. 39-49); la traite est sévèrement interdite (art. 8, 40, 41, 44), ainsi que tout ce qui ressemble au commerce des esclaves (art. 45), et l'on ne peut acheter des esclaves que pour les faire travailler à son service. Enfin, détail curieux, paradoxal à première vue, et qui cependant a son bon côté : dans le cas où un esclave s'étant enfui serait retrouvé, le maître paiera 12 francs (art. 39); il n'aura donc pas intérêt à le faire partir et, par suite, ne le maltraitera pas.

Il est défendu sous peine de vingt ans de fers, de « fouiller des mines d'or, d'argent, de cuivre, de fer, de plomb, de pierres précieuses, de diamants, de charbon de terre, etc., etc. (art. 9-10).

Il est également interdit de brûler les forêts (sous peine de dix ans de fers), d'abattre les gros arbres pour faire du charbon, de bâtir des maisons dans les forêts, tout particulièrement sur le bord de la mer (art. 101-106).

Des articles spéciaux règlent l'inscription des naissances, des décès (108-109), les devoirs des parents envers leurs enfants et des enfants envers leurs parents, qui se doivent mutuellement aide et assistance (art. 110-19); la levée des soldats (art. 117-118), le respect dû aux propriétés (128-133). En particulier, en cas d'incendie, dans un village de cinq maisons et au-dessus, il sera payé à la Reine trois piastres, et le propriétaire de la première maison incendiée, sera tenu de donner un jeune bœuf comme indemnité pour

le désordre causé par l'incendie (art. 129) — probablement aussi
afin de le consoler de la perte de sa maison! — Mais c'est surtout
pour la garde des condamnés à la prison, ou aux fers, que
les prescriptions de la loi sont rudimentaires. Elles se réduisent
à ceci : le gardien subira leur peine s'ils arrivent à s'évader
(art. 134-142).

Enfin il ne faut pas souiller les sources, sous peine d'un emprisonnement de trois mois (art. 150); ni prêter de l'argent au-dessus
de 24 %, etc. (art. 161).

Il y a même un titre particulier sur « la grande et petite vicina-
lité »; pour la propreté, l'alignement, la conservation des rues,
marque évidente, entre mille, de l'influence étrangère, c'est-à-dire
anglaise, qui en arrive à oublier l'état du peuple et ses besoins, pour
faire croire à je ne sais quelle civilisation.

Avec le fameux article 85 dont nous reparlerons en traitant de
la propriété, c'est là à peu près tout ce qu'il y a à noter dans cette
première partie du Code malgache.

La seconde partie qui comprend encore cent quarante-deux
articles, et qui est nouvelle, mérite une étude plus approfondie.

Elle traite de la police (art. 163-174), des médicaments (174-
181), des ministres (182-188), des procès et des jugements (189-265),
et surtout réglemente les « écoles des six districts de l'Imerina »
(art. 266-305).

Les prescriptions concernant la police ressemblent un peu à
celles de la voirie et trahissent la même origine et les mêmes préoc-
cupations, car la police comprend à peine quelques individus
déguenillés à Tananarive, et même ceux-là ne datent que d'une
dizaine d'années après la promulgation des lois.

Il n'y a du reste à signaler, parmi les onze articles qui composent
ce titre, que les articles 169 et 171, bien malgaches ceux-là, qui
ordonnent à quiconque « serait témoin de la transgression des lois
par n'importe qui, militaire ou civil, d'arrêter le coupable ».

Le titre des médicaments (174-181) est assez sage, mais suppose
encore un peuple plus avancé que le peuple malgache.

Il réglemente la vente des remèdes, interdit la conservation
(art. 175) et la vente des poisons sans enregistrer le nom de l'acheteur (art. 179); de même il proscrit de cultiver du pavot et la
fabrication de l'opium (art. 181).

Nous avons parlé ailleurs des lois qui regardent les ministres,
et dans le chapitre suivant nous examinerons tout ce qui se rapporte aux jugements et aux procès.

Mais il ne sera pas inutile de nous étendre ici un peu plus longuement sur la dernière partie, qui traite des écoles, et de faire connaître ce qui a été fait, ce qui se fait encore, en cette matière, à Madagascar, et, en particulier, les innombrables vexations dont ces loi sont été la cause, l'origine ou l'occasion, pour les catholiques, ou, comme on les appelle là-bas, les partisans des Français.

IV

DES ÉCOLES

Les écoles à Madagascar sont avant tout confessionnelles, et la question de l'enseignement n'est pas une question civile, mais bien une question religieuse.

Quand les missionnaires indépendants voulurent s'établir dans l'Imerina, sous Radama Ier, ce fut sous prétexte d'enseignement, et ils commencèrent par fonder des écoles. C'est dans la direction des écoles qu'ils placèrent leurs espérances pour l'avenir. Ce fut la même chose, quand ils revinrent sous Radama II, et les catholiques s'efforcèrent de les imiter.

Il est en effet évident, pour quiconque a passé quelque temps à Madagascar, qu'il n'y a pour ainsi dire rien à faire avec les adultes. On les convertira tant qu'on voudra; ils se feront protestants, et parfois même catholiques, avec la plus grande facilité et pour les motifs les plus futiles, d'intérêt, de convenance ou autres. Mais au fond, à quelques exceptions près, ils resteront ce qu'ils étaient autrefois, aussi corrompus, aussi pervers, aussi ignorants, aussi païens. C'est donc par les enfants qu'il faut commencer; ce sont les nouvelles générations qu'il faut former. C'est à elles qu'il faut inspirer des sentiments nouveaux et inculquer de nouvelles habitudes.

D'où nécessité absolue de s'emparer de l'éducation.

C'est ce que les protestants ont toujours cherché à faire, à prix d'argent d'abord, puis par les moyens les plus vexatoires et les plus odieux. Un premier décret prescrivait à tous les endroits importants de l'Imerina de se faire bâtir une école pour y élever leurs enfants. C'était vague et partant peu effectif. Pour arriver à quelque résultat, ils demandèrent, en 1876, l'instruction obligatoire. « Il y a plus d'un an, raconte M. F. Street en 1877, il fut proposé dans un conseil de MM. les Indépendants de demander l'*Instruction obliga-toire*; elle fut demandée et obtenue. »

« Le Gouvernement, est-il dit en effet dans le rapport officiel des Indépendants, toujours en 1877, a montré beaucoup de zèle pour seconder l'instruction élémentaire en beaucoup de manières que voici :

a) En promulguant partout des ordres pour que tous les en-fants fussent envoyés aux écoles;

b) En envoyant, de temps en temps, des messagers pour répéter ces ordres, en certaines circonstances;

c) En exemptant plusieurs maîtres de toute corvée ;

d) En défendant de retirer les enfants, si ce n'est pour des motifs suffisants. »

D'autres décrets furent rédigés dans le même sens; surtout celui du 6 juin 1876, qui prescrivait d'inscrire les élèves des écoles dans chaque village, de distinguer les diligents de ceux qui ne le sont pas; de noter sur une liste à part ceux qui se présenteraient pour entrer à l'école.

De loin, en lisant de telles ordonnances, on est tenté de les approuver et d'y applaudir complètement. Tout cela, semble-t-il, était uniquement pour promouvoir l'éducation.

Tout cela, à Madagascar, c'était pour promouvoir l'éducation protestante et étouffer l'éducation catholique.

Il fallait inscrire les enfants. Très bien. Les chefs de villages, les évangélistes, les *mpitandrina* ou chefs de l'église, tous ceux qui avaient l'autorité étant protestants, et plus acharnés que les mis-sionnaires anglais eux-mêmes : ils usèrent de toutes sortes de moyens pour les inscrire sur les listes protestantes. Chez les Betsileo, bien souvent même, ils les inscrivaient d'office.

Et ensuite, comme il était défendu de retirer les élèves, si ce n'est pour des motifs suffisants, ils prétendaient que les enfants, une fois inscrits chez eux, ne pouvaient plus quitter l'école où ils étaient inscrits, c'est-à-dire l'école protestante, pour aller à l'école catho-lique. Ainsi, par tous les moyens, ruse et violence, souvent d'office, ils inscrivaient les enfants à leur école; puis, de par la loi, leur in-terdisaient de la quitter.

Jamais on ne saura toutes les vexations, toutes les injustices, toutes les persécutions locales, que cette ordonnance a causées dans une multitude de villages. A Tananarive, quand on était trop pressé par les réclamations des catholiques, on trouvait toujours moyen de ne pas s'engager. On n'acceptait pas nettement cette interprétation abusive du décret; mais on ne la rejetait pas non

plus explicitement, et l'on s'arrangeait de façon à ce que les protestants puissent continuer à l'entendre ainsi.

Qu'il me soit permis, à ce propos, de rappeler ce qui se passa
en 1877, dans un endroit que je connais bien, dans la ville d'Ambohibeloma.

Les protestants y étaient les maîtres incontestés, lorsque le
Père Roblet, le célèbre cartographe, osa y aller fonder une réunion
catholique et ouvrir une école. C'était son droit. Mais voici que,
sous l'influence et en la présence du Rév. Pickersgill, bientôt après
consul de Sa Majesté Britannique, le maître d'école arrive armé
d'un bâton, entre dans la case du Père et somme les élèves de sortir, « car, s'écrie-t-il, vous êtes inscrits dans mon école. » Il les aurait même frappés, si on ne l'avait arrêté.

L'affaire est portée à Tananarive, au Ministre des affaires étrangères, et les deux missionnaires anglais y vont, avec leur maître
d'école, plaider leur cause. Cependant le Ministre des affaires étrangères promit, à quelques jours de là, une sorte de satisfaction aux
missionnaires français, en faisant publier dans Ambohibeloma
l'article 3 du traité français, où était stipulé la liberté religieuse.

Au jour marqué, les envoyés de la Reine arrivent dans Ambohibeloma, et devant tout le peuple assemblé déclarent ce qui suit:

« Quant aux élèves des écoles, *chacun reste où il est* et chacun
enseigne les siens. »

Le maître d'école protestant en conclut aussitôt « qu'aucun
élève ne peut changer d'école ». Cette conclusion pouvait paraître
légitime, d'après le texte de la proclamation. Cependant, pressés de
répondre si cela était exact, les envoyés s'y refusèrent constamment
et se contentèrent de réciter le texte à trois reprises successives. Le
Père Roblet allait parler, quand Pickersgill l'interrompit et fit signifier
par les chefs, à tout le peuple, l'ordre de se disperser immédiatement.

Tous les enfants, même catholiques, d'Ambohibeloma, durent
aller à l'école protestante.

Et cela dura cinq ans !

Mais ce fut bien pire chez les Betsileo, où les ministres protestants prétendirent avoir le droit d'enlever, de force, tous les enfants
inscrits chez eux, qui auraient passé aux catholiques, et ils leur
firent une véritable chasse comme à des bêtes féroces, les poursui-
vant, les arrêtant, les parquant comme des troupeaux, les enchaî-
nant, les maltraitant de toute manière. Un missionnaire français
lui-même, le Père Fabre, est brutalement chassé de son école. Il fut
impossible d'obtenir justice.

Poussé à bout par les Pères, le gouverneur de Fianarantsoa, Ragalona, après avoir pendant de longues heures refusé de répondre et essayé de donner le change par d'interminables discours de ses officiers, ne pouvant plus reculer devant leurs pressantes instances de déclarer si, oui ou non « les élèves des Anglais pourraient impunément arrêter, frapper, enchaîner les élèves catholiques et si on les laisserait faire, au cas où ils recommenceraient », — « Que le Père, mette ces questions par écrit, dit-il enfin, et nous y répondrons. »

Or voici la réponse qu'il fit à ces questions mises par écrit. Elle est bonne à citer comme un modèle de la bonne foi malgache :

« Nous avons reçu votre lettre où vous nous demandez : Y a-t-il eu, oui ou non, des élèves catholiques frappés par des élèves protestants ? *Nous ne le savons pas.* » — C'était de notoriété publique.

« Vous nous demandez ensuite : est-il permis aux élèves des Anglais de frapper les élèves catholiques ? — Voici ce que nous répondons. Il n'est pas permis dans notre pays de frapper injustement, et quant à ce qui se fait dans les écoles, vous autres Anglais et Français, vous savez s'il est permis ou non de frapper les élèves.

« Vous ajoutez en troisième lieu : Si les élèves protestants recommencent ce qu'ils font, les laisserez-vous faire ? Voici notre réponse. Faire aller les élèves dans les écoles, soit chez vous, catholiques, soit chez les protestants, c'est l'affaire des maîtres d'école [1]. »

Le déni de justice n'était même pas déguisé.

Ce gouverneur n'était cependant pas plus méchant qu'un autre, mais « la raison pour laquelle nous ne pouvons pas intervenir, disait un jour un officier supérieur au Père Lacombe, c'est que c'est l'affaire des Anglais et nous avons peur..... Vous ferez bien de vous plaindre à la Reine et au premier ministre, car eux seuls peuvent faire cesser ces désordres. »

On se plaignit, mais ces plaintes ne firent rien cesser du tout : « Je ferai donner des ordres, » répondit le premier ministre.

Les Français sont payés pour connaître ce que ce mot veut dire à Tananarive.

A de nouvelles instances : « Si ce sont des Malgaches qui sont persécutés, c'est à eux seuls à m'avertir, » répondit-il.

Ils se plaignirent officiellement, appuyés par M. Campan, dans une longue lettre que le chef des écoles catholiques, Pierre Rainia-

---

1. Cité par le Père de La Vaissière d'après une lettre du Supérieur de Fianarantsoa, le Père Lacombe, qu'il traduit littéralement. *Histoire*, II, p. 312.

lahy, eut le courage de porter lui-même au palais. « J'ai la lettre de Rainialahy, fit répondre le premier ministre, qu'il s'en retourne dans son pays et si plus tard, il y a lieu, nous le ferons remonter à Tananarive. »

Je ne veux pas continuer ce récit. Ce que j'ai dit suffira pour donner une idée des vexations sans nombre, des dénis de justice absolus, de la véritable persécution que durent subir, dans les cinq ou six années qui précédèrent la guerre, les écoles catholiques. Mais il ne faut pas perdre de vue cet état d'esprit, cette décision bien arrêtée des protestants, d'étouffer les écoles rivales et l'immense influence, les innombrables moyens d'action, dont ils disposaient, pour comprendre tout le danger du Code scolaire de 1881. Il ne faut pas oublier non plus que ce Code est l'œuvre exclusive des missionnaires anglais qui ne pouvaient, en raison de l'opinion en Europe, afficher trop ouvertement leur fanatisme, et devaient chercher, dès lors, par une foule de prescriptions louables, et par des rédactions ambiguës, à dissimuler les menaces de persécutions et les abus de l'arbitraire.

Ces lois, pour les écoles des six districts de l'Imerina, comprennent quatre titres et trente-six articles (266-301).

Le premier titre, « sur les écoles », renferme quatre articles (266-269), qui traitent de l'établissement des écoles, qu'il faut faire inscrire « sur les registres du Ministère de l'Instruction Publique, avec les noms des maîtres et le nom de l'agent du Ministère chargé de la surveillance de chaque école », sous peine, pour les maîtres, d'être considérés comme n'existant pas, et pour les élèves, comme ne fréquentant aucune école.

Cela est raisonnable, mais avec des chefs qui ne veulent à aucun prix d'école catholique, on peut prévoir déjà d'innombrables difficultés. Et de fait, c'était parfois, aussi bien avant qu'après cette loi, des luttes homériques pour arriver à ouvrir une école. Presque partout on ne l'emportait que de haute lutte.

Le titre suivant traite de « l'entrée des enfants aux écoles », et renferme dix articles (270-279). Il fixe l'âge d'entrée (8 ans) et celui de la sortie (16 ans) de l'école (art. 273), et les obligations des parents à cet égard.

Mais les articles qu'il faut signaler dans ce titre sont les articles 270, 274 et 275.

En voici le texte original :

270. « Les parents des enfants auront le choix de l'école à laquelle ils désirent envoyer leurs enfants, *mais il sera bon*

qu'ils ne changent point les enfants d'école, car cela pourrait nuire à leurs progrès. »

On comprend ce que cela veut dire.

Mais pour que cette prescription porte tout son effet, l'article 274 la corrobore et l'étend singulièrement.

« Les parents d'un enfant ayant atteint le degré d'instruction exigé, alors qu'il n'a pas atteint la limite d'âge, qui voudraient le faire changer d'école pour lui faire suivre un cours plus élevé, devront en faire la déclaration au Ministre de l'Instruction Publique qui, après avoir pris connaissance des faits, délivrera, s'il y a lieu, un permis pour cet objet. »

Conclusion : tout est laissé à l'arbitraire.

Cependant, comment ces enfants peuvent-ils rester dans la même école, puisqu' « ils ont atteint le degré d'instruction exigé » et par suite celui qu'on y enseigne ? Comment ceux qui « désireraient continuer leurs études en auraient-ils la faculté ? » (Art. 272). Comment pourra-t-on former librement des maîtres d'école, leur faire suivre des cours plus élevés, etc.?

L'article 275 est aussi fort vexatoire, puisqu'il impose de fait, une école particulière, en subordonnant le choix d'une autre école à l'autorisation obtenue par écrit du maître de la première. Voici cet article.

« Les parents ayant une école rapprochée de chez eux et qui voudraient envoyer leurs enfants à une école plus éloignée, devront demander au maître d'école le plus rapproché un papier qui sera remis au maître d'école où l'enfant devrait aller, afin qu'il soit connu que l'enfant suit régulièrement l'école. »

Cela paraît juste et, en France, cela ne serait rien : si le maître refusait le certificat, on le contraindrait à le donner. Mais à Madagascar, le maître de l'école la plus rapprochée refusera le papier écrit à l'enfant catholique, qui choisit une école catholique, et personne ne l'obligera à le donner. Donc l'enfant devra aller à l'école protestante.

Enfin, l'article 296, du 4e titre « Les Instituteurs », explique et complète ces mesures vexatoires, et justifie en quelque sorte toutes les persécutions et tracasseries antérieures.

« Dans le cas, y est-il dit, où un instituteur *soutirerait les élèves d'une autre école, ou ne s'opposerait pas à une mutation de cette nature*, avant que l'enfant soit autorisé à changer d'école, il subirait une amende de trois piastres et l'enfant serait réintégré dans l'école qu'il fréquentait. »

Les examens sont réglés par le 3e titre qui comprend neuf articles (280-288).

« Les Missionnaires et les Evangélistes pourront eux-mêmes, s'ils le désirent, faire subir les examens aux élèves des écoles commises à leur surveillance » (art. 284); mais sous condition d'en faire la déclaration au Ministre de l'Instruction Publique, et sans pouvoir délivrer de diplôme. C'est le Gouvernement qui délivre ces diplômes, c'est lui aussi qui « tous les ans fera examiner les élèves des écoles pour connaître le degré d'instruction, et cela dans le village désigné pour la réunion de plusieurs écoles, sans distinction des maîtres dirigeant ces écoles » (art. 281). Pratiquement, ce sera toujours chez les protestants. Il « donnera aussi annuellement aux maîtres d'écoles des récompenses, suivant le nombre des enfants confiés à leurs soins, qui auraient subi avec succès les examens » (art. 285). L'article 282 fixe « le premier degré d'instruction obligatoire qui comprendra la lecture, l'écriture, et les premières notions d'arithmétique. » Ce n'est pas beaucoup, cependant cela suffira pour l'obtention d'un diplôme qui permettra à l'enfant de « quitter l'école, alors même qu'il n'aurait pas atteint la limite d'âge. » En fait, la grande majorité des enfants n'atteignent même pas ce degré : et plus d'un maître d'école serait incapable de passer cet examen.

J'ai déjà cité un article, l'article 296 du 4e titre, qui traite des Maîtres d'écoles, de leur choix, de leur diplôme, de leurs devoirs. J'en citerai deux ou trois autres.

Article 291. « Les instituteurs ne seront tenus à aucun programme spécial pour répandre l'instruction ; il leur est seulement recommandé de faire de leur mieux, à ce sujet. »

C'est au moins commode. Mais dans cette matière, comme en toute autre, la surveillance et la délation ne seront pas oubliées. Le législateur y pourvoit par les deux articles 295 et 301.

Article 295. « Dans chaque village où se trouvera une école, le Gouvernement désignera un Agent, chargé de la surveillance de l'école et des Instituteurs, lequel devra porter à la connaissance du Ministre de l'Instruction Publique, toutes choses qu'il jugera devoir avancer les progrès de l'éducation, ou toutes celles susceptibles de pouvoir les arrêter, ou d'empêcher leur essor..... »

Article 301. « Tout accusateur de ceux qui ne remplissent pas les prescriptions de ces lois, relatives à l'instruction publique, aura droit au tiers de l'amende infligée au contrevenant, si l'accusation est fondée. »

Enfin l'article 300 est bon à signaler, car il regarde les maîtres européens, seuls capables de faire de tels sacrifices, et il nous révèle un trait de mœurs bien malgaches, c'est-à-dire le grand honneur et la grande faveur qu'ils croient faire au missionnaire, en lui confiant leurs enfants à élever. Le voici :

« Tout instituteur peut recevoir chez lui à titre de pensionnaire, tout élève dont les parents y consentiront ; et l'enfant, s'il le désire, pourra sortir, lorsqu'il aura atteint le degré d'instruction prescrit par la loi, *et toutes dépenses* quelconques, ne pourront être réclamées ni aux parents, ni à l'élève..... »

Telles sont les lois relatives aux écoles. Elles n'étaient faites que pour les six districts de l'Imerina ; mais elles furent également appliquées aux Betsileo, et partout où il y eut en regard des écoles rivales, c'est-à-dire protestantes et catholiques.

Légèrement améliorées et modifiées en quelques points, surtout appliquées avec un vrai sentiment d'équité et d'égalité, ces lois pourraient rendre quelque service. Telles qu'elles sont, et dans les mains d'ennemis jurés et sans scrupule, elles deviennent un véritable instrument d'oppression. Elles ne parurent faites que contre les catholiques et contre l'influence française. Cela est si vrai qu'on ne les appliqua que là où les catholiques s'établissaient, qu'on ne les appliqua que contre eux, et qu'on laissa tomber en désuétude toutes les autres prescriptions souvent utiles, celles qui ne pouvaient fournir une raison de tracasser ou de persécuter les catholiques. C'est merveille si leurs écoles n'ont pas succombé, et une dernière fois, il nous faut saluer avec reconnaissance l'invincible ténacité des Pères Jésuites qui ont défendu le terrain pied à pied, ont lutté, ont souffert, mais n'ont jamais cédé, bien plus, ont continué d'avancer et de progresser.

V

CONCLUSION

Avec les lois pour les écoles, finit à peu près le Code malgache, et aussi l'analyse que j'ai essayé d'en faire ; car il n'y a rien à dire des quatre derniers articles qui proscrivent le rhum sous peine des amendes les plus sévères, si ce n'est, comme je l'ai déjà noté ailleurs en parlant de l'ivrognerie, qu'ils ne sont pas observés.

C'est là du reste le cas de presque toutes les lois nouvelles.

Le Malgache est essentiellement ami de la tradition et observateur fidèle des usages d'autrefois; mais il déteste tout ce qui est nouveau, surtout tout ce qui porte la marque étrangère. Il garde avec soin les coutumes de ses ancêtres, les usages de sa tribu, de son culte, de sa famille; mais il ne tient aucun compte de toutes ces lois nouvelles. Il ne les aurait donc pas gardées, même si elles avaient été conformes à son tempérament, à sa race, à ses besoins. A plus forte raison, n'en tiendra-t-il aucun compte si elles sont faites pour un autre peuple que pour lui, plus avancé, plus cultivé, avec d'autres mœurs, d'autres habitudes, une autre éducation.

Au fond, ceux qui les ont inspirées, ont-ils réellement voulu qu'elles fussent observées? Il est permis d'en douter, car ils connaissaient bien Madagascar et les Malgaches. Mais il faut dire de ces lois ce que nous avons dit ailleurs, en parlant des institutions publiques, ministères, conseils, secrétaires, etc., etc., créés également sous leur inspiration : ils ont voulu satisfaire leurs prosélytes et leurs amis d'Europe, faire croire à une grande œuvre accomplie par eux, quand, en réalité, ils n'obtenaient aucun résultat sérieux, pouvoir vanter les progrès et la civilisation des Malgaches qui restent, au fond, ce qu'ils étaient auparavant, et surtout s'attirer de larges secours. Voilà la vérité, ils ont voulu « jeter de la poudre aux yeux » des crédules et des bons Anglais. Tant pis pour qui les a crus. Mais il faudra faire de nouvelles lois pour Madagascar; il faudra renoncer à y implanter les institutions britanniques; il faudra plutôt étudier les coutumes et les lois nationales, en élaguer tout ce qui est mauvais, en garder tout ce qui est bon, l'améliorer, le compléter, mais par des prescriptions toujours conformes au tempérament et au génie national, ne pas oublier qu'on est en face d'un peuple encore enfant qui a besoin d'un pouvoir fort, mais besoin aussi d'un pouvoir juste et impartial.

CHAPITRE XVIII

TRIBUNAUX, PEINES ET SANCTIONS

Les meilleures lois ne produisent leur effet qu'autant qu'il y a une magistrature intègre et bien constituée pour les appliquer, et un système de répression raisonnable, pour en imposer le respect et en maintenir l'observation. Les lois malgaches ne sont pas les meilleures possibles, nous venons de le voir. Mais les juges chargés de les faire observer sont pires encore; et les peines, ordinairement hors de proportion avec la faute commise, ou ne sont pas appliquées, ou n'atteignent pas, la plupart du temps, les vrais coupables. On n'aurait donc pas une idée suffisamment exacte de la législation hova, si l'on n'étudiait un instant ce qui en est le naturel complément, les tribunaux où on les applique, et les châtiments qu'elles entraînent.

I

DES TRIBUNAUX

Il est assez difficile de se rendre compte de l'administration de la justice à Madagascar. M. Bompard, qui l'avait étudiée de très près, et qui avait à sa disposition M. Campan, plus que tout autre au courant des usages malgaches, m'affirmait dernièrement n'y être pas parvenu.

Je ne puis donc prétendre à être complet. Je vais néanmoins, aidé en particulier des renseignements que m'a fournis M. Jully, et des notes de M. Le Myre de Vilers, essayer d'en donner une idée, aussi exacte que possible.

Nous considérerons donc cette administration de la justice :

1° Dans les provinces hors de l'Imerina ;

2° Dans les districts de l'Imerina ;

3° A la capitale.

1° *Dans les provinces conquises.*

C'est le gouverneur qui est le juge suprème, celui auquel tout arrive en dernier ressort, et, par suite, celui de qui tout dépend. Il n'y a d'exceptions que pour quelques cas très graves qui sont portés à Tananarive. Ces cas, assez nombreux dans les provinces voisines, comme celle des Betsileo, le deviennent de moins en moins à mesure que la distance augmente, ou plus exactement que l'influence hova diminue.

Le gouverneur s'adjoint parfois des juges locaux, les chefs de villages ou *mpiadidy*, et des notables. Dans certaines tribus semi-indépendantes, la justice est même, en grande partie, rendue par les chefs du pays, les rois soumis ou leurs officiers, mais toujours sous la dépendance du gouverneur hova.

2° *Districts de l'Imerina.*

Autrefois les *tompomenakely*, ou seigneurs locaux, avaient le droit de juridiction. Ils l'ont complètement perdu, et le pouvoir judiciaire a passé tout entier aux gouverneurs.

De même, la famille réunie, ou bien la caste assemblée en conseil, pouvaient connaître de certaines fautes de leurs membres et infliger certaines peines disciplinaires. Aujourd'hui, ce pouvoir leur a été enlevé et on peut toujours en appeler de leurs décisions au gouverneur; en sorte que les chefs, soit de la famille, soit de la caste, n'ont gardé qu'une juridiction d'*arbitrage*, qui n'a de valeur qu'autant qu'elle est acceptée par les parties.

Le gouverneur est donc le premier juge immédiat pour les causes ordinaires, qui sont ensuite, si besoin est, déférées aux tribunaux de Tananarive. Cependant certaines causes plus importantes, et, si je ne me trompe, les difficultés pendantes entre les membres de la noblesse, sont directement soumises aux juges de la capitale.

3° *La capitale et les localités voisines.*

Il y a deux sortes de magistrats à Tananarive : les *Andriambaventy* et les *Vadintany*, tous deux créés par Andrianampoinimerina

Les premiers, au nombre de 70, forment un corps ou conseil à part. Ils ne sont pas exactement juges, par le fait même de leur titre, mais c'est parmi eux exclusivement que le premier ministre choisira les juges effectifs qui, au nombre d'une vingtaine, connaitront des affaires importantes, ou des appels, pendant une période déterminée. Ils siègent à Varatrova, ou Rova du Nord, c'est-à-dire au palais de Justice. C'est un bâtiment carré à colonnades, complètement ouvert de trois côtés, avec une estrade où siègent les juges, et un grand espace libre pour tout le peuple qui aime à assister aux débats. Il est situé entre le palais du premier ministre et celui de la Reine. Aujourd'hui que le toit de ce palais de Justice s'est écroulé, les juges siègent, à une faible distance à l'ouest du premier endroit, dans une des rares maisons de bois encore conservées de l'ancienne Tananarive.

Au-dessous de cette cour supérieure, sont les *vadintany*, ou juges inférieurs. Ce sont ordinairement des aides de camp des Andriambaventy, choisis par ces derniers et acceptés par le premier ministre; ils sont au nombre de 150 à 200.

Il y a quatre de ces tribunaux inférieurs à Tananarive, consistant en une espèce de tertre, ou de hangar couvert, ressemblant assez à une tente permanente pour déballage de bazar. Le premier est au sud du Palais, vers *Ambohimitsimbina;* le second au centre de la ville, sur la route qui va du Palais au marché, à *Ambatovinaka;* la troisième, au nord, vers le quartier anglais, *Faravohitra*, et la quatrième enfin au nord-ouest à *Isotry*, au delà de la Résidence française.

C'est là que sont jugées définitivement les causes de peu d'importance. Les autres y sont étudiées en premier ressort, puis portées au tribunal des Andriambaventy, et enfin, en définitive, soumises à la Reine, c'est-à-dire au premier ministre.

Telle est à peu près l'organisation de la justice à Tananarive. Elle n'est ni bien compliquée, ni déraisonnable. Il n'y aurait à en retrancher que l'appel au souverain, et peut-être à y ajouter l'établissement d'une cour de révision ou de cassation, pour avoir tout ce qui serait nécessaire dans un pays neuf.

Mais ce qu'il faudrait profondément modifier, ce qui ne dépend nullement de l'organisation de la magistrature, mais uniquement des mœurs et des habitudes du pays, ce sont les abus monstrueux qui rendent toute cette organisation illusoire, et font qu'il n'existe réellement aucune justice à Madagascar.

1° On ne juge pas d'après les lois du Code, que le peuple malgache, nous l'avons déjà remarqué, n'a pas prises au sérieux, mais d'après les coutumes des ancêtres, nécessairement vagues. Que ces lois incertaines et sujettes à toutes les interprétations doivent être modifiées, c'est certain; qu'elles doivent également se rapprocher davantage des mœurs et des usages locaux, nous le croyons aussi. Mais cela fait, il faut les appliquer et avoir ainsi une règle écrite, fixe et obligatoire, aussi bien pour les juges que pour les particuliers.

2° La justice est complètement vénale. Celui-là gagnera sûrement son procès, non pas qui aura évidemment raison, mais qui sera le mieux soutenu, et qui pourra donner le plus de *cadeaux*, dépenser le plus de piastres. C'est un changement radical qu'il faut introduire ici. Que les fonctions de juges soient rétribuées. Mais qu'ensuite tout magistrat prévaricateur soit impitoyablement frappé.

3° Les juges ne sont pas indépendants, et c'est en somme le premier ministre qui dicte toutes leurs sentences. D'où il n'y a aucune garantie d'impartialité. La séparation des pouvoirs est donc nécessaire, et elle doit être non pas seulement apparente, mais réelle et complète. Et pour cela l'inamovibilité de la magistrature est indispensable.

II

PEINES ET SANCTIONS

Les châtiments sont multipliés dans le Code hova, et chaque loi emporte avec elle sa sanction, qui est loin d'être bénigne.

On peut les réduire à trois :

1° L'amende;
2° La prison et l'exil;
3° La mort.

1° *De l'amende*.

Telle qu'elle est édictée par le Code, l'amende est ordinairement excessive. Le législateur, semble-t-il, n'a tenu aucun compte de la pauvreté du pays et de la rareté de l'argent. Et il semble que Parrett, puisque c'est lui qui a codifié les lois malgaches, sans faire attention à la différence des pays, y a simplement introduit les prescriptions anglaises.

Ainsi, par exemple, si vous maltraitez un animal, vous êtes passible d'une amende d'un bœuf et de 5 francs, c'est-à-dire de 20 à 25 francs, qui équivalent pour les Malgaches à une amende de 200 francs pour nous (art. 70). Si vous tuez un bœuf la nuit, en ville ou dans les champs, vous aurez à payer trois bœufs et 15 francs, plus de 600 francs (art. 72), tandis que vous n'aurez à payer qu'*un* bœuf et 5 francs, si vous mettez en vente de la viande, provenant d'une bête morte de maladie (art. 73).

Les lois concernant les forêts, sont encore plus sévères. Si quelqu'un fait du charbon dans les forêts, ou à leur proximité, il subira une amende de cinq bœufs et de 15 francs, plus de 1,000 francs (art. 102); s'il construit une maison dans les forêts, une amende de dix bœufs et 50 francs, plus de 2,000 francs (art. 104). C'est la même peine pour un civil qui se déclare soldat, ou un soldat qui se déclare civil (art. 117), pour un gardien dont le prisonnier s'échappe (art. 138), ou pour celui qui cacherait un prisonnier évadé (art. 139), pour un diffamateur par journaux ou libelles (art. 148), pour quiconque, alors même qu'il serait muni d'une licence, qui vendrait du poison sans enregistrer le nom de la personne à qui le poison est vendu, sa demeure, la date, la quantité remise, le tout devant témoins (art. 179); pour celui qui fabriquerait ou vendrait du rhum en Imerina (art. 302 et 303).

Les amendes sont encore plus fortes quand il s'agit des juges, des témoignages, etc., et s'élèvent facilement alors à 250 ou 500 francs, ce qui ferait pour nous 5,000 ou 10,000 francs.

Or, si l'on réfléchit que presque personne parmi le peuple hova n'est capable de payer de telles sommes, que très rares sont ceux qui possèdent 4 ou 5 piastres, que le plus grand nombre n'en possèdent même pas une en numéraire, on comprendra à quelles vexations, à quelle tyrannie, conduirait un pareil système d'amendes, s'il était rigoureusement appliqué. Ce serait la prison perpétuelle pour le plus grand nombre, car il faudrait longtemps pour payer une amende de dix bœufs et de 15 francs, à raison de 0 fr. 60 par jour d'emprisonnement, la proportion invariable fixée par la loi elle-même.

2° *La prison*[1].

Dans l'Imerina, il n'y a que deux prisons : la maison d'arrêt préventive et la maison de force.

La première est située à l'est, au-dessous du palais de l'ancien ministre des Affaires étrangères; la seconde à l'ouest de la ville, dans le faubourg Andrainarivo.

Ce ne sont que des cases ordinaires, à un seul étage et sans aucune séparation. Chaque prisonnier occupe, dans la seconde, un

---

1. Le Myre de Vilers, note manuscrite.

espace de 2 mètres de long à peu près sur 1 mètre de large. Ces petits compartiments, séparés par des planches hautes de 0ᵐ10 sont disposés en ligne les uns à la suite des autres, de chaque côté d'une étroite allée centrale. Et c'est dans cet espace si limité que le prisonnier doit vivre avec sa femme et ses enfants, car ils demeurent avec lui dans sa prison, faire cuire son riz, manger, dormir, etc. Rien n'égale, en vérité, l'horrible de ce spectacle si vous entrez dans ce bouge infect, rempli d'ordure et de vermine quand, par exemple, les malheureux préparent leur maigre repas et que des feux sont allumés dans chaque compartiment, la fumée remplissant toute la salle, et des figures parfois très peu sympathiques, souvent hâves et défaites, se détachant dans cette demi-obscurité, au milieu du cliquetis des fers.

Car le gouvernement hova ne nourrit pas ses prisonniers. Mais en revanche, une fois qu'ils ont été condamnés, il les met aux fers.

Cette peine des fers, dont il est si souvent fait mention dans le Code malgache pour 5, pour 10 ans, pour la vie entière, est à la fois infamante et très pénible. Un collier de fer est rivé au cou du malheureux, deux autres au bas de la jambe, au-dessus des chevilles. Une barre de fer part du premier, se divise en deux vers la ceinture, chaque partie s'articulant aux genoux et venant s'attacher aux anneaux des jambes. Ces fers sont très lourds, et le condamné les traînera jusqu'à expiration de sa peine. Évidemment, il a dû en payer le prix, et largement, afin que le forgeron soit moins brutal ; il devra payer aussi ses gardiens, afin de pouvoir envelopper les anneaux d'un chiffon, ou pour toute autre petite faveur.

Ainsi ferré, il peut sortir en ville ou dans la campagne, chercher du travail, ou mendier de quoi ne pas mourir de faim ; et c'est très souvent que vous en rencontrez par les chemins de ces malheureux, avec leurs jambes écartées, leur démarche lourde et traînante, et surtout le bruit de leurs fers qu'ils tâchent parfois, mais vainement, de dissimuler sous leurs lamba. On ne leur demande qu'une chose, c'est de rentrer pour la nuit.

Les membres de la famille royale et les seigneurs féodaux ne portent pas de fer. On les attache avec des cordes.

Les détenus de la prison préventive n'ont pas de fers, mais ils ne peuvent sortir et, eux non plus, ne sont pas nourris par le gouvernement ; ils sont par conséquent laissés à la charge de leurs parents ou de leurs amis. Et ils restent ainsi longtemps, parfois des mois, ou même des années, sans que leur cause soit jugée. Or, ils ne sont pas rares ceux qui sont innocents.

Les innocents ne manquent pas non plus à la prison d'arrêt.
D'abord, il y a la femme et les enfants, qui n'ont pas les fers, mais
qui doivent vivre de cette triste vie. C'est ainsi que je me rappelle
une femme d'une excellente famille, paraissant intelligente et
bonne, jeune encore, et dont une grande partie de la vie se passera
dans la prison, parce que son mari était accusé de je ne sais quelle
faute. Seuls, le divorce ou l'abandon eussent pu la délivrer, mais elle
était catholique et ne voulait pas délaisser un époux malheureux.

Il n'existe pas de maison de force pour les soldats, qui sont soumis au régime des autres condamnés. De même pour les femmes,
qui portent les fers absolument comme les hommes et vivent dans
la même prison, où elles sont assez nombreuses.

Outre cette prison ou maison d'arrêt, le gouvernement possède
encore deux établissements industriels dont la main-d'œuvre est
fournie par les condamnés, les fours à chaux d'Autsirabe, dans
l'Ankaratra, et les sucreries de Mahasoa près de Tamatave, qui
ont l'une et l'autre une administration séparée et appartiennent au
premier ministre. Ces dernières peines sont fort redoutées des Hova,
très attachés au sol natal et qui veulent à tout prix y mourir.

Enfin ajoutez à cela l'exil. Il y en a de deux sortes : l'exil
déguisé, qui consiste à envoyer quelqu'un, dont on est mécontent,
ou dont on a intérêt à se débarrasser, loin de la capitale et de ses
amis, dans un point insalubre de la côte. On emploie toujours le
prétexte d'une mission quelconque, mais personne ne s'y trompe
et la fièvre fera vite son œuvre; sinon, un *tsimandoa*, ou envoyé
de la Reine, lui apportera du poison, que le malheureux devra boire
de lui-même, sous peine de se voir couper la gorge. D'autrefois,
mais rarement, d'ordinaire pour conspiration, le coupable est
enfermé dans un rova, à la charge et sous la responsabilité du
gouverneur. C'est ainsi que le fils du premier ministre, Rajoelina,
et l'ancien ministre des Affaires étrangères, furent envoyés à
Ambositra. Ce dernier vient d'y mourir.

A Tananarive, c'est le maire de la ville ou préfet de police,
qui est chargé de l'administration des prisons. Les gardiens en
sont choisis dans toutes les castes, principalement parmi les Hova
et les noirs, esclaves de la Reine. On a trouvé un bon moyen de
s'assurer de leur fidélité, c'est de les rendre absolument responsables
de leurs prisonniers. « Le gardien d'un condamné, porte en effet
l'article 137 du Code, qui le laissera s'évader, subira la même
peine que le prisonnier évadé, jusqu'à ce que celui-ci soit repris ».
Cela ne veut pas dire que personne ne s'évade; il suffit d'avoir et

de donner de l'argent, et alors le gardien n'est pas emprisonné à votre place, tout au plus ne garde-t-il pas tout l'argent reçu. Que voulez-vous? comme les autres employés malgaches, ces gardiens ne sont pas payés, et ils vivent sur leurs hommes.

Dans les provinces soumises, le régime des prisons est à peu près le même que dans la capitale, mais encore plus imparfait.

M. Le Myre de Vilers donne le nombre des prisonniers gardés dans les maisons de répression avant son départ. Il était peu élevé. On avait en effet:

A la Grande Prison.	70
Aux Fours à chaux.	30
A la Sucrerie.	30
TOTAL.	130

Aujourd'hui, ces chiffres seraient de beaucoup trop faibles. M. Jully estime qu'il y a une centaines de prisonniers à Mahasoa, et 300 à 400 à Andrainarivo. Lui-même en a employé parfois une centaine à la fois.

Ce qui explique cette différence, c'est que les prisonniers sont tous délivrés, au couronnement d'une Reine, et que les chiffres donnés par M. Le Myre de Vilers se rapportent aux premières années du règne de Ranavalona III.

3° *La peine de mort.*

Les exécutions capitales sont peu nombreuses en réalité, quoique la loi édicte cette peine très souvent et pour des cas qui, avec de la bonne volonté de la part du pouvoir, peuvent se rencontrer fréquemment. « Le Dictateur préfère se débarrasser secrètement de ceux qui le gênent, comme s'exprime M. Le Myre de Vilers, et depuis que nous sommes à Tananarive, il n'y a eu aucune exécution. »

En cas de crime de droit commun, on emploie la décapitation au couteau d'abattage, en sciant. A cet effet, la victime est couchée la face contre terre, les pieds attachés et les mains liées derrière le dos. Actuellement, les exécutions ont lieu au sud de la ville, à Ambohipotsy. Autrefois, c'était à l'extrémité nord, dans le quartier anglais. Les bourreaux, au nombre de douze, sont choisis dans la caste noire.

Quant aux soldats, ils sont fusillés en présence des troupes, au lieu d'être, comme autrefois, brûlés vifs.

Il est interdit de verser le sang des princes. En cas d'exécution, on les empoisonne, on les étrangle ou on les noie.

CHAPITRE XIX

DE LA PROPRIÉTÉ : DES BAUX, DES CONCESSIONS

I

DE LA PROPRIÉTÉ

La question de la propriété offre trop d'actualité aujourd'hui et, à bon droit, préoccupe trop les esprits pour que je puisse, au cours de cette étude, la passer entièrement sous silence.

Du reste, étudiée dans un pays si différent du nôtre, où règnent des habitudes, des coutumes, des besoins, étrangers à ce que nous voyons autour de nous, cette question pourra nous intéresser et nous offrir quelque aperçu nouveau.

Les Malgaches en général — j'ai déjà eu bien souvent l'occasion de le dire — ne sont pas riches; et cela est également vrai des plus puissants, des plus industrieux, des plus commerçants d'entre eux : des Hova. Quelques rares familles font exception, celles qui détiennent le pouvoir, par lequel on s'enrichit toujours, et celles de la caste des Ambohimalaza, qui s'adonnent exclusivement au commerce et y réussissent admirablement.

Les autres ne possèdent pas grand'chose, une case, un bout de rizière, un petit champ de manioc, c'est à peu près tout.

Il est rare cependant de rencontrer, au moins dans la campagne, une famille n'ayant absolument rien, pas même un tout petit champ de riz.

En tous cas la question, si effrayante pour nos vieilles sociétés, du paupérisme, n'existe pas là-bas; et je ne pense pas que, dans les circonstances ordinaires, vous puissiez trouver une seule personne mourant de faim.

Cela tient à la modestie de leurs besoins, à leur résignation native, à la multiplicité des ressources de ce pays si étendu pour une population si peu nombreuse, et aussi à leur esprit de solidarité et de charité naturels. Un Malgache, en effet, vit à peu près de rien, au besoin s'habille de n'importe quelles nippes. S'il ne peut travailler il trouvera toujours dans sa famille, ou dans sa caste, ou dans son village, un trou pour l'abriter et une patate ou une poignée de riz pour le nourrir; c'est tout ce qu'il lui faut. La mendicité n'est pas encore interdite dans ce pays neuf et, si l'on donne peu à la fois, on est toujours prêt à donner quelque chose. S'il peut travailler, au contraire, il y aura partout un bout de terrain à défricher, et il y récoltera ce qui lui est indispensable pour sa subsistance et celle de sa famille. Il n'y a de réellement malheureux que les lépreux, les varioleux et les autres malades, qu'une loi inexorable rejette de la société; et même ceux-là, tant qu'ils peuvent se remuer, ils trouveront d'habitude de quoi ne pas mourir de faim.

Quant à ceux qui possèdent, leur richesse ne consiste pas ordinairement en argent, et nombreuses sont les personnes, même parmi les Hova, qui jamais de leur vie n'ont eu une piastre à la fois.

Dans une de ses conférences M. Jully parlait même de certain village où tout le monde réuni ne posséderait pas cinq francs, tellement le numéraire est rare à Madagascar.

La richesse ne consiste pas non plus en vastes étendues terri-toriales et la grande propriété y est inconnue. Chacun possède les champs qu'il peut cultiver, ou faire cultiver par ses esclaves, et il en reste à côté abondamment pour tous les autres.

Les vraies possessions des riches Hova sont plutôt les esclaves et les troupeaux de bœufs. Les premiers se comptent parfois par centaines et les seconds par milliers.

C'est premièrement cette considération, comme nous avons déjà eu occasion de le remarquer, qui rend la question de l'esclavage très délicate et qui en rend l'abolition, pour le moment du moins, impossible.

Nous n'avons pas besoin d'y revenir ici. Notons seulement que l'esclave appartient réellement à un maître et fait partie de sa propriété, que son maître peut le vendre, l'acheter, l'échanger avec beaucoup plus de facilité que son champ, absolument comme son bœuf, sans limitation de caste ou de tribu.

Il n'en est pas de même de la propriété foncière.

Celle-là, en effet, n'est possédée, et on ne peut en disposer, que sous de multiples restrictions.

D'abord, à Madagascar « toute la terre appartient à la Reine »; c'est là un principe primordial et qui domine tout, et non seulement une manière emphatique d'exprimer le pouvoir absolu, la toute-puissance sans limites, du souverain.

En 1891, en passant à Nosy-Be, je causais avec un Malgache fort intelligent et d'une certaine situation; c'était un des descendants des anciens rois sakalaves, un ami de la France et un ennemi des Hova. Il me parlait de la maison et des champs qu'il avait sur la Grande-Terre, et, en lui répondant, j'employais le mot de *propriété*. « Oh! ils ne m'appartiennent pas, » reprit-il, et comme je ne comprenais pas : « Ils appartiennent à la Reine, continua-t-il, car toute la terre de Madagascar appartient à la Reine; je les cultive, je les ensemence, j'en récolte les fruits, mais ils ne m'appartiennent pas. » Voilà ce que vous répondront tous les Malgaches sans exception, car c'est là l'exacte vérité.

La Reine peut donc vous prendre votre terre, votre récolte, votre maison, sans compensation aucune, si elle en a besoin, ou simplement si elle en a envie; et non seulement la Reine, mais son premier ministre également, ses officiers, ses aides de camp, ses gouverneurs, tous ceux qui, de près ou de loin, participent à son autorité. Il suffit qu'une chose leur plaise pour qu'aussitôt ils vous le fassent dire et vous n'avez qu'à la leur offrir, heureux qu'on daigne vous la demander. Et c'est ainsi que tous s'enrichissent, tandis que le peuple est pressuré, pillé, volé sans merci. Mais cela ne constituerait qu'un simple système d'exaction.

Ce qu'il y a de remarquable, c'est qu'en essayant d'échapper à ces offres forcées, par exemple en recélant ce que l'on possède, en dissimulant sa fortune, en ne faisant aucune amélioration à sa maison ou à son champ pour ne tenter aucune convoitise, personne ne songe jamais à se plaindre, même s'il s'agit d'un simple gouverneur. Si c'est pour la Reine ils se soumettent avec un véritable empressement, tellement cette conduite paraît naturelle à tous et ce principe que « tout appartient à la souveraine », a pénétré dans les mœurs.

Évidemment, sous cette réserve d'être toujours prêt à donner ce que l'on vous demandera, on peut posséder, cultiver, récolter; mais la menace est perpétuelle. Prenez garde, en particulier, d'avoir une maison trop agréable ou entièrement finie, une récolte trop belle, quelque chose de nouveau ou qui attire l'attention, on vous rappellerait alors que vous n'êtes qu'une espèce d'usufruitier, et vous auriez travaillé pour « la Reine de Madagascar ».

Le *tompomenakely*, ou seigneur, est également propriétaire de son fief, avant les gens qui l'habitent, et que l'on pourrait appeler ses tenanciers ou ses serfs. C'est lui qui auparavant l'avait conquis, s'en était emparé, ou l'avait reçu du roi, son compagnon, son ami ou son parent; mais, par un arrangement équivalant aujourd'hui à un titre de propriété, le noble a concédé au serf un lopin de terre moyennant une redevance annuelle payable, et qui se paie toujours, en nature[1].

Du reste cette restriction est très peu onéreuse, le tompomenakely ayant été constamment battu en brèche et amoindri par le pouvoir central.

Il n'en est pas de même de plusieurs autres traditions locales, en particulier les deux suivantes, dont la première a été sanctionnée par l'article 128 des nouvelles lois et dont voici le texte.

« Tout terrain sur lequel se trouve un tombeau de famille ne pourra être vendu, même entre héritiers; et ceux de la famille qui ne consentent pas à la vente seront considérés comme propriétaires. »

Ainsi voilà la famille réellement propriétaire, et propriétaire d'un terrain inaliénable. Il n'y a qu'une exception, c'est le cas où le maître lui-même a construit le tombeau : il peut alors le vendre, parce qu'il est son bien et pas encore celui de la famille.

La caste, elle aussi, possède un certain droit de propriété, non pas qu'elle puisse posséder directement, mais les terrains qui lui appartiennent ne doivent pas sortir des mains de ses membres, et ne peuvent être vendus aux personnes d'une autre caste. Il n'y a d'exception qu'à Tananarive, où toute personne peut acheter n'importe quel terrain, quoique les diverses castes aient leur quartier particulier; et les provinces conquises, en particulier les territoires des Antsihanaka et des Betsileo, où les conquérants s'emparent peu à peu des plus belles propriétés et des plus riches situations.

Outre ces diverses restrictions, que l'on pourrait appeler constitutives, et qui sont assez naturelles dans une société qui commence, qu'il serait facile du reste d'expliquer par la manière même dont cette société a été constituée, par le caractère sacré et la toute-puissance du souverain, et par l'importance de la famille, il y en a d'autres, purement morales et tenant aux traditions et aux mœurs populaires, par exemple l'amour de tout Malgache pour la maison et le champ de famille, et l'infamie attachée au fils qui vend la rizière du père, le *Fanindraza* ou terre des ancêtres.

Cependant, en pratique et sous ces diverses restrictions, les Hova

1. M. Jully. Conférence du 16 octobre 1894, p. 16.

sont réellement maîtres de leurs diverses possessions qu'ils peuvent vendre comme ils le veulent, dont ils peuvent disposer à leur mort suivant leur volonté et que des lois, généralement sages et raisonnables, protègent contre la fraude, le vol ou les injustices.

Il n'y a pas un siècle, ce droit de propriété était — je l'ai déjà dit — sacré et respecté de tous, à ce point qu'il n'y avait pour ainsi dire pas de voleurs, et si par hasard il s'en rencontrait un en quelque endroit, la vindicte publique en faisait immédiatement justice : on l'assommait sur place.

Ce sentiment n'existe plus aujourd'hui, c'est au contraire à qui pourra s'emparer du bien d'autrui, mais l'institution du moins a survécu.

II

DES BAUX

Un autre principe qui domine toute la question de la propriété à Madagascar et qui est encore plus absolu que le premier, dont du reste il découle, est que « rien de la terre des Ancêtres ne peut être cédé aux étrangers ». C'est un moyen radical de fermer l'île à toutes les entreprises du dehors, le meilleur rempart pour l'indépendance hova ; et, quoi qu'on ait fait jusqu'ici pour le détruire ou le tourner, malgré tous nos efforts depuis à peu près un siècle, on n'a encore absolument rien obtenu.

L'article 5 du traité que les Anglais concluaient avec Rasoherina en 1865, c'est-à-dire après la mort de Radama II, et alors qu'ils étaient tout-puissants à Tananarive, pouvait à la rigueur être interprété comme accordant le droit de propriété ; mais c'était au moins équivoque, et, malgré tous les efforts de M. de Louvières pour obtenir quelque chose de plus précis, son successeur, M. Garnier, dut en 1868 se contenter de la même rédaction.

Il fallait dès lors se servir des circonstances, profiter des occasions et surtout semer l'or à pleines mains, pour arriver à fonder quelques établissements, non pas dans l'intérieur — un seul Français, M. Laborde, avait pu y réussir — mais sur la côte ; et encore ces établissements étaient-ils peu nombreux et souvent peu prospères, en butte à toutes les difficultés et à toutes les tracasseries.

Mais voici qu'aux derniers jours de décembre 1878, la mort de M. Laborde vint tout remettre en question. Il possédait pour un million de biens fonds ; ses deux héritiers, MM. Campan et Edouard

Laborde, purent bien entrer en possession de ces biens; mais quand ils voulurent les mettre en vente, ne pouvant pas les exploiter eux-mêmes, le gouvernement malgache s'y refusa absolument, parce que des terres malgaches ne pouvaient être vendues à des étrangers. Et c'est à l'occasion des longues et pénibles négociations, entamées à la suite de cette difficulté, que fut rédigé le fameux article 85 dont il a été tant parlé et que je transcris ici textuellement:

« Les terres malgaches, y est-il dit, ne peuvent être vendues ni hypothéquées aux étrangers, ni à qui que ce soit, excepté entre les sujets malgaches, et celui qui les vendrait et les hypothéquerait aux étrangers, serait condamné aux fers à perpétuité. Le prix de la terre ne pourrait être réclamé et la terre retournerait au gouvernement. »

La France réclama vivement, et c'est alors que commencèrent entre notre gouvernement et celui de Tananarive, ces interminables discussions dont parle M. Martineau et auxquelles faisait allusion M. de Lamarzelle devant le Sénat, le 6 décembre dernier, et que l'on peut irrévérencieusement, mais très justement, qualifier de chinoiseries. Nous arguions du traité de 1868, « mais le traité subsiste, répondait le ministre hova, et nous n'empêchons pas les Français d'acquérir; nous empêchons seulement les Malgaches de vendre, conformément à la loi des ancêtres ». Ce n'était pas plus difficile que cela.

Et pour compliquer encore une question déjà si embrouillée, voilà que tout à coup, en 1883, à la veille de la guerre franco-hova, l'Angleterre, suivie bientôt en cela par l'Italie, par les États-Unis et par l'Amérique, renonce à l'article 5 de son traité de 1865 et se contente du droit de location, mais d'un droit certain, incontestable et que le gouvernement malgache s'engage à ne pas entraver. Voici le texte de cette nouvelle convention:

« Les sujets britanniques seront autorisés, de toute façon légale, à prendre à bail ou à affermer des terres, des maisons, des magasins et toute espèce de propriétés, sur toute l'étendue du territoire soumis à S. M. la Reine de Madagascar; et S. M. la Reine de Madagascar accorde pleinement à ses sujets le droit de donner à bail ou d'affermer ces propriétés, suivant leur bon plaisir et conformément aux conditions de temps et d'argent qui pourront être convenues entre les propriétaires et les preneurs ».

Voilà pour les Anglais.

Mais nous, qui faisions la guerre de 1883-1885, en grande partie pour acquérir par la force ce droit de propriété, nous qui dépensions dans ce but 26 millions et sacrifiions un grand nombre de nos soldats, nous qui étions instruits par l'expérience et savions bien que nous n'obtiendrions jamais rien tant que nous n'aurions pas un texte bien clair, bien précis, sans ambiguïté possible, qui nous reconnût ce droit de propriété et obligeât le gouvernement malgache à nous l'accorder, que faisons-nous?

D'abord nous renonçons au droit de propriété proprement dite et nous le remplaçons par de simples baux emphythéotiques; et ensuite, nos plénipotentiaires rédigent l'article du traité, qui nous reconnaissait le droit de contracter ces baux, de telle façon que son observation dépendra de la seule bonne volonté du gouvernement malgache.

« Les citoyens français, y est-il dit, auront la faculté de louer pour une durée indéterminée, par bail emphythéotique renouvelable au seul gré des parties, les terres, maisons, magasins et toutes propriétés immobilières... les baux... seront passés par acte authentique devant le Résident et les magistrats du pays et leur stricte exécution garantie par le gouvernement.

« Dans le cas où un Français devenu locataire d'une propriété immobilière viendrait à mourir, ses héritiers entreraient en jouissance du bail conclu par lui pour le temps qui resterait à courir avec faculté de renouvellement. Les Français ne seront soumis qu'aux taxes foncières acquittées par les Hova. »

La commission de la Chambre qui examina le traité voyait dans cet article « l'une des concessions les plus graves de toutes celles faites aux Malgaches » et elle exprimait l'espoir « que le droit de propriété pourrait être acquis plus tard à nos nationaux ». Son espoir devait être complètement déçu.

A dire vrai, si cet article du traité avait été fidèlement exécuté; si, sans difficulté aucune, nous avions pu conclure des baux à à longs termes, c'est-à-dire pour quatre-vingt-dix-neuf ans, et renouvelables au seul gré des parties, on aurait pu à la rigueur s'en contenter, malgré l'état précaire que comporte toujours un simple bail, malgré l'obligation de tout abandonner au propriétaire, maisons, plantations, travaux accomplis, sous indemnité aucune, au cas où la convention ne serait pas renouvelée, malgré surtout la menace perpétuelle de voir votre terrain réclamé par le premier propriétaire foncier de tout Madagascar, le gouvernement de la Reine. Puisqu'on était en passe de faire toutes les concessions possibles, on aurait même pu aller plus loin et louer seulement pour cinquante ans, pour trente ans, ou moins encore, à la condition toujours que le conclusion de ces baux n'eût subi aucune difficulté, ou que, avec un peu d'argent, on eût pu venir facilement à bout des oppositions locales. Car d'ordinaire, le prix de ces locations, payé une fois pour toutes au commencement du bail, était relativement faible. Ainsi M. Rigault donnait 8,000 francs pour 300 hectares de terrain et pour trente ans.

Mais il ne devait pas en être ainsi. On obtenait assez facilement une maison pour laquelle il s'agit d'une convention annuelle, et où une simple convention verbale suffit.

Dans quelques circonstances particulières on a obtenu quelques terrains à l'intérieur, plus facilement sur les côtes et dans les provinces éloignées où les influences locales sont plus accessibles et plus faciles à acheter, à condition toutefois que la durée de ces baux soit relativement courte; mais, en dehors de là, il est impossible de louer aucun terrain.

Au sein de la même commission, interrogé par M. de Lanessan « à quelles formalités seront soumis les contrats de baux? Seront-ils soumis à la ratification de la Reine? » M. de Freycinet, avec son optimisme de commande et une ignorance complète du caractère et des institutions malgaches, répondait imperturbablement : « Nous n'admettons pas que le gouvernement hova intervienne entre les parties..... »

Il ne l'admettait pas! Que faisait-il donc de cette phrase du traité « les baux seront passés devant le Résident et *les magistrats du pays* », ou bien ignorait-il qu'à Madagascar, les magistrats c'est le gouvernement? ou tout au moins qu'aucun magistrat subalterne ne fera jamais rien, ne signera jamais un acte, n'enregistrera jamais un bail, que du consentement du pouvoir central? En tout il intervint et son intervention fut toute-puissante. Vous ne trouverez pas, en effet, un seul Malgache qui consente à vous louer son terrain pour une exploitation quelconque, si le gouvernement central s'y oppose. Vous pourrez entrer en pourparlers avec lui, vous entendre pour les conditions, avoir sa promesse et prendre jour pour passer l'acte authentique de bail. Si le gouvernement ne le désire pas, il sera toujours averti à temps et toujours il fera échouer la négociation; non pas par un refus de sa part, il est trop avisé pour cela, mais en obligeant la partie contractante à se désister. Il y aura de nouvelles exigences, des difficultés imprévues, des oppositions inattendues, la présence d'un tombeau, un procès suscité à votre homme à propos du terrain en question, ou bien qu'il se suscitera lui-même. Bref il se dérobera au besoin, et vous, vous n'aboutirez pas.

J'ai connu un homme qui a attendu pendant des années pour

faire enregistrer devant les magistrats hova la location d'un terrain de moins d'un hectare, déjà enregistré à la Résidence française ; et, malgré toutes les influences et des promesses si habilement données qu'il espérait toujours, il n'y est pas parvenu.

C'est là, à quelques exceptions près, pour les maisons par exemple que l'on peut assez facilement louer, ou même pour des propriétés dans quelques provinces éloignées où les influences locales sont plus accessibles, la règle générale, et depuis 1890 la règle quasi inflexible. En sorte que l'article 6 du traité du 17 septembre 1885 a été complètement illusoire et que, si nous avons le droit de faire des baux emphythéotiques, les Malgaches n'ont pas le pouvoir d'y consentir. Plus que jamais Madagascar est fermé à toute entreprise française.

C'est là un fait capital, sur lequel, me semble-t-il, on n'a pas assez insisté, et l'on ne saurait assez remercier M. de Lamarzelle de l'avoir mis en pleine lumière à la tribune du Sénat. Le gouvernement ne jugea pas à propos en ce moment de s'engager à fond, mais je crois savoir qu'il est décidé à exiger purement et simplement pour nos nationaux le droit de propriété. Qu'il le fasse énergiquement, qu'il fasse abroger la fameuse loi de 1885 et qu'il nous soit loisible d'acheter un terrain quelconque à Madagascar, comme il est permis à un Malgache d'acheter, s'il le veut, un hôtel au centre de Paris. C'est là une condition *sine qua non* de colonisation.

III

CONCESSIONS

Nous avons vu combien il est difficile, mieux vaudrait dire impossible, de louer un terrain à Madagascar. En tout cas, il ne pourrait s'agir que de quelques hectares seulement, car bien peu de particuliers en possèdent davantage. Et si M. Rigault a pu rencontrer une propriété d'un peu plus de 300 hectares, c'est, il ne faut pas l'oublier, qu'elle appartenait à un des personnages les plus importants du royaume, l'ancien ministre des Affaires étrangères, aujourd'hui disgracié, le célèbre Ravoninahitriniarivo.

Si donc, on désire une exploitation d'une certaine étendue, pour l'élevage par exemple, de même si l'on veut mettre en œuvre quelques-unes des richesses forestières de Madagascar ou exploiter quelques-unes de ses mines, il faut s'adresser au gouvernement de qui relèvent tous les terrains vagues et inoccupés, à qui appar-

tiennent exclusivement toutes les forêts et toutes les mines, qui ne
ferait pas de difficultés de vous concéder même les territoires habi-
tés et d'en exclure les possesseurs primitifs pour vous les octroyer,
si tel était son bon plaisir. Il faut solliciter une *concession*.

Qu'est-ce donc qu'une *concession* et dans quelles conditions
peut-on l'obtenir et l'exploiter ? qu'est-il advenu de celles qui ont
été entreprises et que peut-on en espérer ?

M. Martineau[1] a très bien traité ce sujet ; je vais reprendre
aussi rapidement que possible les détails qu'il nous donne et les
arguments qu'il fait valoir.

On désigne sous le nom de Concession une location de terre, ou
le monopole d'une entreprise industrielle d'une valeur considérable, consentie à des étrangers, sur le domaine de la Couronne, par
le gouvernement malgache, moyennant un cautionnement préa-
lable et une redevance annuelle, pour une durée qui ordinairement
n'excède pas trente ans.

Donc : 1° ce n'est qu'un bail et nullement une propriété. Toute
concession au contraire est soumise à toutes les réserves, à toutes
les charges que comporte la législation malgache et, en particulier,
à la fameuse loi de 1885.

2° Ce bail est à terme très rapproché, 10, 15, 20, 30 ans au
plus ; et ce terme expiré, non seulement la concession, mais tous
les travaux exécutés, toutes les installations, toutes les améliorations réalisées, reviennent au gouvernement malgache, sans
indemnité d'aucune sorte.

3° Pendant toute la durée de l'entreprise, le premier ministre
prélève une part notable des bénéfices de l'exploitation, plus ou
moins suivant les conventions, mais toujours de 25 à 30 %, parfois
45 % et même davantage.

4° Enfin, la concession obtenue et avant même de commencer les
travaux, il faut verser, comme garantie des bénéfices futurs, un cautionnement considérable, plusieurs milliers de francs qui ne vous
seront pas rendus si, pour n'importe quelle raison, la concession
devient caduque ; qui seront déduits des premiers bénéfices dus
au gouvernement malgache, si au contraire elle réussit.

Comme on le voit, les conditions sont onéreuses, et la concession
est une sorte de société en participation, dans laquelle les Européens apportent les capitaux et leur travail, et le premier ministre
donne l'autorisation de s'établir, gardant toujours pour lui la part
du lion.

1. *Madagascar en* 1894, p. 136, 29.

Mais ce n'est pas tout, et combien d'autres dépenses il fallait faire avant de rien obtenir! Il fallait d'abord faire un long et coûteux voyage; il fallait vivre de longs mois, parfois des années à Tananarive, le premier ministre ne recevant que le lundi matin pour ces affaires, et d'ordinaire ne recevant pas du tout, mais « regardant simplement de sa fenêtre les infortunés solliciteurs et leur faisant dire à la fin de revenir dans huit jours »; il fallait donner de l'argent aux secrétaires, aux aides de camp, à tous les employés du premier ministre afin de se concilier leurs faveurs, en sorte que tous les bénéfices problématiques des premières années se dépensaient ainsi avant d'avoir rien obtenu.

Enfin la concession était accordée.

Qu'arrivait-il alors?

Parmi les solliciteurs, il y en avait qui n'avaient demandé ce titre que pour le revendre et réaliser ainsi *une affaire*. Je ne parlerai pas de ceux-là.

D'autres n'avaient pas d'argent pour verser leur cautionnement, ou pour commencer, ou tout au moins pour continuer leur exploitation. Leur concession, par le fait même, devenait caduque, et ils devaient repartir complètement ruinés.

Quant aux autres, combien sont-ils aujourd'hui? Sûrement ils se comptent sur le bout des doigts.

S'ils n'ont pas réussi, c'est quelquefois leur faute. Ils n'avaient pas les connaissances ou l'énergie voulues; ils étaient partis en aveugles sans connaître le pays, ses difficultés ou ses ressources.

M. Martineau parle de la concession du batelage sur des rivières où les rapides se succèdent tous les cent mètres. N'eut-on pas même, ajoute-t-il, l'idée de concéder « les caïmans de Betsiboka pour faire des porte-monnaie avec leurs peaux[1]. »

On croirait à une charge si c'était dans un autre livre que l'ouvrage si sérieux du délégué de Nosy-Bé.

Beaucoup n'avaient pas d'argent; quelqu'un, par exemple, obtenait une immense concession de mines d'or avec charge de verser « des millions en 1894, qui n'avait pas de chemise pour se se changer », suivant la pittoresque expression d'un habitant de Tananarive.

Puis les concessionnaires se nuisent les uns aux autres, se combattent les uns les autres, s'aliènent les commerçants de la côte, dont ils entravent les affaires avec les marchands de cire ou de caoutchouc, ou même les populations au milieu desquelles ils

1. Liv. cit., p. 141.

sont établis, en contrariant leurs intérêts ou leurs petites industries.

Mais surtout, ils dépendent de la volonté très changeante du gouverneur ou du premier ministre; car de même qu'on n'a pu rien commencer avant d'avoir obtenu une concession en règle du gouvernement central, à qui tout appartient, de même on ne peut rien continuer sans son concours, au moins tacite. Qu'un beau matin, en effet, alors que votre entreprise est lancée, et commence à vous rapporter, il convienne à un gouverneur, sur un ordre de Tananarive ou par intérêt personnel, de vous arrêter, un mot d'ordre circulera parmi vos hommes et ils vous abandonneront tous.

Ils n'ont pas assez de caractère pour résister, et le voulussent-ils, qu'ils ne le pourraient pas, sous peine d'être accablés de corvées et de difficultés de toutes sortes.

Presque tout de suite après la guerre, surtout pendant les années 1887 et 1888, ce fut une suite ininterrompue de demandes d'un côté, et de l'autre d'accords de concessions.

Les étrangers affluaient en nombre, ayant foi en l'avenir économique de Madagascar et en ses richesses, — et ils avaient raison —, ayant foi aussi dans le bon vouloir du premier ministre — ce en quoi ils se trompaient — et en leurs propres illusions.

Le Résident français de son côté et les divers consuls établis à Tananarive, les encourageaient très vivement et usaient de toute leur influence pour les aider, espérant ainsi, par les intérêts créés et les affaires engagées, obtenir pour leurs nationaux une influence de plus en plus grande. Le premier ministre, de son côté, qui avait besoin d'argent et espérait ainsi en obtenir, qui peut-être fut un instant séduit par l'idée de mettre en œuvre les ressources naturelles de son pays, ou bien qui ne se rendait pas exactement compte de ce qu'on lui demandait, et de l'étendue des concessions qu'il accordait, se montra relativement facile.

Tout Madagascar fut ainsi partagé entre une cinquantaine de concessionnaires.

Les faveurs du reste se partagèrent également entre la France et l'Angleterre, entre les protégés de M. Le Myre de Vilers et ceux de Mr Pickersgill.

Mais voici que la situation se complique entre la France et Madagascar, que le ciel politique s'assombrit par la question des exequatur d'abord, puis surtout par la convention franco-anglaise. Voici que d'un autre côté la plupart des entreprises commencées échouent misérablement, apportant à Rainilaiarivony ennuis et difficultés au lieu de l'argent sur lequel il comptait. Dès lors il devient plus difficile aux demandes qu'on lui présente, refuse impitoyablement, quand c'est pour nos nationaux, et accorde à de rares intervalles des concessions énormes à tel ou tel aventurier anglais ou américain, par exemple Abraham Kingdon ou le nègre Waller.

On se rappelle encore l'émotion qui s'empara de l'opinion en France, quand on apprit qu'Abraham Kingdon avait obtenu, dans le nord, une concession aussi grande que sept ou huit départements français, et avec quelle faveur on accueillit la déclaration officielle, provoquée par une intervention tout à fait opportune de M. de Mahy, que le « gouvernement français se réservait d'examiner ces concessions et ne se considérait nullement engagé par les conventions souscrites par le premier ministre ». La même réserve fut renouvelée l'année dernière, et signifiée officiellement par M. Larrouy au premier ministre, qui venait, d'un trait de plume, de livrer pour ainsi dire le monopole du caoutchouc dans le sud, à Mr Waller.

Toute concession à l'avenir devait être soumise à l'examen du gouvernement français, et ne serait valable qu'autant qu'elle aurait été enregistrée à la Résidence.

C'était bien, et cela était devenu urgent; sinon, quand nous aurions été les maîtres à Madagascar, tout son sol, toutes ses mines, toutes ses forêts eussent déjà été en des mains étrangères.

Mais cela n'empêche pas qu'il y aura une révision sérieuse à faire de toutes les concessions déjà accordées, et que très peu y résisteront.

La plupart, en effet, sont en liquidation ou bien n'ont pas tenu leurs engagements et par suite sont devenues caduques, ou bien n'ont pas été reconnues par la France et seront, par suite, considérées comme non avenues.

Cette révision sera faite et sérieusement. Il n'y a donc pas trop à se préoccuper du passé, il y a plutôt à préparer l'avenir, en étudiant avec soin les meilleurs moyens d'exploiter les ressources de Madagascar, dans le but d'en tirer le meilleur parti possible, et pour l'intérêt de la France, et pour celui de l'île, et également celui des particuliers qui y consacreront leurs capitaux, leurs ressources et leur travail. Ce sera là une œuvre délicate et difficile sur laquelle on ne saurait trop appeler la vigilance du gouvernement.

Dans ma conviction, en effet, de toutes les entreprises passées, très peu subsisteront, une seule peut-être, dont encore il faudra modifier les conditions, la plus ancienne, la plus importante de toutes, celle qui jusqu'ici, grâce à l'énergie indomptable et aux ressources du concessionnaire, a le mieux réussi et promet davantage pour l'avenir, je veux dire « La concession des mines d'or de la côte ouest de Madagascar » ou concession Léon Suberbie, qu'il me reste à faire connaître.

IV

CONCESSION LÉON SUBERBIE

M. Suberbie avait été pendant de longues années le représentant à Tananarive, de la puissante maison marseillaise Roux de Fraissinet. Auparavant, pendant six ans, il avait été l'inspecteur des établissements que la même maison possédait à Tamatave, à Mananjary, à Faranfangana et à Vohemar. Cela lui avait permis d'étudier sur place, la langue, le caractère, les mœurs malgaches.

Cela l'avait également mis en relation avec une foule de Malgaches haut placés, et en particulier avec le tout-puissant premier ministre, dont il était devenu un ami.

C'est au reste un homme plein de ressources, intelligent, adroit, énergique, patient, persévérant et qui saura toujours saisir à point une bonne occasion.

La guerre franco-malgache révéla en lui d'autres qualités et le mit en évidence. Il fit alors pour l'évacuation de Tananarive ce que M. Le Myre de Vilers a fait vers la fin de 1894. Ce fut grâce à lui que les Sœurs, les membres de la Mission et tous les Français restés en retard, obtinrent, outre des secours d'argent, des passeports et purent trouver quelques porteurs. Il se prodigua pendant la descente et mérita les éloges de tout le monde.

Rentré en France, il se mit aussitôt en rapport avec le gouvernement, en particulier avec MM. Challamel-Lacour, Ferry et de Freycinet, et leur remit sur la situation des Hova et sur la conduite à tenir à leur égard, un mémoire vraiment remarquable et qu'on dirait écrit d'aujourd'hui. Chargé par M. Jules Ferry d'une mission officieuse et secrète, qui aurait abouti à un traité autrement avantageux que celui de 1885, si M. Jules Ferry était resté au pouvoir, il se fit après la guerre, sur un désir de M. de Freycinet qui voulait établir un courant commercial entre la France et Madagascar, nommer consul général, c'est-à-dire en réalité, agent commercial de la cour d'Imerina auprès du gouvernement français.

Peu de temps après, il retourna à Madagascar et, grâce à sa nou-

velle situation et aussi à son influence d'autrefois, grâce aux efforts
qu'il avait faits pour amener la paix, il obtint, le 3 décembre 1886,
sa célèbre « concession des mines d'or de la côte ouest de Madagascar ».

En étendue, cette concession, comprise dans la grande province
de Boina, est très considérable. Limitée au nord par le fleuve
Mahajamba, au sud par le Manjaray, qui vers sa source s'appelle le
Mahovava, à l'ouest par la mer et enfin à l'est par une ligne assez
régulière dirigée du nord-est au sud-ouest passant près de Fenoarivo
à l'ouest, et à Tsarahafatra à l'est, elle a 200 kilomètres de large
sur une longueur de 300 à 400 kilomètres et une superficie de
60 à 80 kilomètres carrés, étendue supérieure à dix départements
français. Outre les deux fleuves qui la bornent au nord et au sud, un
troisième fleuve, un des plus grands de Madagascar, le Betsiboka,
avec son affluent l'Ikopa, traverse toute la concession, formant un
immense Y dont les deux branches s'éloignent de plus en plus
après Suberbieville, pour venir se rapprocher à nouveau près
de Tananarive.

Ces trois fleuves roulent toute l'année un volume d'eau considérable et reçoivent un très grand nombre d'affluents, le Marovoay,
le Kamoro, le Boinakely, le Sinko, le Menavava, le Mandrozia, le
Randriantoana, l'Ambotolampy, le Mandroly, le Kamolandy, le
Mamokomita, le Manakajo, etc., etc., dont quelques-uns, comme
le Menavava, sont très étendus et reçoivent une multitude d'autres
tributaires à débit variable et ayant ordinairement de l'eau à toute
saison. La concession, en un mot, est admirablement arrosée et l'on
y a de l'eau en abondance pour tous les usages.

Comme allures topographiques du sol, elle se compose de deux
parties bien distinctes : depuis le littoral d'abord jusqu'à Suberbieville, à 200 kilomètres de la côte, de terres peu élevées et ne
présentant guère que deux parties en relief : le soulèvement
basaltique peu important d'Ambaniho, au fond de la baie de
Bombetoka, et celui, basaltique également, d'Ankarahantsika à
Androtro dont le relief est très marqué. Ensuite, au sud de ces
basses terres, une suite d'étages s'élevant rapidement et, en quelques
points, brusquement, de plateaux en pentes douces montant vers
le sud et très mouvementés d'aspect. Ces plateaux, se reliant par
des côtes assez brusques, correspondent en général à des accidents
géologiques qui ne sont pas encore tous connus avec précision.
Des pitons pointent de loin en loin, par exemple ceux de Namakia,
de Tsitondroy, de Tainangidina et d'Andriba. On peut affirmer,

semble-t-il. que l'allure tourmentée de ces étages est due au ravine-
ment des eaux de la période quaternaire et aussi de l'époque
moderne, plutôt qu'à une complication très inadmissible de mouvements intérieurs ayant ainsi dressé le squelette de la région.

Notons enfin que la ligne de séparation des eaux des deux
fleuves, Betsiboka et Ikopa, se continue très nette depuis Suberbieville jusqu'à Tananarive.

Au point de vue géologique. la concession comprend toute
la série des terrains sédimentaires, du tertiaire au trias inclusi-
vement, sur toute sa partie basse, c'est-à-dire depuis le littoral de la mer jusqu'à une ligne à peu près parallèle, mais très
sinueuse, passant vers Ambodiroko un peu au sud de Suberbieville
et à 30 kilomètres environ du confluent du Betsiboka et de l'Ikopa.
Au sud-est de cette ligne les terrains primitifs commencent et se
continuent sans interruption, par étages successifs, jusqu'aux
limites sud de la concession. Une série de soulèvements basaltiques,
qui se sont succédé à diverses époques géologiques, a mis successivement à jour ces divers terrains sédimentaires et soulevé les
terrains primitifs. Enfin d'une façon générale, une couche de quaternaire d'une épaisseur variable, parfois considérable, recouvre la
superficie du sol.

Des minerais de diverses natures ont été reconnus un peu partout. Ce sont principalement les quartz et les diorites aurifères,
d'où dérive l'or des alluvions, le cuivre, abondant en plusieurs
points, et le fer, qui y est très commun, principalement à l'état
d'hématite.

Des affleurements de couches de lignite ont été étudiés dans les
terrains du Lias sur la rive gauche de l'Ikopa et du Betsiboka; des
calcaires fournissant une excellente pierre à chaux, de l'espèce
dite chaux limites, semblable à la chaux de Virieu en France; du
gypse en grande quantité; enfin dans le sable des alluvions aurifères, des fragments nombreux de pierres précieuses, rubis,
saphirs, topazes, etc., provenant de la désagrégation des gneiss et
des granits, mais trop petits pour la taille.

Jusqu'à présent on ne s'est occupé que de l'exploitation de l'or.

Il se présente sous deux formes, filons de quartz et alluvions
aurifères.

Les filons de quartz d'épaisseur variable, crèvent partout le sol
de la concession et un grand nombre sont reconnus pour être aurifères.

Deux surtout ont été mis en exploitation et le plus riche l'est encore aujourd'hui. Il a 4 mètres environ d'épaisseur, a été reconnu en affleurements, sur 8 ou 10 kilomètres, avec un étage dans la montagne au-dessus de la vallée de Mandrozia de plus de 100 mètres de hauteur à exploiter, et est d'une belle richesse moyenne. Il est relié à l'usine par un chemin de fer de 5 kilomètres de long.

Les autres gisements aurifères se composent d'alluvions de toute nature, qui se trouvent partout sur la concession, de l'un et de l'autre côté du Betsiboka.

Ils sont très variés comme formation, et constituent à ce jour la base principale de l'exploitation; ils se présentent parfois en masses d'épaisseur considérable allant jusqu'à 20 et 30 mètres sur de grandes étendues et donnant plus d'un gramme d'or par mètre cube de sable.

On rencontre parfois des fragments de 200, 250, 350, jusqu'à 450 grammes, et le titrage de l'or recueilli rappelle celui de l'or de la Guyane. Le lit des fleuves contient également de grandes épaisseurs de sables, enrichis au cours des siècles, et que l'on exploite pendant la saison sèche, dans toutes les parties mises à jour aux basses eaux. On pourra plus tard les exploiter partout et en toute saison au moyen de dragues. De même, on pourra attaquer les alluvions des vallées de tous les ruisseaux qui sillonnent la région, ceux des plaines qui se trouvent tantôt au-dessus tantôt au-dessous des niveaux des divers cours d'eau; ceux des fleuves, des montagnes parfois jusqu'à de grandes hauteurs; car l'or se trouve à peu près partout dans cette immense région, et dans de telles proportions qu'avec les traitements élémentaires comme celui de la battée, du berceau, etc., la production de journée de travail peut s'élever de 2 à 3 grammes. Cette production sera évidemment dépassée, quand on pourra appliquer les autres modes plus perfectionnés de traitement.

C'est le 3 décembre 1886 que M. Suberbie obtenait sa concession. Voici le texte de ce premier traité qui a servi de modèle à beaucoup d'autres.

Copie du Contrat du 2 décembre 1886.

« Entre S. E. Rainilaiarivony, premier ministre et commandant en chef de Madagascar, agissant au nom de S. M. la Reine de Madagascar d'une part, et M. Léon Suberbie, chevalier de la Légion d'honneur, d'autre part,

« Il a été convenu et arrêté ce qui suit :

« Art. 1er. — S. E. Rainilaiarivony, voulant faire exploiter des gisements d'alluvions et de terrains aurifères pour compte du gouvernement malgache, M. L. Suberbie s'engage à fournir tout ce qui sera nécessaire pour l'exploitation desdites mines, soit en machines généralement quelconques, chemins de fer Decauville pour le transport des terres, mercure, maisons, magasins, etc., en un mot, toutes les installations nécessaires, pour l'exploitation prompte et rapide des mines que lui désignera S. E. le premier ministre.

« Art. 2. — Tous les frais de construction, machines, etc., seront à la charge de M. L. Suberbie. Les salaires des ingénieurs et surveillants seront également à ses frais.

« M. L. Suberbie s'engage également à payer tous les travailleurs indigènes qu'il jugera nécessaire pour mener promptement lesdites exploitations, et qui lui seront fournis par S. E. le premier ministre.

« Art. 3. — M. L. Suberbie est autorisé à prendre, à ses frais, dans les forêts environnant les mines des terrains aurifères où sera faite l'exploitation, tous les bois nécessaires exclusivement aux constructions des maisons, magasins, canaux, etc., affectés auxdites exploitations.

« Ces coupes seront faite sagement, sans détruire les forêts où elles seront faites, et les bois coupés ne pourront pas être détournés de leur destination pour les mines.

« Art. 4. — Comme les terrains aurifères et les mines où sera faite l'exploitation par M. L. Suberbie sont la propriété du gouvernement malgache et que l'exploitation est faite pour son compte, il est bien entendu que M. L. Suberbie n'aura aucun frais de location à payer pendant la durée de la présente concession.

« Art. 5. — S. E. Rainilaiarivony conservera la haute surveillance des exploitations qui seront dirigées par M. L. Suberbie ou ses ingénieurs.

« Art. 6. — M. L. Suberbie s'engage à commencer les travaux d'exploitation des mines qui seront indiquées par S. E. Rainilaiarivony, dans un délai de six mois, à partir du 1er janvier 1887.

« Art. 7. — Le gouvernement malgache fournira les gardiens nécessaires pour la garde des exploitations pour que les travaux soient faits en toute sécurité, et M. L. Suberbie s'engage à donner le logement et une somme convenable pour l'entretien de ces gardiens.

« Art. 8. — Il sera prélevé 10 % sur le produit brut de l'exploitation, par le gouvernement malgache, et le restant sera partagé en deux parties égales dont l'une reviendra à M. Suberbie.

« Art. 9. — Toutes les machines, mercure, voies ferrées, etc., qui seront destinées auxdites exploitations, ne payeront également aucun droit d'entrée à la douane.

« Art. 10. — La durée de la présente convention est faite pour cinq années à partir du jour où sera commencée l'exploitation générale, c'est-à-dire à partir du 1er juillet 1887.

« Art. 11. — A l'expiration des cinq années, tout le matériel, machines, canaux, réservoirs, maisons, magasins et voies ferrées, et quoi que ce soit affecté à ladite exploitation, deviendra de plein droit la propriété du gouvernement malgache.

« Art. 12. — La Commission d'études qui sera envoyée par M. L. Suberbie, sur les mines indiquées par S. E. Rainilaiarivony sur le présent traité, après avoir étudié les alluvions, donnera son appréciation sur la valeur des gisements avant de commencer les travaux. Dans le cas où les gisements seraient trop pauvres pour les frais à faire, Son Excellence ordonnerait d'étudier un autre terrain plus productif où seraient commencés les travaux.

« Fait en double et de bonne foi à Antananarivo, le huit Asombola (2 décembre) mil huit cent quatre-vingt-six.

« *Signé* : RAINILAIARIVONY.

« Premier Ministre et Commandant en chef. »

Comme tout traité de cette nature, cette convention accordait à M. Suberbie certains droits et, en échange, lui imposait des sacrifices.

Les droits étaient celui d'exploiter les alluvions aurifères de toute nature situés sur toute la surface de la concession; celui d'avoir d'une façon constante, pendant toute la durée de la concession, 10,000 travailleurs malgaches fournis par le gouvernement et aussi un nombre suffisant de soldats pour assurer la sécurité de la concession et empêcher les vols de se multiplier.

En retour M. L. Suberbie devait :

1° Payer tous les ouvriers fournis par le gouvernement malgache à un taux fixé par homme et par mois.

2° Assurer un salaire suffisant pour vivre aux soldats chargés de garder la concession.

3° Donner au gouvernement malgache 55 % du produit brut de l'or extrait des gisements alluvionnaires.

Il ne devait en outre employer aucun travailleur étranger à

Madagascar, et ne pouvait recruter à l'étranger que les ingénieurs, contremaîtres, surveillants, employés nécessaires à la conduite des travaux et à la marche générale de l'exploitation, qui tous seraient à sa charge.

Enfin toutes les installations, mécaniques ou autres, tout le matériel quel qu'il fût devait appartenir, sans indemnité aucune, au gouvernement malgache, le traité de concession expiré, c'est-à-dire au bout de cinq ans.

Ces conditions étaient fort onéreuses et il semble qu'il fut impossible dans de telles conditions d'obtenir des résultats rémunérateurs.

Cependant, après une étude préliminaire des gisements et constatation de leur richesse aurifère, M. Suberbie se convainquit qu'on pourrait y arriver, vu le bon marché de la main-d'œuvre, à condition seulement que les ouvriers ne lui manquassent pas, et il se mit bravement au travail.

Il ne savait pas tous les déboires auxquels il s'exposait.

Et d'abord le premier ministre lui envoie pour recruter le personnel, assurer la sécurité de la concession et procéder à la délimitation définitive, son propre fils, Rajoelina, l'homme du parti anglais, l'ami de Kingdon, celui-là même qui au commencement de l'année dernière conspirait avec la Reine pour renverser son propre père au profit de nos adversaires.

On peut penser quel concours un tel homme apporta à M. Suberbie. Il ne chercha qu'à l'entraver, qu'à lui susciter toutes sortes d'obstacles, qu'à le voler et à le faire voler. Il avait même, de concert avec Kingdon, installé dans le Boina, sur la rive droite du Betsiboka, et dans le Menavava, sur la rive gauche de l'Ikopa, des centres de travail, et surtout des centres de voleurs, opérant sous sa protection et à son propre compte.

Il est enfin rappelé, la délimitation se fait, le gouverneur du Boina bien disposé réunit un certain nombre d'ouvriers, 1,400 hommes, et un nombreux personnel arrive d'Europe.

Des postes ou centres d'exploitation sont créés un peu partout, à la suite de prospections faites par les ingénieurs de l'exploitation sur la rive droite du Betsiboka, dans le Boinakely, le Kalamilotra, le Maraola, etc.; entre les branches du Betsiboka et de l'Ikopa à Mandrozia, à Ampasiriry, à Tainangidina, à Soavinandriana, Andriba, Mandendamba, Bemalokely, etc.; enfin, sur la rive gauche de l'Ikopa et du Betsiboka, dans le Mandaty, le haut et le bas Menavava, le Besseva, le Madirovalo, etc., le Marovoay et Mahabo, etc.

Un village à la mode malgache s'élevait immédiatement en tous ces endroits, une maison était construite pour le chef de poste, et d'ordinaire, une forte palissade entourait le village pour le mettre à l'abri des coups de mains des *Fahavalo*.

La plus belle de ces installations est l'installation hydraulique d'Ampasiry, à 50 kilomètres au sud-est de Suberbieville, sur la route de Tananarive; elle se compose d'un batardeau fait dans une vallée, plus élevée de 60 mètres environ que le niveau des alluvions à traiter. Une canalisation à flanc de montagne et à niveau, amène les eaux à tête d'une forte colonne de tuyaux, posée en ligne de plus grande pente, et se continuant dans la vallée jusqu'au gisement alluvionnaire, où elle se relie avec de puissants appareils nommés *monitors* ou *géants*.

Ce sont de forts becs de lance dont le jet, dirigeable en tous sens, peut être projeté à une distance de 40 mètres sur la masse d'alluvion à ébouler, qui est ainsi délayée et entraînée sous forme de torrent boueux dans les *sluices*, c'est-à-dire de longues caisses de lavage, où tout l'or est recueilli.

Un jet de lance peut ainsi entraîner plus de 2,000 mètres cubes par jour. Deux autres appareils, *pompe* et *élevator*, complètent l'installation, afin de pouvoir en certains cas élever les alluvions placés plus bas jusqu'au niveau des sluices.

Cependant la rareté des ouvriers, et les difficultés de toutes sortes, venant déjà du mauvais vouloir du gouvernement central, comme aussi la découverte des filons, que le premier traité accordait à M. Suberbie le droit d'exploiter, nécessitèrent de nouvelles négociations. Un second contrat intervint, en 1888, qui l'autorisait à entreprendre l'exploitation des filons de quartz sur toute l'étendue de sa concession, et, en même temps, prolongeait de dix ans et modifiait le premier traité. C'était comme un contrat d'association entre le premier ministre et M. Suberbie. Chacun devait faire un apport social égal et déterminé, pour l'achat du matériel, les frais d'installation et d'exploitation; chacun recevrait aussi une part égale des bénéfices (45 %), après toutefois un prélèvement de 10 % en faveur du gouvernement malgache.

Ce traité rappelait les termes du premier, les précisait et les affirmait, comme droits accordés à M. Suberbie, renouvelait les garanties de sécurité, et spécifiait, en particulier, que les ouvriers employés à l'exploitation des filons ne devaient pas être prélevés parmi ceux promis pour le lavage des terrains alluvionnaires, mais devaient être fournis en plus.

Ce fut M. Suberbie qui avança l'argent de son apport au premier ministre, et bien entendu que cet argent ne lui a pas encore été rendu. Malgré tout, les filons qui avaient été étudiés en 1888 furent de suite attaqués ; une usine de 10 Boccards fut créée, mue d'abord à la vapeur, que l'on obtenait en brûlant du bois, et bientôt pour en assurer la régularité et procurer la force nécessaire à plusieurs autres installations, par un canal de dérivation des eaux de l'Ikopa actionnant deux turbines de 120 chevaux. Une voie Decauville de 60 centimètres de largeur et de 7 kilomètres de longueur fut installée, reliant l'usine aux filons, et desservant par plusieurs embranchements les divers ateliers et les ports d'embarquement et de débarquement, soit sur l'Ikopa, soit sur un petit lac intérieur qui est actuellement le port de Suberbieville.

Enfin un atelier très important et très complet pour la machinerie, tour parallèle, machines à fileter, à percer, etc., une très forte pompe, pour élever les eaux de l'Ikopa, un laboratoire d'essayage, complétèrent cette installation.

Ce n'est pas tout. Tous ces travaux en amenèrent deux autres, très importants : la création de Suberbieville et le service de batelage sur le Betsiboka.

Suberbieville, la ville et le port, furent créés dès 1889, à 3 kilomètres de Maevatanana. C'est là que sont installés les bureaux de l'administration, les magasins, ateliers, etc., et les habitations du personnel travaillant sur place, tout cela bâti en briques avec couverture de tôle et larges varangues. La ville comprend maintenant 6,200 habitants, 80 maisons en briques et de nombreuses cases indigènes.

Dans le principe, la navigation entre Suberbieville et Mojanga se faisait au moyen de goëlettes de Mojanga à Maravoay, et de là par des pirogues, remontant le fleuve. Mais, dès 1889, M. Suberbie fit construire une première chaloupe à vapeur, la *Lorraine*, qui fit le service jusqu'en 1893. Mise alors hors d'usage par un accident, elle fut remplacée par une autre, le *Boina*, montée à Suberbieville même, dans les ateliers de l'exploitation. Le *Boina* est curieux à étudier, car c'est lui qui a donné l'idée des canonnières destinées au transport du corps expéditionnaire. Il mesure 24 mètres de long sur 3m,50 de large, et a une force de 80 chevaux, avec un tirant variant de 0m,45 à 0m,50.

Malgré tout, les vingt derniers kilomètres avant d'arriver à Suberbieville lui devinrent difficiles par l'extrême sécheresse ; un canal latéral fut commencé sur un ancien lit de l'Ikopa. Enfin un jetée et un quai de débarquement furent établis à Mojanga, et d'autres travaux accomplis à Marovoay.

C'était alors le beau temps de l'exploitation, et l'on arrivait facilement à extraire 27 kilogrammes d'or par mois. Il ne faudrait pas cependant en exagérer la facilité. Ainsi jamais le gouvernement malgache n'a fourni plus du sixième du nombre convenu d'ouvriers, paralysant ainsi tous les efforts, et arrêtant tout développement. En vain M. Suberbie fit-il les plus pressantes démarches; aucune demande, aucune réclamation, aucun exposé de la situation ne purent rien obtenir de sérieux.

Il fallait donc arriver à un troisième traité. Ce fut celui du 6 mai 1890, très important, car il modifiait considérablement les conditions précédentes. Il reportait à trente ans l'échéance de la concession, avec faculté de la renouveler pour une seconde période de trente ans, et cela aux conditions suivantes.

1° Pendant la première année, M. Suberbie ne payerait aucun droit, consacrant les profits de son exploitation à compléter son installation.

2° A partir du 4 juin 1891 jusqu'au 4 décembre 1895, il s'engageait à payer les 13 millions dus au Comptoir d'escompte en 10 semestrialités réparties de la façon suivante :

4 juin 1891........	piastres	116,596	50	=	582,982 fr. 50
4 décembre 1891........	—	116,596	50	=	582,982 50
4 juin 1892........	—	116,596	50	=	582,982 50
4 décembre 1892........	—	116,596	50	=	582,982 50
4 juin 1893........	—	301,207	50	=	1,506,037 50
4 décembre 1893........	—	301,207	50	=	1,506,037 50
4 juin 1894........	—	301,207	50	=	1,506,037 50
4 décembre 1894........	—	301,207	50	=	1,506,037 50
4 juin 1895........	—	464,391	50	=	2,321,957 50
4 décembre 1895........	—	464,391	50	=	2,321,957 50
TOTAL......	piastres	2,599,999	00	=	12,999,990 fr. 00

3° M. Suberbie devait, après 1895, donner 5 % du revenu brut, jusqu'à la fin des trente premières années; et 7 %, après la seconde période de la concession, si celle-ci était prorogée.

4° De plus, il payerait, pour cette prorogation, 2 millions de piastres, ou 10 millions de francs, au moment même du renouvellement.

A première vue, il semble que ces semestriabilités soient énormes. Mais il faut remarquer qu'elles ne duraient que cinq années et que le premier ministre s'engageait à fournir 10,000 travailleurs.

Mais voici que la situation politique s'assombrit à la suite de l'accord franco-anglais, et que l'expulsion des Français de Madagascar est décidée en haut lieu.

La lutte sourde et voilée qui existe dès le commencement, s'accentue aussi violente que possible, et se poursuit désormais sans trêve ni relâche. Gouverneurs, commandants, officiers chargés de la surveillance et du recrutement du personnel, commencèrent l'œuvre de désorganisation. Les salaires des ouvriers leur étaient extorqués, des kabary étaient tenus partout pour les détourner de l'obéissance aux employés de l'exploitation. L'ancienne organisation de Rajoelina et Kingdon reprenait de plus belle ses opérations. D'innombrables acheteurs et recéleurs d'or volé ; des Indiens, sujets anglais, ayant leurs maisons de commerce à Mojanga et Marovoay, et protégés par le vice-consul anglais Knott, lui-même acheteur d'or et importateur d'armes de guerre, se répandaient sur toute la concession pour piller, faire voler et acheter le produit des vols. Les autorités malgaches ne voyaient rien, car on payait cher leur complicité.

Les agents du premier ministre faisaient voler et acheter l'or volé. Les soldats étaient peu à peu retirés, les bandits ou fahavalo excités sous main, et, sûrs de l'impunité, attaquaient plus vivement les différents postes. Les villages étaient incendiés, les travailleurs massacrés, les femmes et les enfants enlevés, les troupeaux de bœufs volés. Tous ces forfaits devinrent la règle courante, et la panique fut l'état général d'esprit dans toute la région.

En 1893, le nombre des malheureux ouvriers malgaches assassinés ou blessés dans les divers postes dépassait plusieurs centaines.

Le 23 octobre 1889, le cousin du concessionnaire, François Suberbie, était attaqué au poste de Mandendamba, à 30 kilomètres de Suberbieville, blessé de deux coups de feu à la tête, la mâchoire brisée, et il eût été tué sans le dévouement d'un soldat. Or ni l'officier chargé du poste, ni ses hommes, ne tirèrent un seul coup de fusil.

En 1891, le médecin de l'exploitation, le Dr Beziat, avait été assassiné en descendant le Betsiboka.

En 1893, un autre Français, M. Silangue, ouvrier contre-maître, était tué à Mandroty ; deux autres employés étaient emmenés prisonniers et parvenaient avec peine à s'échapper.

M. Suberbie lui-même était réveillé en sursaut par des coups de fusil tirés à quelques centaines de mètres de sa maison. — Et tout cela, diverses correspondances saisies l'ont démontré jusqu'à l'évidence, grâce à la complicité des divers officiers malgaches contre lesquels on ne voulut jamais sévir, du gouverneur qui fut rappelé à Tananarive et renvoyé à son poste plus puissant que jamais, du gouvernement central lui-même.

La conséquence de ces attaques fut que les ouvriers fournis par le gouvernement malgache disparurent peu à peu, et il n'y en avait pour ainsi dire plus dans la concession dès le milieu de 1894. La ruine de M. Suberbie eût donc été consommée, et le but poursuivi atteint, s'il n'avait pu s'organiser autrement, sur une échelle bien restreinte, il est vrai, mais lui permettant néanmoins de lutter, de se soutenir et d'attendre des jours meilleurs.

Installé à Madagascar depuis vingt et un ans, ayant pu s'y créer de nombreuses relations parmi les Malgaches, jouissant d'une autorité très grande sur les populations de la région où il est établi, les protégeant contre les exactions des chefs, il est arrivé, lui qu'on a osé accuser en Angleterre, et parfois en France, d'abuser de la corvée, de pressurer les populations, d'être par ses exigences la vraie cause des troubles, à enrôler et à garder des travailleurs indépendants du gouvernement malgache, sans son concours et malgré ses efforts. Les salaires ont dû évidemment être augmentés, les conditions économiques de l'exploitation changées, beaucoup de travaux suspendus : ainsi on ne gardait que le filon de Mandrozia où l'exploitation peut se faire à ciel ouvert, mais on en abandonnait un autre moins considérable et dont les travaux étaient plus difficiles à conduire, perdant ainsi toute une installation déjà établie, 700 mètres de galerie à 60 mètres de profondeur ; divers postes de traitement d'alluvions étaient également désertés, et celui d'Ampasiry retardé.

Malgré tout, de très nombreux ouvriers étaient réunis ; et à force d'énergie, de volonté et d'efforts, M. Suberbie, bien secondé par son second, M. Guilgot, et par son personnel européen, dont une grande partie lui est attaché depuis le début de l'exploitation, pouvait se maintenir contre les fahavalo, contre le gouverneur, contre le mauvais vouloir et bientôt l'hostilité évidente du pouvoir central.

Mais les difficultés augmentant chaque jour, le danger devenant plus pressant, le gouvernement malgache refusant d'assurer la sécurité des ouvriers et de punir les coupables, bientôt il n'eut plus qu'une chose à faire, rompre avec lui, et par-dessus sa tête en appeler au gouvernement français.

A ce moment son œuvre est grandement compromise ; ses

installations en partie abandonnées, pillées, détruites; presque tout sera à refaire.

Qu'importe? il a accompli une grande œuvre et donné un grand exemple.

En huit ans, sans subvention, sans grands capitaux, par ses seules ressources et celles de sa famille et de ses amis, il a organisé un service régulier sur un grand fleuve, bâti une ville, établi un port, des quais, creusé un canal, posé un chemin de fer d'une dizaine de kilomètres sur lequel circule une locomotive, la première que l'on ait vue à Madagascar; installé une usine, des ateliers complets, etc., etc., fondé des postes et 40 villages où il a réuni 4,000 habitants dans un pays autrefois désert; extrait de 1,800 à 2,000 kilogrammes d'or; et, mieux que tout cela, il a su établir son influence incontestée dans une vaste région, s'y faire estimer et apprécier, en devenir le véritable roi.

Il n'a pas non plus négligé les intérêts de son personnel même indigène. Il a fait venir un docteur, fondé une infirmerie et une pharmacie, où tout le monde, même ceux qui ne travaillent pas chez lui, peuvent trouver des remèdes gratuits. Il s'est occupé de tout, de l'alimentation, des approvisionnements, du bien-être même, en faisant installer une vaste glacière pouvant donner 12 kilogrammes de glace à l'heure.

Un seul point a été négligé jusqu'ici, et je sais que ce n'est pas sa faute, car il s'en est occupé et il eût sûrement fourni les ressources nécessaires, je veux dire l'évangélisation et l'instruction de son vaste district. Je veux cependant signaler cette lacune qui, j'en suis sûr, sera rapidement comblée.

« M. Suberbie fait de la bonne besogne, disait un jour en ma présence le regretté M. Campan; si seulement nous en avions trois ou quatre comme lui, Madagascar serait bientôt à nous ». Je ne connaissais pas alors M. Suberbie; j'avais même entendu parler contre lui; mais cette parole me frappa.

Oui, peu à peu, lentement mais sûrement, il nous donnait le Boina. En tout cas, il a puissamment aidé à préparer l'expédition, et si notre armée trouve en son chemin une ville, des maisons, des villages, un pays étudié et connu, c'est à lui en grande partie qu'elle le devra. Le gouvernement malgache avait le pressentiment de tout cela, et voilà le secret de son acharnement contre un homme qui fut longtemps, qui aurait pu être encore, eût-il été moins bon Français, *persona grata!*

CHAPITRE XX

FORMATION DE L'EMPIRE HOVA

Rien n'est plus difficile à écrire que cette page de l'histoire de Madagascar. Tout ce que nous savons, en effet, de certain sur la grande île africaine, nous le connaissons par les relations des étrangers qui ont pu y pénétrer ou y ont tenté des établissements. Mais quand il s'agit de faits se rapportant aux seuls habitants de l'île, à leurs changements, leurs guerres, leurs relations intérieures, nous en sommes réduits aux seules traditions orales, bien vagues, bien mélangées, souvent contradictoires et imaginaires.

Le Père Callet a passé toute sa vie à recueillir ces traditions de la bouche des anciens, et il a consigné le résultat de ses recherches dans trois volumes édités par la Mission catholique, mais que le premier ministre fit aussitôt proscrire et saisir. Ce livre est donc très rare. De plus il est en malgache. En attendant donc qu'il soit traduit et reproduit, nous n'avons guère d'autres sources que les premiers chapitres de *Vingt ans à Madagascar* où le Père de La Vaissière a résumé ces traditions. C'est là que je puiserai les faits qui vont suivre, me contentant de les abréger, et si possible, d'en tirer quelque chose de précis.

I

LES PREMIERS ROIS DE L'IMERINA

Les Hova, les derniers des émigrés de la Polynésie à Madagascar furent, nous l'avons déjà dit au chapitre III de ce volume, mal reçus des habitants. Honnis, repoussés, pourchassés partout, ils durent se réfugier pauvres et misérables sur les hauts plateaux de l'intérieur. Combien de temps y vécurent-ils, isolés et peu nombreux, il est impossible de le dire.

« Les Amboa-lambo (Hova) sont venus d'au delà des mers, rapporte la tradition sakalave. Le navire qui les portait se brisa sur la côte de Madagascar. Ces naufragés s'établirent d'abord près de l'Océan, sans se mêler aux habitants du pays. La fièvre fit parmi eux de nombreuses victimes. Cependant ils se multipliaient peu à peu et occupaient la contrée. Les indigènes en furent jaloux et leur suscitèrent d'abord de minces querelles, qui se changèrent ensuite en combats meurtriers. Les Amboa-lambo furent vaincus et presque exterminés.

« Or, un jour, après une sanglante défaite, ils prirent le parti de se retirer vers le centre de l'île. Leur nombre était fort réduit, il n'y avait peut-être pas cent hommes en état de porter les armes. Ils partirent donc vers le désert, avec leurs femmes et leurs enfants, à la recherche d'une terre plus paisible et d'un climat plus salubre. Ils trouvèrent l'un et l'autre vers le centre du pays où ils se fixèrent et se multiplièrent rapidement. Plus tard ils firent la guerre à leurs voisins pour s'emparer de leurs troupeaux et de leurs terres.

« Des hommes sages, venus aussi d'au delà des mers, ont aidé les Amboa-lambo dans ces combats où ils ont été vainqueurs. Eux-mêmes sont venus à Madagascar après les *Silamos* (arabes musulmans) et ils ont été les amis des *Karamy* (Indiens) [1]. »

Cette tradition est fort ancienne et fort répandue parmi les tribus de l'ouest ; elle répond du reste à ce que l'on dit généralement de l'origine, de l'exode et des luttes des Hova. On peut donc en accepter les diverses affirmations, et trois faits restent ainsi acquis : 1° l'arrivée des Hova à Madagascar après les Arabes, donc après le VIIᵉ siècle ; 2° leurs luttes avec les indigènes, leurs défaites et leur fuite vers l'intérieur ; 3° leurs guerres subséquentes pour conquérir l'empire des hauts plateaux.

Les traditions hova parlent très peu de ces temps primitifs. Le souvenir s'en conserve cependant encore aujourd'hui parmi les habitants de l'Imerina, et ce n'est qu'avec épouvante qu'ils rappellent la mémoire de ces temps où ils étaient réduits à fuir, persécutés et chassés de partout. Mais il n'y a aucun détail, ni le récit d'aucun fait précis. Ils préfèrent évidemment raconter leurs conquêtes.

« Les Vazimba, disent-ils, étaient autrefois les maîtres de la

1. *Vingt ans à Madagascar*, p. 54.

province que nous habitons aujourd'hui. C'était une peuplade grossière, ignorante et pauvre; elle ne savait pas travailler le fer, et ce fut là la principale cause de son infériorité dans les guerres qu'elle eut à soutenir contre nos premiers rois. Les *sampy* des Vazimba étaient bien puissants, mais les nôtres le furent encore davantage. Les Vazimba furent défaits en plusieurs rencontres... »

La tradition hova mentionne sept souverains vazimba, puis treize souverains hova jusqu'à Andrianampoinimerina, lequel monta sur le trône en 1787. En donnant à chacun une moyenne de vingt ans de règne, on arrive à l'année 1530, qui marquerait ainsi le commencement de la puissance hova.

Les deux premiers de ces souverains, deux reines, Rafohy (la courte) et Rangita, régnèrent sur un petit village, Merimanjaka, et trois ou quatre hameaux environnants. Rien ne pouvait être plus modeste. C'était cependant de ce nom de Merimanjaka que devait sortir celui d'Imerina (Merina Manjaka — royaume de Merina ou d'Imerina).

Les funérailles de Rafohy présentèrent quelque chose de mystérieux et furent l'origine d'une pratique fidèlement suivie depuis et qui en a perpétué le souvenir. Son corps fut placé dans une pirogue que recouvrit une seconde pirogue renversée, et jeté ainsi au fond d'un petit lac voisin dont les eaux devinrent aussitôt sacrées. « Depuis lors, raconte le Père de La Vaissière, elles recèlent la destinée des rois de l'Imerina qui ne manquent pas d'ordonner à leur avènement au trône, d'offrir des sacrifices à leur aïeule ou à son génie, sur les bords de cet étang sacré. C'est là qu'on vint dans la suite puiser l'eau où le souverain devait se baigner au jour de la *fête du Bain*, afin de renouveler la jeunesse et la vigueur de son destin. »

C'est le fils et successeur de Rangita, Andriamanelo, qui le premier commença l'agrandissement du petit royaume de Merina, en y ajoutant les États de sa femme, la ville d'Ambohitrabiby, située à quatre lieues au nord d'Alasora, sa nouvelle capitale. Mais surtout c'est lui qui introduisit parmi ses sujets les haches en fer, les sagaies, les pirogues creusées dans des troncs d'arbres, la circoncision, le sikidy et les diverses superstitions depuis longtemps en usage sur la côte orientale de Madagascar. Enfin il fut le père de *Ralambo* ou *le sanglier* ainsi nommé parce que, au moment de sa naissance, un sanglier passa près de la demeure de sa mère et fut tué dans les fossés du village.

II

RALAMBO

Ralambo, qui régna vers la fin du XVIᵉ siècle, est le premier dont les institutions ont laissé une empreinte permanente sur les mœurs des Hova, et dont les conquêtes ont vraiment commencé la grandeur de leur empire.

Ses premières innovations furent cependant néfastes.

Ce fut lui en effet qui, s'il n'introduisit pas, au moins sanctionna par son exemple, l'usage de la polygamie. Voici à quelle occasion :

« Un serviteur de Ralambo aperçut un jour cinq jeunes filles, recueillant dans la vallée à l'ouest d'Ambohitrabiby, sa nouvelle capitale, des herbes potagères. L'une d'elles était la princesse Rafotsimarobavina, remarquable par sa beauté. Il en avertit son maître qui lui ordonna aussitôt d'aller lui demander d'être sa seconde épouse. — « Jeune fille, dit l'envoyé, mon maître m'envoie « vous prendre pour sa seconde épouse. — Quel est votre maître? « demanda la princesse. — Mon maître est le roi Ralambo, « répondit le serviteur. — Si votre maître est roi, reprit-elle, et « moi aussi je suis reine, » et elle continua à ramasser ses herbes. Trois fois le serviteur revint à la charge, et trois fois il obtint le même refus. — « Retourne une quatrième fois, lui dit enfin « Ralambo, et enlève-la ». Le serviteur obéit. « Eh! quoi, s'écria « Rafotsimarobavina, j'ai mon père et ma mère, et vous ne voulez « pas que je les avertisse de l'offre qui m'est faite! Permettez-moi « de les informer de la volonté du roi votre maître, et tout sera « alors réglé convenablement. »

Ainsi fut fait.

Ralambo fit alors part de son intention à sa première femme. « Je veux épouser Rafotsimarobavina, lui dit-il, et je t'en avertis. — J'applaudis à tes volontés, » répondit-elle.

Il faut avouer qu'elle était de bonne composition.

Mais la polygamie prenait ainsi malheureusement droit de cité parmi les Hova. L'exemple de Ralambo, en effet, ne fut pas perdu, comme tous les exemples qui favorisent les mauvaises passions. Bientôt ses successeurs eurent jusqu'à douze femmes à la fois, et plusieurs de ses sujets jusqu'à sept.

Ce fut également lui qui reçut des tribus de l'est, comme

nous l'avons déjà dit, et propagea le culte des *Sampy*, apportant
ainsi le désordre dans les croyances monothéistes de son peuple,
par l'introduction de l'idolâtrie, comme il l'avait apporté dans
leurs mœurs par la polygamie. Y croyait-il? Peut-être non, mais il
y vit un moyen d'assurer son autorité, en la mettant sous la protection de divinités qui lui appartiendraient et seraient à ses
ordres, et il s'en empara avec empressement. C'était politique,
sinon moral; et il est certain qu'il en tira un habile parti dans les
guerres contre ses ennemis qu'il vainquit successivement : les
Vazimba d'abord ou même les Sakalaves qui s'enfuirent épouvantés
et miraculeusement vaincus par l'idole Kelimalaza; ses voisins du
bord de l'Ikopa qu'il mit en fuite en tirant de la main gauche un
seul coup de fusil — jamais ces pauvres indigènes n'avaient
entendu rien de pareil —; un puissant roi vazimba, qu'il attira
traîtreusement hors de sa capitale sous prétexte d'un combat
singulier et qu'il fit assassiner dans une embuscade; les Antsihanaka qui vinrent l'attaquer jusque dans sa capitale Ambohitrabiby, mais périrent tous dans les fossés de la ville que Ralambo,
sur le conseil de son fils Andrianjaka, avait fait remplir de boue,
de son et de cendres enflammées.

Et c'est ainsi que les limites de son empire s'étendirent bien
au delà des petits domaines paternels.

Mais deux créations surtout rendirent son nom populaire : la
hiérarchie qu'il établit parmi la noblesse et l'institution de la *fête
du Bain* ou *fandroana*.

Il avait deux fils, Andriantompokoindrindra, l'aîné, seigneur
d'Ambohimalalaza et qui aurait dû être son héritier, si sa passion
pour le jeu et son insouciance à accourir au secours de son père
attaqué par les Antsihanaka ne l'avaient rendu indigne de régner,
et le second Andrianjaka qui lui succéda. Les enfants du premier
constituèrent la première caste; ceux de deux autres seigneurs ses
parents, la seconde et la troisième; enfin ses propres descendants
par Andrianjaka la quatrième caste, celle des Zanadralambo (ou fils
de Ralambo). Deux nouvelles castes furent établies plus tard qui
prirent rang avant les quatre castes de Ralambo, et constituèrent
aussi avec les Zanakandriana, la noblesse de l'Imerina.

Voici comment, suivant la légende, fut établi le *Fandroana*.

Les Hova, ou bien ne connaissaient pas encore les bœufs, ou bien
peut-être n'en mangeaient pas la viande. Or, voici qu'un jour
Ralambo, entouré de ses officiers, rencontra, en se promenant dans
la campagne, un bœuf si gras, qu'il était littéralement suffoqué par

la graisse. Il le fit immoler, et la chair de la victime, placée sur des charbons ardents, exhala bientôt une odeur si délicieuse et eut un goût si exquis, quand on voulut la manger, que le roi proclama solennellement la viande de bœuf propre à la nourriture du peuple.

Pour célébrer sa découverte, il fit un grand festin, où il fit tuer et distribuer aux convives un grand nombre de bœufs, préalablement engraissés avec soin. Tout le monde en mangeait avec délices; mais personne ne touchait à la culotte. Ce que voyant, Ralambo en demanda la raison. On sourit sans lui répondre. Et lui alors : « Cette part que vous dédaignez, dit-il, sera la part royale. Je me la réserve, sous peine de mort, dans tous les bœufs qui seront tués désormais. Je veux de plus que chaque année, au premier jour de l'an, anniversaire de ma naissance, après que je me serais baigné, tout le monde mange de la viande de bœuf. »

Triple prescription observée avec soin jusqu'à ce jour. Faut-il en voir l'origine dans cette légende? Faut-il chercher ailleurs? Peu importe. Toujours est-il que les Hova l'attribuent à Ralambo.

III

ANDRIANJAKA

A Ralambo succéda son second fils Andrianjaka, celui-là même qui l'avait si efficacement secouru dans ses guerres et aidé dans ses besoins, tandis que son frère aîné, Andriantompokoindrinda — qui sera seigneur tout à fait — ne songeait qu'à jouer au *fanorana*. Par deux fois, son père l'avait envoyé chercher à Ambohimalaza, afin de l'aider à défendre son royaume; toujours on l'avait trouvé occupé à son jeu favori, et aux plus pressantes instances : « Avec ces trois graines j'en prendrai cinq, » avait-il répondu, et il avait continué à jouer. Il y perdit la couronne, car, pour le punir, son père le déshérita au profit de son puîné.

Andrianjaka monta sur le trône au commencement du dix-septième siècle. Ce fut plutôt un prince pacifique, et cependant ce fut lui qui ajouta aux États de ses ancêtres la plus belle de toutes les possessions, celle de la capitale actuelle de l'Imerina.

Jusque-là les rois hova avaient presque continuellement changé de résidence. Merimanjaka, Alasora, Ambohitrabiby, avaient été successivement le siège de leur pouvoir grandissant. A leur insu peut-être, ils s'acheminaient ainsi vers une ville plus importante, mieux située et qui ne serait plus abandonnée, une fois conquise, *Antananarivo*, connue alors sous le nom d'*Anamalanga*.

Bâtie sur une montagne isolée qui dominait fièrement toutes les montagnes d'alentour, entourée de marais qui en faisaient une espèce d'îlot presque inaccessible, et, un peu plus loin, des eaux de l'Ikopa qui l'enserrent dans un demi-cercle concentrique, Anamalanga était bien faite pour tenter l'ambition des Hova. Le grand-père d'Andrianjaka l'avait déjà soumise une première fois. Mais, soit abandon, soit revers, ou toute autre cause inconnue, les Vazimba en demeuraient encore les habitants, les possesseurs et les maîtres. Andrianjaka se résolut donc à s'en emparer de nouveau, et il vint à cet effet camper aux pieds de la ville. C'en fut assez. Les Vazimba se soumirent sans résistance.

Le vainqueur pénétra avec ses hommes jusqu'au sommet de la colline, en fit couper les arbres et y bâtit sa demeure. « Je veux installer, là, près de moi, s'écria-t-il, une colonie de mille hommes. » Alors les anciens habitants, spontanément ou par force, abandonnèrent, au moins en grand nombre, la place, et Analamanga perdit son nom pour s'appeler désormais *Tanana-arivo*, mille mains ou mille guerriers.

Ce fut là la seule expédition d'Andrianjaka. Dorénavant il consacrera son temps à poursuivre la construction des digues de l'Ikopa, commencées déjà par ses prédécesseurs. Du reste cinquante fusils et trois barils de poudre qu'il avait pu se procurer, probablement par des échanges avec les habitants de Matitanana, lui donnèrent, aux yeux de ses voisins, une supériorité incontestable. Il mourut entouré du respect et de l'amour de ses sujets, qui le regrettèrent et le pleurèrent davantage qu'ils n'avaient pleuré les rois ses ancêtres, et il semble que c'est à son sujet que furent établies les prescriptions si curieuses du deuil public usitées en Imerina à la mort de chaque souverain. Son tombeau, encore conservé, est le premier des sept tombeaux que l'on voit au Rova.

IV

ANDRIAMASINAVALONA ET UN SIÈCLE D'ANARCHIE

Les deux successeurs immédiats d'Andrianjaka continuèrent ses travaux d'endiguement. Mais nous ne savons rien sur leur compte. Arrivons donc aussitôt au règne d'*Andriamasinavalona* ou le Saint-Supérieur.

A peu près au milieu du xvii° siècle, Razakatsitakatrandriana, le petit-fils d'Andrianjaka, s'aliéna tout de suite par sa dureté, son égoïsme, sa cruauté et son obstination, une partie de sa noblesse, qui se révolta et le chassa du trône, au profit de son frère Andriamasinavalona. Cette révolution s'accomplit du reste sans effusion de sang et d'une manière assez originale.

A la tête des révoltés se trouvait le « sage Andriamampandry » qui, après avoir consulté le peuple dans un kabary solennel sur le changement de souverain, et s'être assuré de son assentiment, se chargea lui-même de l'exécution. Prenant donc un de ses amis, qu'il chargea de lancer contre le cruel monarque les plus horribles imprécations et de s'enfuir aussitôt, il monta avec lui au palais. Alors comme aujourd'hui, plus encore qu'aujourd'hui, les Hova craignaient, plus que tout au monde, les malédictions et les imprécations. Le roi donc pâlit et trembla de tous ses membres en entendant celles proférées contre lui, tellement elles étaient épouvantables.

« Sire, dit Andriamampandry, l'insolent qui a osé vous maudire a encore augmenté la force de ses malédictions en secouant dans sa fuite son lamba contre vous. Laissez-moi interroger le sort afin de connaître ce qu'il convient de faire, pour échapper aux maux dont on vous a menacé. » Le sort consulté répondit que le roi devait aussitôt quitter son palais et se retirer dans une maison plus au nord. Ce qu'il fit. Une nouvelle demande amena la même réponse. Le roi devait toujours aller plus au nord. Il obéissait toujours. Mais en attendant, le peuple devenu libre par son départ, se révoltait et acclamait son frère qui s'installait à sa place dans son palais. En vain Razakatsitakatrandriana désabusé s'enfuit-il frémissant de colère chez les Sakalaves pour les soulever en sa faveur; il ne put rien obtenir, et il dut lui-même à la fin se soumettre à celui qui l'avait supplanté et que tout le monde commençait à aimer pour sa douceur et son équité.

Cette douceur et cet esprit d'équité, en même temps que la réputation de bonheur dont jouissaient ses sujets sous sa paternelle administration, firent plus que des batailles pour l'agrandissement de ses États. Les vieux récits racontent en effet que certains chefs des montagnes de l'Angavo à l'est, et de l'Imamo à l'ouest, gagnés par cette bonne renommée, se déclarèrent spontanément ses vassaux et Andriamasinavalona se vit bientôt maître d'un État double de celui qu'il avait reçu en héritage[1].

1. *Vingt ans à Madagascar*, p. 76.

Une terrible famine de sept ans montra à quel point il était populaire auprès de ses voisins et augmenta encore l'affection de ses sujets. Les chefs des tribus environnantes lui envoyèrent en effet des vivres en abondance, et son peuple, enthousiasmé par sa sage bonté, et instruit par cette dure expérience, se mit avec plus d'entrain et d'énergie que jamais à reprendre, sur de nouvelles bases, le grand œuvre de l'endiguement de l'Ikopa, afin de se créer de nouvelles rizières.

Mais s'il fut un roi sage, Andriamasinavalona fut un homme dissolu et un père d'une faiblesse excessive. Il eut jusqu'à douze femmes à la fois, achevant ainsi par son exemple, de ruiner les mœurs de son peuple. Des huit enfants qu'il eut de ces nombreuses épouses, quatre constituèrent la seconde classe de la noblesse, celle appelée de son nom d'Andriamasinavalona, tandis qu'il réunissait tous les descendants de ses prédécesseurs en une autre caste, supérieure à toutes les autres, la caste des *Zazamarolahy* ou enfants nombreux.

Ses quatre autres fils devaient lui succéder, et de son vivant il leur partagea son royaume, commettant ainsi une lourde faute qu'il devait expier personnellement par une captivité de sept ans à Ambohidratrimo, et qui devait coûter à l'Imerina un siècle entier de divisions et de luttes intestines.

En vain son conseiller et ami toujours dévoué, celui à qui il devait le trôner, Andriamampandry, lui prodigua-t-il les avis et les remontrances. Rien ne put le décider à désigner un successeur unique, ni le détourner de son funeste dessein.

Convoqué par ordre spécial au grand Kabary où le roi devait faire connaître sa funeste résolution, Andriamampandry fit répondre qu'il n'avait pas de lamba. Le roi lui envoya le plus beau des siens. Le fidèle serviteur le déchire aussitôt en quatre, le roule dans la boue et le renvoie à son maître. « Je comprends, répondit celui-ci, la préoccupation d'Andriamampandry. Il devrait cependant savoir que ce qui est sale peut être lavé, et que ce qui est déchiré peut être recousu. » Et s'adressant au peuple, il lui parla en ces termes : « Voici ce que j'ai à vous dire, habitants de l'Imerina. Je veux partager le royaume en quatre seigneuries administrées par quatre de mes fils que voici... Pour moi, je continuerai à résider à Tananarive, point central de l'Imerina. » Et il donna Tananarive à l'aîné; Ambohidratrimo au second; Ambohitrabiby au troisième et enfin Ambohimanga au quatrième, son préféré. Et toute sa vie se passa ensuite à essayer, mais toujours inutilement, de maintenir ou de rétablir l'harmonie entre ses fils, et de rechercher, par les procédés les plus étranges, quel devait être son successeur, sans avoir jamais le courage de le désigner.

Attiré par ruse à Ambohidratrimo, il y fut retenu prisonnier pendant sept années, et ne dut sa liberté qu'à quelques pauvres pêcheurs de l'Ankaratra qui, l'ayant délivré par ruse, le ramenèrent en triomphe dans sa capitale. C'est alors qu'un sujet dévoué, Trimofoloalina, s'offrit aux devins qui réclamaient un sacrifice humain afin de prévenir le retour d'une semblable calamité, et que, un coq ayant été immolé à sa place, il obtint pour lui et ses descendants le privilège qu'on ne les tueraient jamais de manière à faire couler leur sang. Nous l'avons raconté ailleurs. Je le rappelle ici parce que ce fait qui paraît certain, et qui, du reste, a été renouvelé en ce siècle sous Ranavalona Ire, prouve l'existence, au moins, occasionnelle, des sacrifices humains chez les Hova.

Andriamasinavalona mort, l'État de l'Imerina tomba dans un état d'anarchie continuelle, à peu près semblable à ce qui existe chez les Sakalaves d'aujourd'hui. Certains même de ses rois ne rougirent pas d'appeler cette tribu, alors unie et puissante, à leur secours, au hasard de compromettre à jamais l'autonomie de leur pays. On peut penser si les Sakalaves furent heureux de cette occasion.

Nous n'avons pas à entrer dans le détail de ces luttes et de ces divisions, pas plus qu'à faire la description de la famine provoquée par ces temps de meurtres et de pillages. « Comme les fils d'Andriamasinavalona, nous raconte la tradition, vivaient en perpétuelle discorde, les sujets d'un royaume n'osaient franchir les limites du royaume voisin. Si la récolte venait à manquer quelque part, on préférait mourir de faim, plutôt que de chercher à se procurer des vivres hors de chez soi. »

Cependant les Sakalaves étaient quelquefois repoussés.

Étant venus assiéger au commencement du xviiie siècle Ambohitraza, ils ne purent s'en emparer à un premier assaut, et ils se mirent alors à insulter et à provoquer les Hova réfugiés derrière leurs fossés. Il y avait surtout un géant sakalave, qui portait continuellement un défi à tout assiégé, d'oser sortir et venir se mesurer avec lui. Un brave Hova, nommé Ratsimo accepta le défi. Il n'avait qu'une sagaie et une vieille bêche. Le Sakalave était armé d'un fusil. Quand le champion hova sortit du village, tout le peuple l'accompagnait, et les femmes entonnèrent le chant guerrier des combats.

> *E! E! mahery ny anay!*
> *E! E! tsy ho leo ny olona anay!*
> Eh! Eh! il est brave notre soldat!
> Eh! Eh! il ne sera pas vaincu notre soldat!

Ratsimo fond tête baissée sur son adversaire; celui-ci lui tire son coup de fusil et le manque, et à l'instant il tombe raide mort d'un coup de bêche sur la tête.

V

ANDRIANAMPOINIMERINA (1787-1810)

Nous voici maintenant en pleine période historique. Dorénavant les faits que nous aurons à raconter sont certains dans leur ensemble, quoique enveloppés encore de circonstances plus ou moins merveilleuses. Le Père Callet, qui nous en a conservé le souvenir, les tenait d'hommes qui en avaient été les héros parfois, souvent les témoins, ou qui tout au moins les avaient appris de leurs pères, les auteurs de ces guerres, de ces travaux et de ces réformes.

Andrianampoinimerina est tout simplement un homme surprenant, un de ces rois extraordinairement doués et complets, dont l'apparition suffit pour imprimer une vive impulsion à une nation, la jeter résolument dans les voies du progrès, et, parfois, en faire un grand peuple. Bravoure, intelligence pratique, talent d'administration et d'organisation, il avait tout pour lui, et c'est lui véritablement qui est le fondateur de l'hégémonie hova.

Il était petit-fils d'Andriambelomasina, roi d'Ambohimanga, qui lui-même avait Andriamasinavalona pour grand-père. Il naquit à Ambohimanga, probablement en 1745. Comme tous les grands hommes, une foule de circonstances extraordinaires — peut-être trouvées après coup — firent prévoir et annoncèrent sa grandeur future.

Ainsi, comme le grand Ralambo, il naquit le premier jour de la lune Alahamady, la meilleure de toutes les dates pour un fils de roi. Un jour son grand-père offrit à tous ses enfants et petits-enfants de choisir entre divers objets qu'il leur présentait. Andrianampoinimerina, ou Ramboasalama, comme on l'appelait

alors, prit une petite corbeille pleine de terre : « Celui-ci sera roi,
s'écria le grand-père; à toi, mon fils, la terre et le royaume de
l'Imerina. « Une autre fois, il était allé visiter son aïeule Ramorabe,
la femme du roi d'Ambohidratrimo. Elle le bénit par trois fois,
l'aspergeant d'eau à trois reprises, et pendant trois jours le traita
avec les honneurs dus aux monarques régnants. Et comme ses
propres enfants le lui reprochaient : « Que voulez-vous que je
fasse? répondit-elle; je ne puis aller contre son sort : il régnera. »

Il paraît qu'elle l'aida encore plus efficacement par la suite, en
lui gagnant les principaux d'Ambohidratrimo.

Cependant tous ces signes excitèrent la jalousie de son oncle
Andrianjafy, qui venait de succéder à son père Andriambelomasina,
et qui prit la résolution de le faire mourir. Il échoua, et le peuple,
soulevé en faveur du persécuté, chassa Andrianjafy et proclama
Andrianampoinimerina en sa place (1787).

« Il faut que cette terre m'appartienne, se serait alors écrié le
jeune prince devant tout le peuple, le jour de son installation
solennelle; la mer doit être la limite de mon royaume. »

Parole insensée, semble-t-il, dans la bouche d'un roitelet, qui ne
possédait qu'une faible partie de l'Imerina, et n'était même pas
maître de Tananarive! Parole prophétique cependant qu'il ne
devait pas complètement réaliser lui-même, mais dont il devait
admirablement préparer l'accomplissement réservé aux premières
années du règne de son fils et successeur Radama Ier.

Les sept premières années de son règne furent cependant des
années de paix, pendant lesquelles il se prépara aux grandes choses
qu'il fit ensuite. Il s'unit étroitement avec les rois voisins, particulièrement ceux d'Ambohidratrimo et de Tananarive; il établit
une enceinte de forts et de places fortifiées contre les Sakalaves de
l'ouest et les Antsihanaka du nord; enfin, il institua un conseil des
grands, pris surtout parmi les douze chefs qui avaient le plus
contribué à son élévation, afin de l'aider de leurs avis et de leurs
conseils.

Puis commença l'ère des conquêtes.

Un nouveau fils, celui qui devait être Radama Ier, venait de lui
naître. Pour célébrer cet heureux événement, il envoya un présent
de 1,000 bœufs à chacun de ses deux alliés d'Ambohidratrimo et de
Tananarive, qui les refusèrent, sous prétexte de sorcellerie. Ce fut
une cause de guerre.

Attaqué dans Ambohimanga par ses deux ennemis, Andrianampoinimerina laisse quelques soldats intrépides dans sa capitale,

et s'en va, par une audacieuse diversion, attaquer Tananarive qu'il prend, perd, reprend, reperd encore, pour s'en emparer une troisième fois et la garder définitivement.

Ce fut ensuite le tour d'Ambohidratrimo, qui se défendit opiniâtrement pendant que son roi était encore en vie, mais qui, lui mort, abandonna son fils, un enfant encore en bas âge, et se livra au vainqueur; puis successivement de toutes les autres villes de l'Imerina.

L'unité hova était reconstituée.

Mais Andrianampoinimerina n'était pas satisfait. Successivement, il attaqua et soumit les Antsihanaka, les Bezanozano, puis les Betsileo.

Le récit de ces luttes est mélangé de faits parfois étranges, toujours dramatisés et pleins de pittoresque et de couleur locale.

C'est ainsi que le chef des Tanala, Tohana, chef d'Ambohibeloma, vaincu à la guerre, défia le magicien du roi hova. Pendant une journée, il fit tomber la foudre sur la case de son adversaire, sans que celui-ci en fût incommodé. Mais voici que tout à coup, sa propre case se remplit de serpents qui l'attaquent et l'étreignent de tous côtés. Epouvanté, délirant de frayeur, il avoue enfin la supériorité du dieu protecteur des Hova sur celui des Antsihanaka, et accepte le joug d'Andrianampoinimerina qui montra sa reconnaissance aux serpents, en ordonnant, au gardien de son idole, d'avoir à prendre chaque lundi, au marché, une des portions de bœuf réservées au roi, afin de les nourrir.

Il fallait maintenant conquérir les Betsileo. Ce fut une rude campagne et rien n'est mouvementé comme le récit qu'en ont conservé les traditions de l'Imerina. Placés au sud des monts Ankaratra, les Betsileo se trouvaient divisés en une foule de petites tribus. Andriamanalinarivo était un de leurs plus puissants monarques; c'est donc vers lui que se dirigèrent d'abord les six commissaires royaux de Tananarive, chargés de porter aux habitants du pays des paroles de paix ou de guerre, selon qu'ils voudraient accepter la loi de l'Imerina ou s'y opposer.

Ayant demandé à être introduits auprès d'Andriamanalinarivo, les commissaires ne reçurent aucune réponse, mais ils entendirent chanter de l'intérieur du palais, ces terribles paroles :

« Sont-ce des hommes ou non? Si ce sont des hommes seulement, qu'ils viennent, nous les tuerons. »

Effrayés de ces menaces proférées évidemment à leur adresse, les envoyés hova commencèrent d'abord par prendre la fuite;

mais, honteux de leur terreur, ils revinrent, quelque temps après, sur leurs pas et se présentèrent hardiment à la demeure d'Andriamanalinarivo. Or la même voix chantait encore, au moment de leur arrivée :

« Si ce ne sont pas des bêtes, mais des hommes, qu'ils s'avancent, nous les tuerons. — Nous sommes non des bêtes, mais des hommes, répondirent les Hova, et vous ne nous tuerez point » ; et ils entrèrent auprès du roi des Betsileo.

« Voulez-vous, lui dirent-ils, vous déclarer l'enfant d'Andrianampoinimerina?

— Comment serai-je son enfant, répliqua-t-il, puisque je suis son frère? Chacun gouverne chez soi. »

Prenant alors un bâton, et en mesurant la longueur avec ses bras étendus, il l'envoya au roi d'Imerina en disant :

« Voilà la longueur de ma brasse; si celle d'Andrianampoinimerina est de la même longueur, je me déclare son enfant. »

Or la brasse du roi des Hova se trouvait plus courte. Que faire? Il s'en tira comme aurait fait un des héros d'Homère, et plantant devant lui le bâton, que sa taille dépassa d'un pouce :

« Rapportez à Andriamanalinarivo, reprit-il, que ce n'est pas dans la longueur des bras que consiste la grandeur de l'homme. Je suis plus grand que son bâton. Qu'il se déclare mon enfant. »

Et il lui envoya les plus riches présents. Mais le Betsileo ne voulait pas se vendre pour si peu. Il demanda pour réfléchir deux mois, qu'il mit aussitôt à profit pour fortifier ses États et faire alliance avec les Sakalaves.

Mais voici qu'Andrianampoinimerina lui envoie un superbe lamba en soie, percé d'un énorme trou au milieu. C'était un moyen de l'avertir de la défection de son fils aîné gagné par les présents des Hova. Le malheureux roi n'avait plus qu'à se soumettre.

Il le fit pour un instant, se révolta bientôt, et fut vaincu par le roi des Hova et son fils Radama, qui paraissait pour la première fois sur un champ de bataille, où il se distingua par une valeur chevaleresque.

Le butin fut immense, notamment en esclaves, tellement que la proportion des esclaves Betsileo, en Imerina, à ceux de nationalité différente, est encore aujourd'hui de trois contre un.

L'empire hova mesurait déjà 100 lieues de long sur 40 de large et était quatre fois plus étendu que le royaume d'Andriamasinavalona.

Restaient les Sakalaves. Andrianampoinimerina n'osa pas les

attaquer de front, et il inaugura avec eux cette politique de lente
pénétration, de discrète intervention et de désorganisation, qui a été
depuis la politique constante des Hova vis-à-vis de tous leurs adversaires. Il s'adressa d'abord à Ramitraho, qui gouvernait le Menabe
pour son vieux père Mikiala, et lui proposa un traité d'alliance
entraînant plus ou moins la reconnaissance de sa suzeraineté.
Ramitraho demanda du temps pour réfléchir et se retira dans ses
terres, où il savait bien qu'on le laisserait tranquille. Mais, à sa
place, quelques chefs inférieurs s'abouchèrent avec les envoyés
hova, et montèrent jusqu'à Tananarive. Le roi les combla d'honneur
et de présents, en échange d'un serment de fidélité, qu'il savait
bien ne rien valoir, mais qui lui donnerait à l'occasion un prétexte
pour intervenir dans les affaires du Menabe et de se proclamer leur
suzerain. C'est dans le même but qu'il envoya son fils Ramavolahy
rendre à Ramitraho la visite que celui-ci était censé lui avoir faite,
et assister aux funérailles de son père Mikiala.

Il fut encore plus heureux avec Ravahiny, reine du Boina,
alliée et parente du roi du Menabe. Il la décida en effet à venir à
Tananarive avec sa fille et deux de ses petits-fils, et à lui faire le
hasina, ou acte de vasselage. En retour, il la combla de présents :
400 bœufs, 500 mesures de riz et 1,500 piastres en argent, etc., et
peu de temps après il envoya à ses funérailles un nouveau présent
de 400 bœufs avec 1,200 hommes.

Désormais il avait pris pied chez les Sakalaves, et pouvait
compter sur le temps pour achever son œuvre.

Toute son énergie, toute son autorité, toute sa haute intelligence, seront maintenant consacrées à organiser, à fortifier et à
enrichir cet immense empire qu'il venait de créer.

J'ai parlé plus haut de sa législation, rudimentaire encore et
imparfaite, mais au moins très bien appropriée à son peuple, et
dont la préoccupation constante est de sauvegarder les intérêts de
l'État et de maintenir l'union parmi toutes ces tribus qu'il venait
de soumettre. C'est à ce point de vue qu'il faut se placer pour la
juger sainement et comprendre certaines dispositions qui nous
paraissent excessives et sauvages, par exemple, la peine de la servitude perpétuelle pour la femme et les enfants innocents d'un
rebelle, une forte amende pour un propriétaire incendié, le crime
de haute trahison pour celui qui dépouillait de ses biens un soldat
appelé à la défense du pays, etc.

Il organisa aussi avec une rare intelligence pratique l'administration de la justice, conservée depuis lui à peu près dans le même

état, et faussée seulement par l'intervention intempestive du premier ministre et une vénalité excessive que vraisemblablement le grand roi n'aurait pas tolérée.

Le gouvernement de ses États était aussi remarquablement sage et prudent, avec une indépendance locale qui laissait aux Tempomenakely et aux chefs de villages ou aux rois soumis, une grande initiative et une véritable autorité; et, en même temps, avec un pouvoir central fortement constitué, qui restait en dernier ressort le maître incontesté et toujours obéi. Comme nous l'avons déjà dit, de nouveaux rouages ont été introduits dans cette machine gouvernementale très simple et suffisamment parfaite; tous n'ont pas été d'heureuses innovations et il serait peut-être nécessaire d'en revenir aux cadres d'Andrianampoinimerina, modifiés légèrement suivant les exigences du temps et des changements accomplis.

Il poussa aussi de tout son cœur au commerce et au travail, surtout au travail de l'agriculture.

« Le riz et moi, avait-il coutume de dire, nous ne faisons qu'un. »

Aux nécessiteux qui venaient lui demander de l'argent, il remettait d'abord une bêche, ou *angady*, en leur disant : « Travaillez, et le sol vous nourrira; le paresseux devient nécessairement voleur. »

Il avait toujours une récompense pour ceux qui lui apportaient les produits les plus beaux en riz, en manioc, etc., et l'un de ses plus chers conseillers, Hagamainty, travailla si bien un seul pied de manioc, le fuma avec tant de soin, qu'il en retira, en l'arrachant, la charge de huit hommes.

Il avait déjà fait refaire, au commencement de son règne, les digues de l'Ikopa. Il multiplia partout les travaux de cette nature. Il fit construire la route d'Ambohimanga et creusa un canal pour relier cette ville à Tananarive, l'inaugurant solennellement lui-même dans sa pirogue royale, au milieu des fêtes les plus grandioses et des réjouissances de tout son peuple.

Il fit également tout pour développer le commerce. Il multiplia les bazars ou marchés, ordonna à ses chefs de les protéger et de les encourager, en particulier d'y vendre leurs denrées et d'y acheter à un prix raisonnable tout ce dont ils auraient besoin. C'est lui qui créa les balances et les poids légaux pour peser l'argent coupé; qui fixa la longueur de la brasse pour la mesure des étoffes et fit faire le *vary* ou mesure pour le riz.

Tel fut Andrianampoinimerina.

Par sa sage politique et ses guerres toujours heureuses, il créa, sans parler du Menabe et du Boina qui ne devaient cependant jamais échapper aux Hova, un empire dix fois plus grand que celui qu'il avait hérité de ses ancêtres, quatre fois plus étendu que l'ancien royaume hova avant sa division par Andriamasinavalona. Et, chose plus étonnante encore, il sut si bien organiser ces conquêtes, tellement fondre ces États, jadis si divisés, en un seul, les gouverner avec une telle habileté, leur donner une législation si prévoyante, tellement préparer l'avenir en un mot, que son fils Radama n'aura qu'à continuer l'impulsion donnée pour réprimer des velléités de révolte, conquérir l'est et le nord de l'île, et achever l'œuvre de son père.

Mais un si grand roi ne devait pas être heureux dans sa famille, dans le gouvernement de laquelle il ne montra peut-être pas la même sagesse que dans l'administration de ses États.

Comme il ne voulait qu'un seul successeur et que ses préférences se portaient visiblement sur Radama, si brave à la guerre et si aimé de tous, mais qui avait des frères plus âgés que lui, ceux-ci, par deux fois, tentèrent de se venger en le mettant à mort ou même en assassinant leur père, coupable de leur préférer leur jeune frère. L'un d'eux pénétra même auprès de son père, avec un poignard caché sous son lamba, afin de l'assassiner. Le malheureux roi prévenu par avance, le fit fouiller, garotter et condamner à mort.

Son fils aîné suborna à son tour un esclave royal qui put pénétrer jusqu'auprès du monarque. Mais là, saisi de crainte et d'épouvante à la vue de sa victime, il tomba à ses genoux en s'écriant : « Je suis envoyé par votre fils Ramavolahy pour vous tuer. » Le peuple assemblé demanda qu'on lui livra l'enfant dénaturé et en fit lui-même rapide justice. Mais toutes ces tentatives empoisonnèrent les derniers jours du vieux roi qui, du haut de son palais, suivit de ses yeux, aussi loin qu'il le put, cet enfant dénaturé conduit par son propre peuple à la mort. Tous ses complices furent immolés, ou réduits en esclavage, ou durent se purger de tout soupçon par le *tanghen*.

Craignant une mort subite, Andrianampoinimerina proclama Radama son héritier, et après lui sa jeune femme Mavo, celle qui devait être plus tard la sanglante Ranavalona Iʳᵉ. Puis, suivant la tradition des rois ses ancêtres, il alla à Nosifito, à 12 lieues au nord-est de Tananarive, afin de contempler sa propre image dans le cristal d'une fontaine sacrée, et connaître ainsi sûrement si sa mort était proche. Arrivé seul à l'une des sources du Mananara, il fut épouvanté de sa propre image. Ayant renouvelé la même consultation à la fontaine sacrée de Vodivato, et en ayant reçu la même réponse, il se prépara à mourir.

Deux mois après, il tomba gravement malade. Comme toujours on crut à un empoisonnement, et le *tanghen* fut appliqué à plusieurs individus. Quant au vieux roi, sentant la mort approcher, il réunit autour de lui ses amis, ses parents et les principaux de son royaume, et c'est dans les termes suivants, empreints d'une grandeur funèbre et d'une sagesse bien digne de celui qui les prononçait, qu'il leur fit ses dernières recommandations :

« Je vous confie, dit-il aux officiers de la couronne, mon fils Radama; ne le perdez pas de vue, soutenez-le de vos conseils et ne craignez pas de lui dire la vérité. Vous savez aussi bien que moi ce que nous a coûté ce royaume que je laisse à Radama; mon fils est sans expérience au milieu des difficultés, tâchez donc de le rendre cher à son peuple par les soins attentifs et la justice que vous apporterez dans la direction des affaires du royaume. Si ma mémoire vous est chère, traitez-le comme vous m'avez traité et ne craignez pas de lui dire la vérité, car le souverain n'a pour parents que ceux qui observent ses paroles.

« A votre tour, mon fils, si vos sujets ne se conduisent pas selon les lois du royaume, votre devoir est de les punir, même de la peine capitale, avec privation des honneurs des funérailles. Je ne leur dois rien, je me suis toujours montré reconnaissant envers tous les mérites. Faites votre possible, cher Radama, pour enrichir et fortifier ce royaume dont vous êtes l'unique maître. Tous ces braves vous aideront dans cette lourde tâche[1] ».

Et enfin : « Souvenez-vous qu'après Radama, Mavo son épouse doit avoir ma couronne. Ne l'oubliez pas. »

Puis il ordonna qu'on l'enterra à Ambohimanga et mourut enfin en 1810, à l'âge de soixante-cinq ans, après vingt-trois années du règne le plus prospère et le plus fécond que l'on puisse rêver.

Son fils Radama Ier lui succéda.

VI

RADAMA Ier (1810-1828)

Radama n'eut donc qu'à consolider et à étendre l'œuvre de son père. Il le fit avec beaucoup de bonheur et de courage, parfois aussi avec cruauté. Ainsi il exila sans pitié, ou fit même étouffer dans

1. M. Le Myre de Vilers, note manuscrite.

l'eau d'un bourbier, tous ceux de sa famille qui pouvaient lui porter ombrage. Il marcha ensuite contre les Bezanozano d'Ambohimanga qui venaient de se révolter, les battit, prit leur ville, en brûla toutes les maisons et chassa ses habitants au delà de la forêt à Ambodinangavo.

« Je veux, dit-il, que cette cité rebelle disparaisse à jamais. Malheur à ceux qui penseraient à l'avenir pouvoir s'y établir! Je les saisirais, je mettrais leur corps en lambeaux et les donnerais en nourriture aux chiens. Eh! quoi, nous pleurons encore mon père; son deuil n'est pas fini, et l'on se révolte déjà contre son autorité! »

Puis ce fut le tour d'Ambositra, qu'il avait lui-même prise autrefois et dont il avait tué le roi de sa propre main. Il l'investit étroitement et la contraignit à capituler. Toutes les maisons en furent détruites, tous les hommes mis à mort, toutes les femmes et tous les enfants emmenés en captivité.

Ensuite, le deuil de son père terminé, il tourna ses armes contre les Betsileo également révoltés, les battit en plusieurs rencontres, et les cerna enfin dans le village d'Ifandana, bien au delà de Fianarantsoa leur capitale. Bâti sur un roc à pic et de tous côtés inaccessible, Ifandana ne pouvait être emportée d'assaut. Radama résolut de l'affamer par un blocus rigoureux.

« Obligés de choisir, raconte le Père de La Vaissière, entre les cruelles tortures de la faim et le glaive de Radama, les Betsileo désespérés préférèrent se donner eux-mêmes la mort; on les vit donc se réunir sur les bords du rocher, sur lequel la ville est bâtie, et là, les yeux bandés, commencer au milieu des chants et des cris, et sous les yeux des Hova épouvantés, une ronde infernale qui devait inévitablement les précipiter tous dans l'abîme. Plusieurs milliers périrent de cette façon. Le courage manqua à quelques femmes et à quelques enfants qui, au nombre de 300, devinrent les esclaves des Hova. »

Par ces expéditions et quelques autres, toujours heureuses, Radama eut bientôt rétabli partout la soumission et répandu l'épouvante de son nom jusque dans les endroits les plus éloignés.

C'est à ce moment qu'il entra en relation avec sir Robert Farquhar, le gouverneur anglais de Maurice et, grâce à ses conseils et à ses secours, qu'il s'empara de Tamatave, de Fort-Dauphin, de l'est et du nord de Madagascar, malgré les droits que nous pouvions avoir sur plusieurs de ces places.

Maintenant la grande œuvre de la constitution de l'empire hova était terminée. Il avait atteint ses limites naturelles, celles qu'Andrianampoinimerina lui avait fixées, les eaux de l'Océan. Désormais il s'agrandira à peine d'une province ou deux, Ravanalona I⁰ˢ s'efforçant en vain de s'emparer du pays des Tanala indépendants, et la reine actuelle conquérant Tuléar. Mais tous les efforts de la femme et des successeurs de Radama I⁰ʳ viseront à confirmer et à affermir son unité.

Mais voici que commencent aussitôt la longue rivalité de la France et de l'Angleterre à Madagascar, et conséquemment à cette rivalité de près d'un siècle, la résistance invincible des Hova contre la France. C'est l'un et l'autre fait qu'il nous faut rapidement étudier.

CHAPITRE XXI

FRANCE ET ANGLETERRE

I

POLITIQUE DE L'ANGLETERRE

La France et l'Angleterre ont été pendant tout un siècle en opposition directe à Madagascar, dont elles n'ont cessé un instant de se disputer la possession. Évidemment ce n'est là qu'un épisode au milieu de la rivalité et, parfois, de l'hostilité déclarée, qui ont si souvent divisé les deux nations, à peu près sur tous les points de la terre. Mais deux choses cependant rendent cette lutte spécialement intéressante : l'issue aujourd'hui certaine des compétitions, c'est-à-dire le triomphe définitif de l'influence française, et la diversité très tranchée de situation et de conduite de l'une et l'autre partie pendant cette longue période de temps.

Des droits incontestables et basés sur des titres séculaires, et, en même temps, une faiblesse, une indécision, une négligence, qu'interrompaient seulement par moments des demi-mesures pires que l'inaction ; une série de fautes enfin telle que nous aurions dû cent fois perdre cette magnifique colonie : voilà pour la France.

L'Angleterre, elle, n'avait point de droits. Sir Robert Farquhar, le célèbre gouverneur de Maurice, s'inspirant d'un mot du traité de Paris du 30 mai 1814, par lequel nous abandonnions à l'Angleterre l'île de France, désormais Maurice, « avec ses dépendances », prétendit bien, il est vrai, « qu'il avait reçu l'ordre du gouvernement de Sa Majesté Britannique, de considérer l'île de Madagascar comme ayant été cédée à la Grande-Bretagne... » et par conséquent « de lui maintenir et de lui réserver l'exercice exclusif de tous les droits dont la France usait anciennement[1] ». Mais il dut bien vite

1. Lettre de sir Robert Farquhar au général de Bouvet.

renoncer à cette prétention devant l'évidence des faits, et surtout devant la dépêche du 18 octobre 1816, par laquelle le prince-régent d'Angleterre lui mandait « qu'il avait bien voulu admettre l'explication donnée par le gouvernement français à l'article 8 du traité de paix du 30 mai 1814, stipulant la restitution de certaines colonies et possessions que la France possédait au 1er janvier 1792, dans les mers et sur le continent d'Afrique ».

Dès lors, le gouverneur de Maurice changea de ligne de conduite, et inaugura une méthode très habile, peu honnête souvent, mais constamment suivie et qui devait, à la longue, donner à son pays ce que l'on n'avait pu obtenir par une interprétation abusive des traités.

Puisque l'on ne pouvait prendre Madagascar, il fallait donc d'abord, par tous les moyens possibles, empêcher la France de s'y établir ; et puis, sous le couvert de civilisation, de commerce, d'éducation, d'évangélisation, d'humanité, — peu importerait le drapeau — y pénétrer, y prendre pied, s'y fixer, s'y étendre, y acquérir à la longue une situation telle que nous aurions dû au moment donné, en face du fait accompli, des positions acquises et des intérêts engagés, renoncer à des droits tout platoniques, et accepter une compensation quelconque, quelques arpents de sable peut-être dans les déserts du Sahara.

Cette politique était sûrement adroite, et ce qui la rendit doublement dangereuse pour nous, c'est qu'aucun des successeurs de Farquhar à Maurice, aucun de leurs chargés de pouvoir ou de leurs auxiliaires à Tananarive, Hastie, Ellis, Packenham, etc., ne s'en écartèrent un instant. Tantôt ouvertement soutenus par l'Angleterre et agissant en son nom, tantôt laissés davantage à leur propre initiative, blâmés même parfois extérieurement, mais toujours sûrs d'être approuvés en fin de compte, et toujours secrètement soutenus, ils allèrent constamment de l'avant.

Ils surent en particulier se servir très à propos de tous les secours que leur offrait le caractère hova.

Le Hova apporte toujours trois dispositions bien définies dans ses rapports avec les étrangers. Il est, premièrement, d'une susceptibilité et d'une défiance extrêmes qui lui font prendre ombrage de tout, et l'empêchent de se livrer jamais. Mais, pour corriger l'effet de cette défiance, il a, secondement, un très grand amour de l'argent, qui le rend accessible à tous les marchés. Troisièmement enfin, il est doué, pour tout ce qui lui paraît fort et puissant, d'une crainte et d'un respect innés qui le rendent toujours prêt à baisser la tête et à se soumettre à plus grand que soi.

Les Anglais eurent vite fait de démêler cette triple tendance et d'en tirer tout le parti possible. Et tout d'abord, ils se hâtèrent d'accepter, sinon de faire naître, la prétention affichée par les Hova, encore à cette époque confinés dans leurs montagnes, de devenir les maîtres de l'île entière. Ils les reconnurent aussitôt comme tels, sans tenir aucun compte des droits de la France; et, par des envois d'armes, par des avances d'argent, par leurs conseils, ils les aidèrent dans la réalisation de leur rêve. Bien plus, ils s'acharnèrent à montrer aux Hova, dans les prétentions de la France, le grand danger qui les menaçait, et ne cessèrent un instant de nous représenter comme leurs ennemis-nés et les naturels adversaires de leur autonomie et de leur puissance. Ils allèrent plus loin. C'est à leur instigation en effet et par leurs avis que Radama Ier, en 1817, s'empara de Tamatave, autrefois une possession française, et en ce moment la propriété de notre allié, le roi René; par leurs avis également que ce roitelet sauvage osa nous braver en face en nous sommant « d'avoir à nous retirer au plus tôt de Sainte-Marie, cette terre malgache » que nous venions d'occuper en 1821, et en chassant de Fort-Dauphin l'officier et les cinq soldats français à qui nous en avions confié la garde.

Quant à nos rivaux, ils n'affichaient vis-à-vis des Hova aucune prétention; ils se gardaient bien de laisser voir jamais aucune arrière-pensée. Ils ne voulaient être que leurs amis et leurs alliés désintéressés; les aider dans leurs progrès rapides vers la civilisation; élever leurs enfants à Maurice et à Londres d'abord, puis à Tananarive et en Imerina; leur enseigner les arts, les lettres, les sciences de l'Europe; les aider à se défendre contre leurs ennemis; enfin lier avec eux quelques relations de commerce.

On ne saurait être plus modeste; et qui donc aurait pu prendre ombrage d'intentions si amicales?

Mais en attendant, ils prenaient pied officiellement dans le pays par les deux traités de commerce du 23 octobre 1817 et du 11 octobre 1820; ils fondaient au cœur même de la contrée de puissantes maisons de commerce; et surtout, sous le prétexte de science et d'éducation — car Radama ne voulait d'autre religion que celle de ses ancêtres — ils y introduisaient leurs missionnaires qui, rapidement, s'emparaient de toute la jeunesse[1], et s'entouraient d'une multitude d'adeptes plus ou moins sincères, mais toujours

1. En 1828, ils avaient déjà 33 écoles et 4,000 élèves;

dévoués; car on les payait très bien et on se les enchaînait fort
habilement par des promesses plus généreuses encore, ou des pen-
sions toujours révocables, suivant leur zèle plus ou moins grand,
et leurs services plus ou moins considérables.

Un moment arrêtés dans leur marche en avant par les édits de
proscription de Ranavalona Ire (1835 et 1845); unis même un instant
à la France, en 1845, pour bombarder Tamatave, les Anglais se
reprirent rapidement et réussirent enfin, en 1855, à se faire entr'ouvrir de nouveau les ports de Madagascar.

C'est par leur second moyen d'action, par l'argent, qu'ils y
arrivèrent. 15,000 piastres (75,000 francs) données à propos par le
commerce mauritien à Rainijohary, le favori d'alors de Ranavalona, triomphèrent de toutes les hésitations.

Ce n'était pas du reste la première fois que l'Angleterre recourait à ce moyen toujours si efficace de la corruption.

Déjà en 1816, Lesage, le premier envoyé de Sir Robert Farquhar, n'obtenait accès auprès de Radama qu'à force de présents,
et il le quittait quelques mois plus tard emportant la promesse
d'un traité, mais lui garantissant en retour un secours annuel de
1,000 piastres en or, 1,000 piastres en argent, des armes, de la
poudre, des habits, etc. Et ces générosités continuèrent sans interruption. Ainsi, de 1813 à 1826, le gouvernement de Londres fit
parvenir 1,549,099 fr. 80 à Sir Robert « afin d'assurer le triomphe
de sa politique[1] ». Ce qui a été dépensé depuis, personne ne le
sait. Mais quand Radama II eut rouvert les portes de son empire,
en 1861, les Anglais firent si bien que, deux ans après, le malheureux roi était étranglé, sa femme Rasoherina mise en sa place,
et toutes les influences de la cour tellement passées en leurs mains
que les deux premiers ministres qui, successivement, dirigèrent dès
lors le gouvernement malgache, durent accepter, volontairement
ou non, toutes leurs volontés.

Bientôt ils ne se cachèrent plus pour attaquer ouvertement et
déprécier la France. Sachant bien que le Hova se mettra toujours
du côté le plus fort, ils ne cessèrent un instant d'exalter la puissance et la grandeur de l'Angleterre, et d'abaisser celle de la France.
A les entendre, et cela a été dit et redit à satiété surtout depuis la
guerre de 1870-1871, la France ne pourrait plus rien faire, la
guerre avait anéanti sa puissance; elle n'avait plus d'armes, plus
de vaisseaux, plus de canons; la France n'était plus qu'un tout
petit pays, qui n'oserait jamais agir sans l'assentiment de l'Angle-

1. V. *Vingt ans à Madagascar*, du Père de La Vaissière, p. 179.

terre, ou, pour employer les termes mêmes d'Ellis parlant au prince Rakoto : « Les Français ne sont rien, ils ne peuvent faire un pas, remuer le petit doigt, sans la permission de l'Angleterre. »

Les Hova n'avaient donc rien à craindre d'eux ; et les manifestations navales et les démonstrations de toutes sortes se multipliaient, pour bien imprimer cette vérité dans l'esprit de la cour d'Imerina.

II

POLITIQUE DE LA FRANCE

Nous, de notre côté, nous n'avions rien négligé pour les convaincre de notre faiblesse et de notre impuissance. Dès lors que nous avions des droits sur Madagascar et que nous ne voulions pas y renoncer, et que, d'un autre côté, les Hova, aidés en cela par l'Angleterre, prétendaient bien ne pas en tenir compte, et devenaient ainsi nos adversaires décidés, nous ne pouvions plus recourir aux mêmes moyens pacifiques que l'Angleterre. Nous étions suspects et nous n'aurions pas réussi. De plus, on aurait tout naturellement interprété une telle conduite comme une renonciation à nos justes revendications. Il ne nous restait plus, par conséquent, qu'à agir énergiquement et à imposer par la force ce que l'on refusait de nous accorder pacifiquement.

Mais cela, pendant quatre-vingts ans, les divers gouvernements qui se sont succédé en France n'ont jamais eu le courage de le vouloir. Épuisée par les guerres de la République et de l'Empire, paralysée par l'attitude toujours hésitante et soupçonneuse des puissances, plus encore par ses divisions intérieures, la France de la Restauration pouvait difficilement le tenter dès les premières années de Louis XVIII. Plus tard, lorsqu'elle y était résolue et que, selon toute apparence, elle l'eût accompli grandement et rapidement, la révolution de 1830 vint tout arrêter et tout compromettre.

Tout ce que l'on fit, ce fut de protester énergiquement, par une lettre très nette de MM. Desbassyns de Richemond et Lafitte de Courteil, le Gouverneur et l'Ordonnateur de Bourbon (7 novembre 1817), contre les agissements de Sir Robert Farquhar, et ainsi de réserver formellement l'avenir ; puis, le 1er août 1819, de faire réoccuper Fort-Dauphin par quelques soldats ; et enfin, en octobre 1821, de prendre possession de l'île Sainte-Marie. Ce fut tout, sauf qu'en 1829 le capitaine de vaisseau Gourbeyre bombarda Tamatave, détruisit le fort de la Pointe à Larrée, et s'établit à

Tintingue, en face de Sainte-Marie. Mais il avait échoué devant Foulpointe, et la campagne ne fut pas continuée.

Le successeur de Charles X, Louis-Philippe, était trop occupé à faire rendre à la France, dans le concert européen, la place que lui avait enlevée la révolution de juillet, et il avait pour cela trop besoin de l'Angleterre, pour rien tenter à Madagascar. C'est pourquoi il accepta l'avis du conseil d'amirauté, « que le parti le plus sage à prendre à l'égard de Madagascar était de renoncer, au moins quant à présent, à tout projet d'établissement dans cette île, en prenant toutes les précautions nécessaires pour sauver l'honneur de nos armes. » En conséquence on évacua Tintingue et tout le littoral de la côte est, et nos alliés, les Betsimisaraka, furent abandonnés aux féroces représailles des Hova.

Cependant il fut impossible de s'en tenir à cette inaction absolue. Deux ou trois ans après cette déclaration, la *Nièvre* faisait des sondages dans la rade de Diego-Suarez, en vue d'établissements ultérieurs; en 1840 et 1841, l'amiral de Hell, gouverneur de Bourbon, obtenait pour la France, de divers chefs indigènes, Nosy-Be et les îles qui l'environnent; puis Mayotte et toute la côte nord-ouest, depuis la baie de Passandava jusqu'au cap Saint-Vincent; et ces acquisitions étaient complétées en 1846 par celle de Vohemar; puis, en 1859 et 1869, grâce à l'habileté de l'amiral Fleuriot de Langle, par celle de toute la côte sud, depuis la baie de Baly jusqu'à la baie de Saint-Augustin. Enfin en 1845, lorsque, par un édit d'une barbarie inouïe, Ranavalona ordonna le pillage de tous les biens et l'exil de tous les étrangers qui ne voudraient pas accepter toutes les corvées et toutes les sujétions de ses sujets malgaches, le commandant français Romain Desfossés et le capitaine anglais du *Conway*, Kelly, furent forcés d'intervenir. Le 15 juin, ils bombardèrent la batterie de Tamatave et osèrent en tenter l'escalade avec 300 hommes de débarquement. C'était une imprudence. Ils emportèrent bien les postes avancés, mais ne purent forcer le mur d'enceinte, « faute de munitions », et ils durent se retirer, laissant leurs morts au pouvoir de l'ennemi. A peine avaient-ils levé l'ancre, que dix-huit têtes d'Européens étaient hissées sur le rivage, au sommet de pieux aigus.

Elles y restèrent dix ans.

Le gouvernement de juillet aurait vraisemblablement vengé cette injure et réparé cet échec. Mais une coalition parlementaire vint d'abord retarder, puis la révolution de 1848, empêcher une expédition de plus en plus nécessaire.

Mais, de tous les gouvernements, celui qui a compromis davantage nos droits et nos intérêts à Madagascar; celui qui, sans raison aucune, a tout fait pour perdre cette splendide colonie et la sacrifier à « l'entente cordiale » avec l'Angleterre, c'est le second Empire.

Napoléon III était tout-puissant à l'intérieur et à l'extérieur; il pouvait choisir ses alliés comme il le voulait; un moment même, il fut l'arbitre des destinées européennes. Mais, par une aberration inconcevable dans tout autre que dans cet utopiste dépourvu de tout sens politique, il ne voulut voir que l'Angleterre, toujours prêt à se mettre à sa suite, à favoriser tous ses intérêts, et bien décidé, pour sa propre ruine et celle de la France, à ne jamais lui déplaire. Aussi est-ce merveille que sous son règne l'Angleterre ne se soit pas emparée de Madagascar.

En 1831, un jeune homme de vingt-cinq ans, qui avait déjà fait une fortune aux Indes et était parti ensuite fonder un empire en Afrique, fut jeté par un ouragan sur la côte de la grande île. Recueilli et recommandé par M. de Lastelle, ce jeune homme, M. Laborde, ou, comme tout le monde l'appelle là-bas, le grand Laborde, devenait l'ingénieur de la Reine Ranavalona, et acquérait à Tananarive, par son mérite personnel, par ses grandes qualités de cœur, par son esprit inventif et jamais à bout de ressources, une position exceptionnelle. Sans ouvriers et presque sans instruments, il fondait des canons, faisait des fusils, inventait une fusée, fabriquait de la poudre, et en même temps introduisait sur cette terre étrangère quantité d'autres industries inconnues avant lui : la chaux, le savon, la poterie, le verre, les bougies, etc., etc. Quand tous les Européens étaient chassés, il restait seul, toujours aussi puissant, et cela sans trahir jamais sa patrie, sans abandonner sa foi, ne cessant au contraire de rendre à l'une et à l'autre les plus signalés services, toujours prêt à sauver des victimes et à atténuer, autant qu'il dépendait de lui, les ordres sanguinaires de Ranavalona.

Il avait surtout acquis une influence illimitée sur le prince héritier, le jeune Rakoto, plus tard Radama II, à qui il sut inspirer des sentiments de grandeur et de générosité vraiment extraordinaires chez un Hova.

C'était le temps où la cruauté de Ranavalona faisait rage. Il ne se passait presque pas de jours où les rues de la capitale ne fussent ensanglantées par les exécutions les plus révoltantes. « Des centaines ou même des milliers de personnes, je n'exagère pas, raconte dans son journal le Père Finaz, qui avait pu, grâce à un déguisement, pénétrer et séjourner auprès de M. Laborde, avaient leurs biens confisqués et se voyaient vendues comme esclaves, ou condamnées à périr par le *tanghen*[1], pour des rapports vagues et indécis faits sur leur compte. Tel village était détruit et presque tous ses habitants mis à mort, parce que la Reine ne les aimait pas ; telle personne exécutée, parce que Ranavalona l'avait vue en songe ; tout Priant — ancien disciple des Anglais — était précipité de la roche d'Ampamarinana, à l'ouest du palais, et, au besoin, achevé à coups de lance. »

Rakoto gémissait de ces cruautés de sa mère, et se multipliait pour atténuer le mal. Mais on comprend que les efforts de son dévouement fussent nécessairement restreints.

C'est alors que M. Laborde lui persuada de recourir à Napoléon III. Il ne s'agissait pas de détrôner Ranavalona, ni à plus forte raison de la faire mourir, comme les Anglais l'ont faussement reproché à Rakoto, mais simplement de « sauver le peuple malgache si malheureux[2] », en arrachant la Reine aux funestes influences qui la perdaient et en la mettant dans l'impossibilité de continuer ses cruautés. Pour cela, le prince offrit deux fois à l'empereur, d'abord par une première lettre, datée du 14 juillet 1854, afin de demander « aide et secours contre les ministres et conseillers de la Reine sa mère, et oppresseurs du peuple malgache » ; et ensuite par l'intermédiaire de M. Lambert, en juillet 1855, le protectorat de l'île entière de Madagascar. En même temps, M. Lambert obtenait une charte qui lui livrait, moyennant un dixième du revenu, à lui et à la compagnie qu'il devait former, toutes les mines et toutes les richesses naturelles de l'île, en même temps que « les terrains vagues à son choix pour culture et établissement, et deux ports en toute propriété et juridiction ».

C'était la possession effective de Madagascar, et jamais pareilles circonstances ne se représenteront. Évidemment il fallait une guerre pour mettre à profit l'occasion qui s'offrait ainsi d'elle-même. Mais nous avions pour nous le prince héritier, la partie la plus saine et la plus influente de la population ; et contre nous, seulement une reine accablée de vieillesse et un parti détesté de tous.

« Que Votre Majesté, s'écriait le prince en terminant son message, ne repousse pas la prière que je lui ai faite dans ma précédente lettre, et que je lui renouvelle par l'organe de

---

1. Épreuve par le poison.
2. Lettre de Rakoto à lord Clarendon.

M. Lambert; car le malheur de mon peuple est vraiment à son comble! »

Et les chefs malgaches ajoutaient de leur côté, après une touchante description de l'épouvantable tyrannie qui les écrasait :

« Sire, si nous mettons tant d'instances à vous prier de ne pas retarder les secours qui seuls peuvent nous sauver, ce n'est pas seulement à cause des malheurs présents, c'est aussi par crainte d'un malheur irréparable... Nous craignons qu'on ne l'assassine (le fils de la Reine), comme le seul moyen de l'empêcher de régner par la suite. Secourez-nous donc, Sire. »

Or, à des offres si avantageuses et à des avances aussi touchantes, que répondit Napoléon III? C'est à peine croyable, et M. de Freycinet avait un précédent à invoquer pour se défendre, quand il abandonna l'Égypte aux Anglais.

En 1855, alors que l'Angleterre nous avait tant d'obligations pour l'expédition de Crimée, et que l'empereur lui-même était à l'apogée de sa puissance, au lieu de prendre un parti et d'agir au mieux des intérêts et de l'honneur français, il envoya M. Lambert à lord Clarendon, *pour demander l'avis du gouvernement anglais, et, au besoin, proposer un protectorat à demi entre la France et l'Angleterre.*

Heureusement que lord Clarendon refusa. Ce fut une faute de sa part, car le condominium franco-anglais à Madagascar se fût infailliblement terminé comme le condominium égyptien. Mais il se servit de cette communication, de sa nature toute confidentielle, pour avertir Ellis, alors à Londres. L'agent de la *London Missionary Society* repart aussitôt pour Madagascar, obtient à force d'instances de monter à Tananarive, révèle tout à la Reine, et ne se donne de repos qu'après avoir fait chasser M. Lambert, M. Laborde et tous les blancs. Il n'avait pas longtemps à attendre ce triste résultat.

Que les Anglais, en dépit de nos droits, nous aient combattus à Madagascar; qu'ils aient semé dans ce but l'or à pleines mains[1], qu'ils aient mis en œuvre toute leur puissance et toutes les ressources de leur diplomatie; qu'ils aient entravé et retardé la fondation de la Mission catholique; qu'ils aient lutté d'influence contre le baron Lambert et M. Laborde, on peut le comprendre, sinon l'excuser. Mais ce que l'on ne comprendra jamais, ce que l'on ne saurait assez flétrir, c'est que des hommes qui ont toujours sur les

1. Ellis apportait 250,000 francs avec lesquels il se faisait fort de tout bouleverser.

lèvres les mots d'humanité et de civilisation, des hommes qui se
sont fait une spécialité de vouloir abolir l'esclavage et répandre
partout la liberté politique et le progrès, se soient mis du côté d'un
tyran tel que Ranavalona contre des hommes comme Rakoto,
Laborde et Lambert, et qu'ils aient, par leur intervention, leurs
calomnies et leurs mensonges, provoqué la mort, l'exil, la perte de
la liberté de milliers et de milliers d'innocents. Un mot s'échappe
de ma plume à la vue de cette contradiction entre les paroles et les
actes, c'est celui d'hypocrisie. Jamais il ne fut mieux mérité.

En tout cas, si Ranavalona hésita d'abord à sévir contre
MM. Laborde et Lambert, elle se vengea cruellement sur ses
pauvres sujets, et, de toutes les années de son règne, l'année 1857
fut la plus féconde en massacres odieux.

« Je ne saurais mieux, dit dans son journal privé le Père Finaz,
témoin oculaire de toutes ces atrocités, comparer l'état du royaume
de Ranavalona, en mai 1857, qu'à notre règne de la Terreur, mais
de cette Terreur de 93, qui ôtait jusqu'au courage du désespoir,
jusqu'à l'idée de se soustraire à cette terrible situation. On n'ose
sortir, de crainte de ne plus rentrer chez soi ;... on tremble pour sa
femme et ses enfants, car ils seront vendus, et tous leurs biens
confisqués, si soi-même on est accusé, ce qui veut dire condamné ;
car à la moindre dénonciation on est exécuté, sans même être
averti du motif de sa condamnation... Chaque jour, il y avait
deux, quatre, six individus condamnés juridiquement à mort...
Le 12 mars, la Reine, véritablement folle de cruauté, assemble le
peuple, lui reproche de ne pas se dénoncer assez, et enjoint à tous
ceux qui se sentiraient coupables de se dénoncer eux-mêmes, leur
promettant la vie sauve. Pendant six semaines, près de deux mille
malheureux s'accusèrent de divers crimes, que souvent ils n'avaient
pas commis, espérant par là échapper à des dénonciations qui
toujours entraînaient la mort, quelquefois par l'eau bouillante ; et,
en un seul jour, douze cent trente-sept furent condamnés aux fers à
perpétuité, leurs biens confisqués, leurs femmes et leurs enfants
réduits en esclavage. »

Cela alla si loin que les « Priants » ou « gens de la prière », les
fils des convertis du temps de Radama Ier, véritable parti politico-
religieux, avec ses chefs et ses réunions secrètes, se décidèrent à
ourdir un complot pour délivrer le pays de l'infâme Rainijohary,
le favori de la Reine, et l'auteur de tous ces crimes. Ils agissaient
pour le compte de Rakoto, et avec l'assentiment de MM. Laborde
et Lambert. Or, le Rév. Lebrun, digne émule d'Ellis, fit tout pour

les arrêter, parce qu'ils allaient servir la France : « Vous êtes protestants, leur écrivait-il; prenez garde à ce que vous faites, votre
travail n'aboutira qu'à établir le catholicisme. »

Il ne put cependant les faire changer d'avis, mais il leur fit
perdre du temps, jeta le trouble parmi eux, et finalement, peut-
être à son instigation, ils furent vendus à Rainijohary par le seul
Hova créé jusque-là ministre de la religion réformée, et le chef
des écoles protestantes de l'Imerina. Tous ceux qui ne purent
s'enfuir ou se cacher furent exécutés.

Puis, ce fut le tour des Européens. On donna du tanghen à des
poules représentant chacun d'eux, et comme toutes ces poules
moururent, sauf celle du Père Weber, ou M. Joseph, qui avait
autrefois soigné le frère de Rainijohary, tous furent exilés
(17 juillet 1857).

Ainsi Ellis avait atteint son but. MM. Laborde et Lambert
avaient complètement échoué; la France ne s'établirait pas à
Madagascar; Rakoto, livré pendant quatre ans aux plus perfides
influences, n'y résisterait pas et deviendrait un prince débauché et
corrompu, sans principes et sans force. C'était tout ce qu'il
désirait. Par sa faute, le sang avait coulé à flots; le peuple malgache râlait dans les tortures; tous les résultats obtenus, même
par les Anglais, étaient détruits. Qu'importe? la France était
vaincue et il était content.

Au reste, il ne s'en tiendra pas là.

III

LE TRAITÉ ET LA CHARTE LAMBERT

Le 16 août 1861, mourait la vieille Reine Ranavalona, et,
malgré toutes les intrigues du palais, elle était remplacée par son
fils Rakoto, qui prit le nom de Radama II.

Aussitôt Madagascar est ouverte à tous les étrangers, commerçants, missionnaires, ingénieurs, savants. Liberté complète est
accordée à tous d'enseigner, de prêcher, de se faire baptiser. Le
nouveau roi écrit au Souverain Pontife, qui lui répond la lettre la
plus paternelle qu'on puisse imaginer; puis, à l'empereur, qui lui
envoie une ambassade pour le féliciter et rehausser l'éclat de
son couronnement. Un traité est signé avec la France (12 septembre 1861), qui reconnaissait Radama II « roi de Madagascar,
sous la réserve des droits de la France », et nous accordait les

avantages les plus sérieux; la charte Lambert est confirmée; et l'Angleterre, qui avait aussi envoyé une ambassade, n'obtient son traité que trois mois plus tard.

Seulement, pour être valides, l'un et l'autre traité devaient auparavant être ratifiés en Europe. Ce fut peut-être une faute. Ce délai, en effet, donna à Ellis le temps d'agir, de comploter, de semer l'or, de compromettre le roi. Le vieux parti malgache releva la tête, et, le 12 mai 1863, Radama était assassiné; par qui? par Rainivoninahitriniony, chef de l'armée et premier ministre, furieux de ne pas se sentir le maître absolu, et jaloux de la faveur accordée aux Européens! Extérieurement, oui. En fait, Ellis a toujours été soupçonné d'avoir occasionné, peut-être préparé ce crime, et il semble bien difficile de le laver de cette infamante accusation. Ses antécédents, son caractère, sa conduite, la somme énorme — 1.300.000 francs, — qu'il dépensa pendant l'année 1862, enfin le parti qu'il tira pour l'influence anglaise de ce régicide, tout concourt à l'accuser. « Tout en ayant l'air d'être dévoué à Radama, écrit à cette occasion un voyageur anglais qui se trouvait alors à Tananarive, ne voulait-il donc que le détrôner, par haine de M. Lambert, et pour renverser tous les plans de ce dernier? Il y a des personnes, même des Anglais, qui le croient et qui le disent. » Et un autre Anglais, de Tamatave celui-là, était encore plus explicite : « Les Français et les Anglais de Tamatave s'accordent pour accuser Ellis d'être l'auteur de tout le mal, bien qu'involontairement peut-être. » Packenham pensait de même, semble-t-il.

Quoi qu'il en soit, c'était maintenant à la France à parler. Le traité était revenu de Paris, ratifié et signé, et M. Lambert venait d'arriver à Tamatave avec toute une armée d'ingénieurs, d'ouvriers et de mineurs, pour commencer les travaux d'exploitation et prendre possession des terrains et des ports à lui concédés par sa charte.

De Tananarive, on fit dire qu'on désirait entrer en négociations pour un nouveau traité. Mais le commandant Dupré signifia aussitôt au gouvernement hova sa décision : ou le traité tel qu'il avait été conclu et signé, ou les conséquences du refus. C'était un ultimatum, et, s'il n'était pas accepté, M. Laborde avait ordre d'amener son pavillon et de descendre à Tamatave avec tous ses nationaux.

Le commandant Dupré n'avait point d'ordres; puis il n'était pas sûr d'être soutenu à Paris, s'il brusquait les événements. Dans une telle situation, que pouvait-il faire? Aussi, lorsque après deux mois d'hésitations, Rasoherina rejeta l'ultimatum et envoya une ambassade en Europe pour gagner du temps, il n'osa pas agir. L'empereur se contenta de montrer de la mauvaise humeur et de réclamer pour le baron Lambert une indemnité d'un million, qui ne fut obtenue que longtemps après, et payée à Tamatave contre la remise du texte officiel de la charte que les officiers hova brûlèrent publiquement.

Mais un fait s'était passé dans l'intervalle qu'il faut faire connaître à l'honneur de ces deux grands Français, Laborde et Lambert, qui après avoir travaillé toute leur vie pour donner Madagascar à la France, et n'avoir échoué que par la pusillanimité du gouvernement qu'ils servaient, voulurent du moins lui conserver tous ses droits.

Pendant les longues négociations pour l'indemnité, le consul anglais Packenham offrit à M. Lambert de lui acheter sa charte, et il lui en proposa 1 million de livres sterling, ou 25 millions de francs, c'est-à-dire 24 millions de plus que le montant de l'indemnité réclamée par Napoléon. C'était une fortune quasi princière pour ces deux hommes; car il ne faut pas oublier que c'est M. Laborde qui avait conduit toute cette affaire et qu'il était l'associé de M. Lambert. Ils refusèrent. Et quand on songe que M. Laborde était presque pauvre; que ses héritiers n'ont recueilli que quelques épaves de sa fortune, que ses petits-neveux ont à peine de quoi suffire à leur éducation, on ne peut s'empêcher de penser que la France ne lui a pas rendu justice.

Or voici l'aveu que Packenham, mourant à Tamatave en 1883, faisait à un Jésuite missionnaire, de qui je le tiens : « Mon Père, en faisant cette offre, je n'avais aucune instruction; mais je suis certain que six mois après, j'aurais eu vingt-cinq vaisseaux de guerre sur les côtes. »

Cela se passe de tout commentaire.

A ce moment tout paraissait perdu pour la France à Madagascar. Brisé et découragé, M. Laborde donnait sa démission de consul. L'Angleterre obtenait en 1865 un traité de paix qui lui livrait toute l'influence, et nous rendait extrêmement difficile la conclusion d'un traité semblable. Et de fait, ce n'est que trois ans après que M. Garnier parvenait à le conclure. Le premier ministre Rainivoninahitriniony, puis son frère Rainiharivony, qui le supplanta en 1864, étaient vendus aux missionnaires protestants, dits Indépendants, ou du moins obligés d'accéder à toutes leurs volontés; la Reine et son premier ministre recevaient le baptême, en 1869, des mains de ces missionnaires, et leur religion devenait la religion d'État de Madagascar; les lois étaient refondues par eux, l'instruction donnée par leurs disciples, l'armée réorganisée sous leur contrôle, la politique enfin du palais soumise à leur inspiration, sinon entièrement dirigée par eux.

Une seule force leur résista et sauva là-bas les épaves de notre influence, empêcha notre nom d'être à jamais oublié et continua à faire aimer la France, je veux dire la Mission catholique. Oui, c'est là un fait que l'on ne doit pas oublier, et qu'il est bon de redire, surtout maintenant que l'heure des réparations approche : avec et après M. Laborde, c'est à la Mission catholique que nous devons de n'avoir pas perdu Madagascar.

Fondée sous Radama II, après plusieurs essais héroïques tentés au milieu de circonstances extraordinaires sous Ranavalona Iʳᵉ, la Mission se développa d'abord rapidement. Persécutée ensuite, entravée, tracassée de toutes les manières par le gouvernement hova, qui au fond ne voulait cependant pas la détruire, afin de se réserver à l'occasion un point d'appui contre l'ambition anglaise, elle continua néanmoins, à sa manière, l'œuvre de M. Laborde, en luttant, en se dévouant, en souffrant, en gagnant peu à peu du terrain.

La France ne songea guère à elle, et ne lui prodigua ni ses secours ni ses encouragements. Si elle inséra une clause en sa faveur dans le traité de 1868, elle n'en surveilla jamais l'observation ; si M. Laborde, qui avait repris les soins du consulat après le départ de M. Garnier, lui fut toujours généreusement dévoué, sa voix ne trouvait aucun écho aux Tuileries ; si enfin, Napoléon III lui accorda sur sa cassette, en faveur de ses écoles, un faible secours de 20,000 francs, cette allocation fut diminuée de moitié en 1871, puis totalement supprimée en 1872, en des termes qui ressemblent à une abdication : « Cette subvention, écrivait en effet l'amiral Pothuau, était justifiée par l'action prépondérante que le gouvernement avait l'intention d'exercer sur Madagascar. Aujourd'hui *qu'on a complètement renoncé à cette politique*, la subvention n'a plus de raison d'être et l'allocation totale disparaîtra en 1872. »

Nous sommes en ce moment à l'époque la plus triste pour notre influence à Madagascar. Si le commandant Lagougine, parlant haut et ferme, rappelle les Hova à l'observation du traité de 1868, et les oblige à lui offrir une indemnité de 20,000 francs, il est blâmé à Paris. Nous n'avons plus ni influence ni action. Les Anglais seuls restent les maîtres et dirigent tout. En fait, ce sont eux qui gouvernent Madagascar. Et par leur arrogance, par leurs injustices, par leur haine du nom français, ils rendent nécessaire la guerre de 1882.

Ce fut une grande faute de leur part, et c'est ce que ne cessait de répéter leur consul Packenham mourant, épuisé, à Tamatave : « C'est une folie, s'écriait-il; par leur impatience ils détruisent mon œuvre de vingt ans. » Il avait parfaitement raison.

IV

L'ANGLETERRE PENDANT LA GUERRE DE 1883-1885

La France cependant ne pouvait plus reculer. Ses griefs étaient trop graves et ses raisons d'intervenir trop urgentes.

Non seulement, en effet, la position de la Mission catholique devenait intenable, surtout depuis la loi sur les écoles qui dérogeait complètement au traité de 1868; non seulement, après la mort de M. Laborde, ses biens étaient confisqués par le gouvernement malgache, au détriment de ses neveux MM. Edouard Laborde et Campan; mais encore, et cela était autrement grave, l'article 85 des lois de 1881 nous dépouillait de tout espoir de rien posséder à Madagascar, malgré toutes les stipulations contraires du traité de 1868 : « La terre de Madagascar, y était-il dit, ne saurait être vendue à personne, ni mise en gage entre les mains de qui que ce soit, non sujet de la Reine. » Enfin, dernière insulte, grâce aux menées personnelles des missionnaires anglais Parrett, Pickersgill et Kestel-Kornish, notre drapeau était remplacé sur la côte nord-ouest, en face de Nossi-Bé, par le drapeau hova.

M. Duclerc, alors président du conseil, et M. de Mahy, qui faisait l'intérim de la marine, comprirent ce que leur imposait la dignité de la France: l'amiral Pierre reçut l'ordre de bombarder Tamatave.

On connaît le reste.

De cette triste guerre, faite sans suite, sans but arrêté, sans plan bien défini, comme au hasard et au gré de tous les changements de personne, et du traité qui la termina, je ne veux rien dire pour le moment.

Mais il est de mon sujet de faire ressortir le rôle que joua l'Angleterre dans l'un et l'autre de ces deux événements. Elle n'avait qu'à se retirer et à ne pas intervenir entre nous et une peuplade de barbares qui nous avait insultés. Toute autre nation, même l'Allemagne, eût considéré cela comme un devoir. L'Angleterre ne put s'y résoudre. Si, en effet, lord Granville refusa aux envoyés malgaches toute promesse de secours et leur conseilla la paix, d'un autre côté, pour leur faire plaisir et pour isoler la France dans ses réclamations, il renonça au droit de propriété que lui conférait le traité de 1865 ; et son exemple fut suivi par les États-Unis, l'Allemagne et l'Italie. On sait tout le bruit qu'il fit pour l'emprisonnement du Rév. Shaw, accusé cependant d'avoir empoisonné nos soldats. Enfin, sans parler de l'Anglais Willoughby, qui dirigea les opérations malgaches contre nous, et fut ensuite le plénipotentiaire du gouvernement hova pour le traité de Tamatave, l'Angleterre, alors que l'Allemagne interdisait à ses nationaux de vendre des armes aux Malgaches, laissa aux siens toute liberté — est-ce assez dire ? — de leur en fournir.

Ce fut autre chose encore pour la conclusion de la paix. Ne vit-on pas en effet, vers la fin de l'année 1884, des protestants français, et à leur tête MM. Frédéric Passy et de Pressensé, se rencontrer dans cette triste réunion de l'hôtel du Louvre avec des Anglais, Gillett, Alexander et autres, et y prendre la résolution de peser sur notre gouvernement pour lui faire abandonner tout projet d'établissement à Madagascar ? M. Frédéric Passy osa même écrire une préface pour un livre où un certain Saillens exposa la doctrine de l'abandon comme « *une gloire pour la France et un progrès pour la civilisation* » ; et ce livre fut adressé à tous les membres du Parlement, au moment même où ils devaient se prononcer sur la question, par le vote des secours que venait de leur demander le ministère. Ne fut-ce pas aussi un Mauricien d'origine et un adversaire de l'influence française, le consul italien Maigrot, que l'amiral Miot accepta comme intermédiaire pour des ouvertures de paix ? Enfin, le 14 août 1885, le protestant et néfaste ministre des affaires étrangères, M. de Freycinet, ne recevait-il pas dans son cabinet M. Proctor, consul de Madagascar à Londres, et le célèbre Parrett, venus « *pour convaincre la France de la futilité d'un protectorat français* [1] ». Et leur intervention ne fut pas sans résultat, car c'est aussitôt après que M. Patrimonio fut envoyé à Tamatave et qu'il fut chargé, de concert avec l'amiral Miot, de faire accepter, en le modifiant si besoin était, un plan de convention préparé à Paris et concerté — on a pu l'affirmer avec vraisemblance — entre le ministre président du conseil et les délégués protestants, anglais et français [2].

Aussi le parti anglais à Tananarive ne s'effraya nullement de ce

1. Témoignage de Pasfield Oliver.
2. V. fascicule du *Livre jaune* de 1885, sur les événements de Madagascar.

traité, et sans perdre un instant il se mit à l'œuvre pour l'éluder et en faire une lettre morte.

1° Le gouvernement de Londres reconnut le ministre des affaires étrangères de Madagascar à Tananarive et entra en relations avec lui; de même, il continua ses rapports avec le délégué malgache à Londres. C'était aller contre l'esprit du traité de 1885.

2° Ses agents à Tananarive, et en particulier la Banque Orientale, firent tout pour obtenir l'emprunt malgache et fonder ainsi d'importants intérêts financiers anglais en Imerina. Un instant même, ce but parut atteint, et il ne fallut rien moins que l'intervention personnelle de M. Le Myre de Vilers sur le marché de Londres, pour empêcher de trouver l'argent.

3° Une nuée de solliciteurs ou d'aventuriers anglais se précipitèrent à Tananarive pour quémander et obtenir de vastes concessions qui devaient leur assurer les richesses minérales et les ressources naturelles du pays, alors même que la France en acquerrait le gouvernement.

4° Enfin, l'Église établie multipliait ses efforts pour se répandre partout, pour monopoliser l'éducation et continuer à diriger la politique malgache.

V

CONVENTION DU 5 AOUT 1890

Mais voici que, le 5 août 1890, est signée entre M. Waddington, notre ambassadeur à Londres, et lord Salisbury, la convention franco-anglaise, qui, en échange de l'abandon de nos droits à Zanzibar et dans l'île de Pemba, reconnaissait notre protectorat avec toutes ses conséquences à Madagascar.

Je transcris ici le texte authentique de cet instrument, qui changea subitement nos relations avec la cour d'Imerina, et fut l'occasion, sinon la cause, des difficultés ultérieures.

Déclaration du gouvernement anglais.

« Le soussigné, dûment autorisé par le gouvernement de Sa Majesté Britannique, fait la déclaration suivante :

« Le gouvernement de Sa Majesté Britannique reconnaît le protectorat de la France sur l'île de Madagascar, avec ses conséquences, notamment en ce qui touche l'*exequatur* des consuls et agents britanniques, qui devront être demandés par l'intermédiaire du résident général français.

« Dans l'île de Madagascar, les missionnaires des deux pays jouiront d'une complète protection. La tolérance religieuse, la liberté pour tous les cultes et pour l'enseignement religieux, sont garanties.

« Il est bien entendu que l'établissement de ce protectorat ne peut porter atteinte aux droits et immunités dont jouissent les nationaux anglais dans cette île.

« (Le reste a trait à l'Afrique équatoriale.)

                                        « *Signé* : SALISBURY. »

Londres, le 5 août 1890.

Trois mois plus tard, l'Allemagne signait une convention semblable.

Diplomatiquement, nous étions donc bien en règle, et il devenait, semble-t-il, impossible à toute puissance, même rivale, de continuer à nous faire opposition. En fut-il ainsi pour l'Angleterre?

Pour l'extérieur et officiellement, la conduite du Foreign Office a été correcte, mais sans bienveillance. Il a cessé toute relation avec le ministre des affaires étrangères malgaches, et a toujours passé par l'intermédiaire de notre Résident Général; il a reconnu notre droit d'*exequatur*; mais, pour ne pas s'engager, a tenu à n'avoir qu'un gérant de consulat, au lieu d'un titulaire; de même, à Londres, il a rompu avec le consul malgache. Cela était de stricte obligation. Mais le gouvernement anglais n'a point empêché ses nationaux de vendre des armes aux Hova; dans la question des tribunaux à établir, il n'a jamais voulu soumettre ses sujets à notre juridiction, et il est toujours prêt à épouser toutes les querelles et à croire à toutes les plaintes de ses missionnaires ou de ses marchands, fussent-ils des aventuriers ou des écumeurs de mer venus de l'Afrique ou des Indes. D'aucuns l'accusent même de soutenir et d'exciter la vive opposition et la violente campagne que souleva à Tananarive et dans une partie de public anglais la convention de 1890. Est-ce à tort ou à raison? Il serait difficile de le dire. En tout cas, ces agissements ne sont pas invraisemblables, et le moins qu'on puisse affirmer, c'est que l'Angleterre serait toute prête à profiter de ce mouvement s'il venait à réussir.

Aussitôt, en effet, la convention connue à Tananarive, ce fut dans la colonie anglaise une explosion de plaintes amères et d'imprécations contre lord Salisbury. C'était une infamie et une indigne trahison de la part du chef du Foreign Office. Comment avait-il pu, d'un trait de plume, sacrifier ainsi tous les intérêts anglais, toutes les conquêtes de ses missionnaires? La France allait venir, qui fermerait Madagascar au commerce britannique, chasserait ses nationaux, persécuterait sa religion. On n'oubliait rien, ni le Pape ni les Jésuites, pas même l'Inquisition. On en appelait au parti libéral, à Gladstone, à Labouchère, à Sir Charles Dilke, à l'Amérique, à l'Australie, à l'Afrique du Sud[1]. Et en attendant, on fondait des cours de français dans les écoles de l'Imerina, afin d'être prêts à toute éventualité. C'était plus pratique.

Mais quand nos rivaux virent la France ne pas tirer parti de son avantage et ne rien faire pour s'établir à Tananarive; lorsque le premier ministre, sous l'influence et la direction de Parrett, refusa de reconnaître la convention franco-anglaise, et en prit occasion pour commencer une vive campagne contre nous, les Anglais reprirent confiance et parurent espérer une seconde fois pouvoir éluder la puissance française.

Plus forts que jamais au palais, ils profitèrent de leur influence, d'abord pour se faire donner des concessions tellement considérables qu'elles eussent rendu notre autorité, le jour où on voudrait l'imposer, complètement illusoire; et il fallut que la France intervint, du haut de la tribune d'abord, puis, par la déclaration authentique faite au premier ministre, que toute concession non reconnue et non enregistrée à la Résidence française, serait nulle et non avenue.

Puis nos adversaires entamèrent une violente campagne de presse pour demander la *neutralisation* de Madagascar. Prières, menaces, insultes, il n'y a rien qu'ils n'aient essayé, sans s'inquiéter de devenir grotesques à force de vouloir être violents. La France va permettre la traite des nègres et détruire le grand acte d'humanité de Rainilaiarivony, en 1877, quand il délivra tous les Mozambiques; elle va faire de Madagascar un lieu de déportation, et pervertir tous ses habitants en même temps que ceux de l'Afrique du Sud; elle va tout piller, tout saccager, tout détruire; elle va ramener la barbarie. D'autres fois on fait appel aux sentiments chevaleresques de notre nation, on la supplie de ne pas opprimer ce peuple jeune et plein d'avenir, de ne pas lui ravir sa liberté; ou bien on se tourne vers la mère-patrie, on lui montre les Seychelles et Maurice perdus, la route de l'Inde coupée, sa suprématie dans l'océan Indien détruite. D'autres fois, on ergote sur la convention franco-anglaise, qui n'a pu reconnaître le protectorat français, car

1. *Madagascar News*, passim.

elle n'a reconnu que ce qui était dans le traité de 1885, où il n'y a pas un mot pour établir ce droit de protectorat; ou bien on nous laisse entendre qu'on évacuera l'Égypte si nous renonçons à Madagascar.

On cite toutes les adhésions à cette politique, on évoque tous les témoignages, on tronque les textes, on dénature les faits, on affirme ce que l'on sait être faux; on est allé jusqu'à railler la mort du malheureux Muller[1]. Bref, c'est une campagne sans nom, sans dignité, sans pudeur, et qui seule suffirait à déshonorer ceux qui la mènent.

Et cette même campagne se poursuit aussi en Angleterre, où l'opinion se dessine nettement contre nous. Tous les journaux s'en occupent, et ne laissent guère passer une occasion de nous être désagréables.

Voici, par exemple, l'analyse d'un article paru le 20 janvier 1894 — alors que l'on parlait déjà d'une expédition — dans une revue hebdomadaire fort répandue et très influente, le *Spectator*. Je prends celui-là de préférence, parce qu'il donne la note exacte de l'opinion moyenne en Angleterre, même parmi ceux qui sont réputés nous être le plus favorables.

D'abord, l'écrivain politique reconnaît que l'Angleterre n'a pas le droit d'intervenir, si la France veut faire la guerre à Madagascar, et il proclame que « Madagascar serait une splendide possession pour toute puissance européenne *qui saurait en tirer parti.* » Mais il exagère aussitôt à plaisir tous les dangers d'une telle expédition : « Cette conquête, dit-il, sera une entreprise sérieuse, *surtout pour la France...* Les Hova, c'est bien compris, entendent se défendre, et ils sont très en état de le faire... Ils sont organisés et braves... Ils obtiendront des armes de l'Angleterre, de l'Allemagne, de la Hollande, du Portugal. » Puis il y a les fièvres, et trois chaînes de montagnes à traverser; il y a l'Afrique du Sud qui aura son mot à dire; il y a les missionnaires protestants et leurs auxiliaires en Angleterre, dont l'amertume sera grande et l'opposition redoutable pour un cabinet libéral; il y a les officiers anglais, qui commanderont les troupes malgaches.

Sans doute la France triomphera; mais pour cela, il lui faudra faire appel à ses conscrits, et ses paysans détestent de telles aventures. Ah! si M. Clémenceau était député, de tels projets seraient réduits en poudre! En son absence, le ministère obtiendra probablement un vote de confiance. Quel dommage cependant!

1. V. *Madagascar News*, passim.

car « seuls de toutes les races africaines, les Hova ont montré une telle capacité à s'élever à un certain niveau de civilisation, que ce serait mille pitiés d'interrompre une expérience promettant de tels avantages. »

Enfin, il conclut par ce mot réellement très aimable à l'adresse de nos députés : « La Chambre française, qui n'est pas très forte en géographie, ne prendra vraisemblablement pas ces arguments en considération, mais il reste à voir si, bien que les futures élections soient à trois ans de distance, les représentants s'aventureront à voter un budget de guerre si considérable, pour la conquête d'une île africaine, dont leurs électeurs n'ont jamais entendu parler. »

Depuis le départ de M. Le Myre de Vilers, la campagne de presse devient de plus en plus violente en Angleterre. C'est la réédition de ce que l'on vit en 1893, à propos des affaires de Siam. Un communiqué officiel fait connaître que tous les droits des sujets anglais seront respectés. Mais contre qui et quels droits ? Chaque jour, le *Standard*, le *Times*, les gazettes de tout nom et de toute couleur, donnent de toute leur artillerie.

On aurait tort de s'émouvoir beaucoup de ce bruit, et de croire qu'il annonce des actes. Qui connaît un peu la colonie anglaise de Madagascar ne démentira pas notre prophétie : cette colonie ne sera pas longtemps avant de venir nous féliciter d'avoir su agir, et elle se hâtera d'adhérer à notre protectorat quand il sera réel, suivie en cela, comme elle l'est aujourd'hui dans son explosion de colère, par l'opinion anglaise.

De tous ces cris et de toutes ces menaces, un seul mot est à retenir, c'est celui qui termine l'article cité du *Spectator* : « Si jamais, dit-il, arrive cette guerre européenne, si souvent annoncée, une des innombrables questions qu'elle résoudra sera l'avenir de Madagascar. » Voilà le mot lâché, et le dernier espoir de l'Angleterre : une guerre européenne dans laquelle nous serions battus, et qui lui donnerait Madagascar. Et c'est pourquoi elle tente tout pour nous faire différer l'effort décisif.

Elle agissait de même au printemps de 1830, lorsqu'on préparait la glorieuse expédition d'Alger ; on sait tous les efforts que fit l'Angleterre, toutes les menaces qu'elle nous prodigua, toutes les entraves qu'elle imagina pour nous arrêter, et aussi la noble attitude, si ferme, si fière, si française du gouvernement de Charles X. « Quant aux Anglais, s'écria le roi lui-même dans le conseil des ministres du 21 mars, où l'on passa en revue les dispositions et les réponses de toutes les cours de l'Europe, nous ne nous mêlons pas de leurs affaires, qu'ils ne se mêlent pas des nôtres[1]. »

Ce sera le mot de la fin. Aussi bien ne pourrait-on dire rien de plus français, de plus plein de bon sens. Cette parole royale, trop souvent oubliée depuis qu'elle fut prononcée, l'a été, tout particulièrement, par Louis-Philippe et par Napoléon III, en ce qui concerne Madagascar. La France constate avec plaisir que le gouvernement actuel et son ministre des affaires étrangères paraissent vouloir s'en inspirer. Tous ceux qui ont à cœur les intérêts français et catholiques les approuveront, les soutiendront, les féliciteront; et déjà ils peuvent comprendre combien ils ont frappé droit au sentiment national.

1. Mémoires du baron d'Haussez.

CHAPITRE XXII

FRANCE ET HOVA

Dès le commencement de ce siècle, la situation s'est nettement dessinée à Madagascar, entre la France et les Hova qui, sous l'influence de l'Angleterre, nous ont toujours considérés comme leurs rivaux, et nous ont toujours traités comme tels.

Il y a eu de notre part des hésitations et des faiblesses, parfois des apparences de renonciation. Toutefois l'opinion publique ne s'y est pas trompée : elle a toujours considéré Madagascar comme nous appartenant, ou, tout au moins, devant nous appartenir un jour.

Cette situation favorisait singulièrement les menées de l'Angleterre, qui n'avait qu'à se mettre du côté des Hova, à les pousser et à les maintenir dans la voie où ils s'étaient engagés, à se proclamer leur alliée constante et leur amie fidèle. Nous avons vu dans le chapitre précédent avec quelle habileté et quelle constance, et aussi avec quel succès, elle le fit.

Ce n'est pas à dire cependant que, dans le fond, les Hova préfèrent l'Angleterre à la France, et que, s'ils avaient à choisir leurs maîtres, ils se tournassent plutôt vers la première.

« Les Hova ne sont ni Français, ni Anglais, aurait dit M. Grandidier[1], leur grand désir est de sauver leur indépendance et leur nationalité. Si l'Angleterre avait essayé de conquérir Madagascar, ils se seraient appuyés sur l'influence française pour leur résister. Le contraire a eu lieu. C'est la France qui prétend avoir des droits sur Madagascar. Aussi est-ce contre l'occupation française que les Hova cherchent un appui. Dans ce but ils escomptent l'influence anglaise qui leur offre, pensent-ils, un moyen de se défendre contre

1. Cité par le *Madagascar News*, 18 novembre 1893.

l'absorption qu'ils redoutent. Leur premier désir est d'être ce qu'ils sont et de rester leurs propres maîtres. »

Tout cela, sauf une nuance anti-française, qui trahit un interprète anglais, est parfaitement exact, et il ne faut pas le perdre de vue un instant, si l'on veut comprendre la politique du gouvernement de l'Imerina, et son histoire pendant le courant de ce siècle.

Radama Ier lui-même qui devait beaucoup à Hastie et voulut jusqu'à la fin se montrer royalement reconnaissant pour les services qu'il en avait reçus, s'il se laissait conduire par son influence et l'appelait avec une emphase toute malgache « l'ami sincère et l'époux de Madagascar », ne consentit pas cependant à se livrer complètement à l'Angleterre. Jamais, par exemple, il ne voulut, quelques instances qu'on lui en fît, autoriser les Anglais à ouvrir une route carrossable entre Tamatave et Tananarive « car, si pareille route s'ouvrait, disait-il invariablement, les Anglais eux-mêmes ne tarderaient point à s'en servir pour s'emparer du pays[1]. » Et, pour mieux marquer son souci d'indépendance, il voulut en même temps qu'il se servait des Anglais, avoir des Français auprès de sa personne : le sergent Robin pour former son armée, et le charpentier Le Gros pour bâtir ses maisons, et il leur témoigna à tous les deux presque autant d'affection qu'à Hastie lui-même.

Sa femme Ranavalona qui lui succéda sur le trône manifestait encore plus hautement sa défiance à l'égard de l'Angleterre.

Si jamais devant elle on mettait en parallèle Français et Anglais : « Eh bien! je ne me fie pas aux Anglais, répondait-elle; il est vrai qu'ils me font toutes sortes de protestations et de présents, mais un jour viendra qu'ils renouvelleront ce qu'ils ont fait à Tamatave (bombardement de 1845)... Plus ils font la courbette devant moi et plus je me méfie d'eux. »

Rasoherina elle-même, qui cependant leur devait le trône, ne les aima jamais. Toutes ses préférences intimes étaient pour M. Laborde qui la soigna dans sa dernière maladie et la baptisa; et pour les missionnaires français à qui elle confia et conserva, malgré une pression épouvantable, l'éducation de ses deux enfants adoptifs, Ratabiry et Ravero.

De ses deux premiers ministres, Raivoninahitriniony seul fut absolument l'homme de l'Angleterre. Mais son frère, le premier ministre actuel, n'oublia jamais entièrement ce qu'il avait appris de M. Laborde. Il nous a toujours fait la guerre, il a persécuté la Mission catholique, et n'a rien épargné pour combattre notre

---

1. *Vingt ans à Madagascar*, p. 119.

influence; mais il a bien pris soin de ne pas la détruire afin de n'être pas livré sans défense à l'Angleterre. Un exemple entre mille suffira à le démontrer. Pendant la dernière guerre, il exila tous les missionnaires catholiques, mais il prit soin que leurs réunions pussent continuer et que leurs églises fussent fidèlement fréquentées. Il fait un jeu de bascule fort délicat et fort périlleux; il poursuit un équilibre, impossible à garder peut-être, mais où le peuple hova trouverait son profit et la conservation de son indépendance.

Tel est d'un mot le secret de la politique hova.

Je ne reviendrai pas ici sur le récit des faits que j'ai rapidement exposés dans le chapitre précédent. Je veux seulement étudier, aussi clairement que possible, la situation actuelle de la France vis-à-vis des Hova, telle que l'a faite le traité de 1885, et que l'ont modifiée les événements subséquents.

I

GUERRE DE 1883-1885

On sait comment nous fûmes amenés à conclure ce fameux traité de 1885.

La guerre franco-malgache fut commencée avec entrain par l'amiral Pierre, qui, en huit jours (commencement de mai 1882), chassait les Hova de tout le nord-ouest et s'emparait du fort et de la ville de Mojanga; puis, après avoir signifié un ultimatum au gouvernement malgache: 1° de céder à la France le nord de Madagascar au delà du 16e parallèle; 2° d'accorder un million d'indemnités aux Français, et en particulier aux héritiers Laborde, et 3° de soumettre sa politique extérieure au contrôle de la France, sur son refus de l'accepter, il s'emparait de Tamatave.

La guerre eût été rapidement terminée si l'on avait donné au brave marin les moyens d'en finir en marchant droit sur Tananarive. Mais il n'avait qu'une poignée d'hommes, et on ne lui envoyait aucun renfort.

On a essayé d'expliquer cette hésitation, comme aussi bien des fautes commises depuis, pendant la guerre et pendant les négociations, par le vague et l'incertitude des connaissances que l'on possédait sur la grande île, sur la force des Hova et la valeur de leur armée. M. Martineau embrasse cette manière de voir, et je sais

beaucoup d'autres personnes très autorisées qui la défendent.
Je ne puis, quant à moi, l'accepter complètement.

J'accepterais peut-être que les notes diplomatiques de M. Laborde
étaient trop vagues, et ne mettaient pas le gouvernement au
courant de ce qu'il lui importait le plus de savoir. Mais il y avait
M. Baudais qui paraissait très bien comprendre et la situation et
les hommes de Madagascar ; il y avait M. Campan, le neveu de
M. Laborde, qui avait été élevé dans le pays, avait épousé une
femme hova, et connaissait comme pas un, le fort et le faible du
gouvernement et de la population, ainsi que de l'armée de l'Imerina ; quoi de plus facile que de le faire venir à Paris et de s'informer auprès de lui de tout ce qu'il importait de connaître ? Il y
avait M. Suberbie, un simple employé de commerce, mais fort
intelligent et qui avait vécu plus de dix ans à Tananarive. Il était
à Paris, le ministre le vit souvent, lui confia même une mission
importante ; quoi de plus facile que de l'interroger ? Enfin il y
avait les missionnaires jésuites, tous chassés de Madagascar et qui
la connaissaient mieux que personne, M. Campan et M. Suberbie
exceptés ; il y avait en particulier le très savant et très consciencieux
Père de La Vaissière, qui peu après vint précisément à Paris pour
mettre ses vastes connaissances au service du gouvernement
français, et publia deux ouvrages, trop longs peut-être et un peu
confus, mais les plus sérieux que l'on ait encore écrits sur la
grande île[1] et qui abondent en renseignements les plus précieux.
Dans *Vingt ans à Madagascar* en particulier, il donnait sur l'armée
hova des détails tels, que même M. Martineau n'en donne guère de
plus précis. Et en particulier il indiquait clairement le seul moyen
pratique d'en finir. Il me suffira pour le prouver de citer une page
de son livre.

« Cette guerre (1883-1885), écrit-il, aussi odieuse et onéreuse
à la majorité des habitants de l'Imerina qu'indispensable à Rainilaiarivony et à ses conseillers pour se maintenir au pouvoir,
aboutira inévitablement au triomphe complet des droits de la
France sur Madagascar, *dès que la France voudra sérieusement
en poursuivre l'exécution.....* Tous nos divers bombardements.....
tous nos blocus de ports et de rades, toutes nos occupations par-
tielles de points sur la côte orientale ou occidentale, ne nous ont
valu que des déboires et se sont tournés contre nous.... *Il faut*

1. *Vingt ans à Madagascar*, 1 vol. in-8; composé par le Père Abinal et
édité par le Père de La Vaissière (1885); puis l'*Histoire de Madagascar*, en
2 vol. (1884), chez Lecoffre.

marcher sur Tananarive. Là seulement est le nœud, ainsi que la
vraie et dernière solution de la question malgache. » Il concluait
ainsi : « Nous craignons fort que le gouvernement de la République
française ne se résolve pas enfin à *trancher le différend hova par
une marche militaire sur Tananarive[1].* »

Voilà ce que publiait le Père de La Vaissière en 1885, ce qu'il
avait sûrement dit bien avant au ministère, ce qu'il aurait dit dès
le début de la campagne, si on le lui avait demandé.

C'est la même pensée que développait à la tribune, le 24 juillet
1884, l'éloquent évêque d'Angers, qui montrait en outre très bien
la faiblesse de l'armée hova : « On me dira, s'écriait-il : mais vous
comptez donc pour rien l'armée des Hova ? La vérité est que je
n'en tiens pas grand compte : qu'est-ce, en effet, contre 5,000 à
6,000 Français, qu'une cohue de soldats indisciplinés, obligés de se
nourrir chacun comme il peut ; de soldats incapables de tenir en
rase campagne, lâchant pied au premier coup de fusil ? Il est
même probable que l'armée n'aura pas atteint les premiers plateaux de l'Imerina avant que les Hova viennent demander grâce et
se rendre à merci. Quant à Tananarive, tout le monde sait que
c'est une ville absolument ouverte et qui ne saurait nous offrir
aucune résistance sérieuse. »

On ne peut donc pas dire que le gouvernement français ne fût
pas suffisamment renseigné. Il l'était, ou il pouvait très facilement
l'être.

Il faut donc chercher ailleurs la raison de cette indécision et de
ces continuelles tergiversations. Quand MM. Duclerc et de Mahy
eurent quitté le pouvoir, leurs successeurs ne prirent pas suffisamment à cœur l'expédition de Madagascar : « Je n'ai jamais su ce
que l'on voulait faire à Madagascar, » disait un jour M. Jules Ferry
au commandant Boulard, l'officier d'ordonnance de l'amiral Pierre.

C'est une raison. Il y en a d'autres.

On sait en effet de quelles dispositions était animée la Chambre
de 1881 pour toute entreprise coloniale, et le gouvernement avait
à compter avec elle. De plus, nous étions gravement engagés au
Tonkin, et l'opinion publique, effrayée de ce mouvement subit
d'expansion coloniale, qui avait commencé en Tunisie et se pour-
suivait en même temps à Madagascar et dans l'extrême Orient, se
prononçait chaque jour plus nettement contre lui, au point que les
futures élections menaçaient de tourner contre le gouvernement,
peut-être contre la République.

1. *Vingt ans à Madagascar*, p. 140-141.

C'était assez pour enlever au ministère toute force et toute décision.

Mais cette faiblesse n'en fut pas moins déplorable. L'amiral Pierre, épuisé par les fatigues de sa campagne, plus encore par l'abandon où on le laissait, et l'impuissance où il se voyait de tirer parti de ses premiers succès, demandait à rentrer et mourait, le 11 septembre, en vue des côtes de France.

L'amiral Galiber qui le remplaça avait les instructions les plus précises d'être conciliant, et défense d'avancer à l'intérieur. Du reste, l'aurait-il pu ? Il avait 850 hommes de troupes, depuis Tamatave jusqu'à Mojanga ! Mais par contre, il pouvait traiter et était fortement invité à le faire aux conditions suivantes :

1º Reconnaissance du protectorat de la France sur la partie nord-ouest de l'île ;

2º Faculté pour les Français de posséder à Madagascar ;

3º Indemnité d'un million.

Déjà il ne s'agissait plus du 16ᵉ parallèle.

Après dix mois d'inaction, nous commencions à reculer. Les Hova espéraient que, lassés par le temps, nous faiblirions bien davantage: « Vous me demandez, disait Rainandriamanpondra, gouverneur de Tamatave et l'un des négociateurs, à l'amiral Galiber, de vous dire quelle partie de l'île je consens à vous céder; c'est comme si vous me demandiez quelle partie de mon bras je veux couper: je n'en veux couper aucune... Prenez ce que vous voudrez, si vous êtes les plus forts. »

Pour obtenir, il fallait donc exiger, et exiger en marchant en avant, comme l'écrivait alors M. Baudais, qui assistait l'amiral Galiber, à M. Jules Ferry.

Un moment on put espérer qu'on allait le faire. La Chambre, en réponse à une interpellation de M. de Lanessan, le 24 mars, parut vouloir une action plus décidée, et l'amiral Miot alla remplacer l'amiral Galiber avec quelques renforts, et des instructions beaucoup moins étroites.

Sa première déclaration aux plénipotentiaires hova était faite pour confirmer cette impression. En voici les principaux passages :

« Le gouvernement de la République est résolu, leur disait-il, pour terminer les affaires de Madagascar, de ne reculer devant aucun moyen.

« Il faut que vous le sachiez.

« Je ne viens pas ici pour vous demander la reconnaissance de tels ou tels droits, ni le respect de tels ou tels engagements passés avec des peuplades que nous protégeons : je viens pour exercer ces droits et imposer ce respect...

« N'ayez plus aucun espoir de remettre votre pavillon sur la côte nord-ouest. Elle est désormais sous la protection effective de la République. Nous n'abandonnerons jamais Mojanga, et nous ne quitterons Tamatave que lorsque nous le voudrons. »

Et après avoir de nouveau proposé la paix, il terminait ainsi :

« Envoyez à ceux qui vous dirigent la ferme volonté de la République : *Nous ne nous en irons pas, nous n'évacuerons pas.* »

C'était parfait. Malheureusement il ne put pas conformer sa conduite à ses paroles. Quand il parlait ainsi, c'était pour appuyer une mission secrète confiée par Jules Ferry à M. Suberbie.

Un instant, en effet, M. Challamel-Lacour alors ministre des affaires étrangères avait songé à en revenir à peu près au traité de 1868. C'eût été une honte et un désastre. Prévenu par M. Suberbie, le président du conseil envoya ce dernier à Madagascar, et lui donna quatre mois pour amener les Hova à traiter. Sinon, comme M. Fournier venait de signer le traité de Tientsin, on ferait passer les troupes disponibles du Tonkin par Madagascar, pour en finir et faire ce que M. Baudais écrivait à la fin de 1884, on irait « dans l'Imerina même, renverser le gouvernement actuel, si c'était nécessaire, et lui imposer le protectorat. »

Dans ces conditions il était possible de négocier.

Malheureusement survint alors la triste affaire de Lang-Son. Jules Ferry fut renversé du pouvoir et remplacé par M. de Freycinet aux Affaires étrangères et M. Brisson à la Présidence du Conseil.

Ce fut en plein la politique de recul. L'amiral Miot reçut des instructions toutes contraires aux précédentes.

Plus de secours possibles venant du Tonkin.

Défense de marcher en avant, et ordre absolu d'arriver à un traité, coûte que coûte.

Il ne faut pas perdre cela de vue, pour juger droitement la conduite de l'amiral.

Il blâma Pennequin pour un fait d'armes, simplement héroïque mais dangereux, et où le brave capitaine aurait pu succomber avec tous ses hommes (26 août 1885); il entreprit sa reconnaissance de Farafatra et dut se retirer sans avoir livré l'assaut. Mais peut-être qu'il ne pouvait agir autrement! S'il avait cédé à l'impatience et aux exigences de ses hommes qui n'y tenaient plus et voulaient à tout

prix combattre, pouvait-il en conscience, devant des épaulements
de plusieurs centaines de mètres de long, et de 7 à 8 mètres d'épaisseur, devant une triple enceinte à franchir, perdre peut-être
50 hommes pour emporter d'assaut une place qu'il savait, lui, ne
pouvoir pas garder? Il ne faut pas oublier par contre que c'est lui
qui prit l'initiative de faire occuper Diego-Suarez, et plus tard d'en
garder la possession.

Dans les négociations, on lui a également reproché bien des
choses. Je ne prétends pas le défendre ou l'excuser complètement,
je ne veux même pas juger sa conduite en détail. Ce n'est encore
ni le temps, ni l'occasion de le faire. Peut-être partagea-t-il par trop
la méfiance générale où l'on tenait alors M. Campan, parce qu'il
était le neveu et l'héritier de Laborde; peut-être aussi fut-il un
peu cassant pour nos nationaux, un peu trop confiant en Willougby;
peut-être n'interrogea-t-il pas assez et se laissa-t-il tromper par sa
propre loyauté. Cependant, ici non plus, il ne faut pas oublier que,
s'il accepta de traiter avec cet aventurier, ce fut sur l'ordre du
ministère; que s'il conduisit les négociations en anglais, c'était qu'il
avait à discuter avec un Anglais et que lui-même connaissait admirablement cette langue. Aussi le traité fut-il tout entier discuté et
écrit en anglais. Et c'est sur ce texte anglais que l'on fit les deux
traductions française et malgache.

Ainsi se comprend, et, jusqu'à un certain point, se justifie la
conduite de l'amiral Miot.

Peut-on dire la même chose de celle de M. de Freycinet?

Le personnage inspire très peu de sympathie, et peu d'hommes
furent aussi néfastes que lui à leur pays. Il nous a fait perdre
l'Égypte et ce n'est pas sa faute si nous n'avons pas perdu Madagascar.

Il faut cependant être juste envers lui aussi bien qu'envers les
autres et apprécier sainement les faits.

L'expédition du Tonkin était très impopulaire en France, et un
peu de cette impopularité avait rejailli sur celle de Madagascar,
quoique l'opinion publique se soit montrée toujours plus favorable
à cette dernière. La Chambre de 1881 avait même voté avant de se
séparer, le 30 juillet 1885, un crédit de 12 millions demandé par le
gouvernement, à la majorité énorme de 277 voix contre 120.

Il est donc probable qu'un gouvernement plus fort et plus décidé
eût enlevé à la nouvelle Chambre, surtout après la signature des
préliminaires de paix avec la Chine (commencement de mars 1885),
la continuation de la guerre, et les moyens pour la mener rapide-

ment à bonne fin. D'un autre côté on ne peut nier que la nouvelle Chambre ne fût encore plus mal disposée que l'ancienne, car la plate-forme électorale de l'opposition avait été : « plus d'expéditions lointaines. »

On craignait que si la paix n'était pas conclue avec Madagascar, on ne dût évacuer et le Tonkin et Madagascar.

Je crois qu'on se trompait et la Chambre eût accordé les crédits pour Madagascar. Mais peut-être ceux du Tonkin auraient-ils été rejetés. Ils furent votés vingt-quatre heures après l'arrivée du traité et à une majorité de *quatre* voix seulement.

Pour la seconde fois l'avenir de Madagascar était donc sacrifié au Tonkin. On peut s'en consoler aujourd'hui en pensant que nous aurons Madagascar, tandis que le Tonkin, une fois perdu, c'était définitivement.

II

LE TRAITÉ DU 17 DÉCEMBRE 1885

Il nous faut maintenant étudier de près le traité du 17 décembre. Comme il est très difficile d'en retrouver le texte, quoique on en parle chaque jour, je vais d'abord le donner en entier.

Le voici :

« Article Ier. — Le gouvernement de la République française représentera Madagascar dans toutes ses relations extérieures. Les Malgaches, à l'étranger, seront placés sous la protection de la France.

« Article II. — Un Résident, représentant le gouvernement de la République, présidera aux relations extérieures de Madagascar, sans s'immiscer dans l'administration des affaires intérieures des Etats de la Reine.

« Article III. — Il résidera à Tananarive avec une escorte militaire. Le Résident aura droit d'audience privée et personnelle auprès de la Reine.

« Article IV. — Les autorités dépendant de la Reine n'interviendront pas dans les contestations entre Français et étrangers. Les litiges entre Français et Malgaches seront jugés par le Résident, assisté d'un juge malgache.

« Article V. — Les Français seront régis par la loi française pour les délits commis par eux à Madagascar.

« Article VI. — Les citoyens français pourront résider, circuler et faire le commerce librement dans toute l'étendue des États de la Reine.

Ils auront la faculté de louer pour une durée indéterminée, par bail emphytéotique renouvelable au seul gré des parties, les terres, maisons, magasins, et toute propriété immobilière. Ils pourront choisir librement et prendre à leur service, à quelque titre que ce soit, tout Malgache libre de tout engagement antérieur. Les baux et contrats d'engagement de travailleurs seront passés par acte authentique devant le Résident français et les magistrats du pays, et leur stricte exécution garantie par le gouvernement.

Dans le cas où un Français devenu locataire d'une propriété immobilière viendrait à mourir, ses héritiers entreraient en jouissance du bail conclu par lui, pour le temps qui resterait à courir avec faculté de renouvellement. Les Français ne seront soumis qu'aux taxes foncières acquittées par les Malgaches.

Nul ne pourra pénétrer dans les propriétés, établissements occupés par les Français ou par les personnes au service des Français, que sur leur consentement et avec l'agrément du Résident.

« Article VII. — Sa Majesté la Reine de Madagascar confirme expressément les garanties stipulées par le traité du 7 août 1868 en faveur de la liberté de conscience et de la tolérance religieuse.

« Article VIII. — Le gouvernement de la Reine s'engage à payer dix millions de francs, applicables tant au règlement des réclamations françaises liquidées antérieurement au conflit survenu entre les deux parties, qu'à la réparation de tous les dommages causés aux particuliers étrangers par le fait de ce conflit.

L'examen et le règlement de ces indemnités sont dévolus au gouvernement français.

« Article IX. — Jusqu'au parfait payement de ladite somme de dix millions, Tamatave sera occupé par les troupes françaises.

« Article X. — Aucune réclamation ne sera admise au sujet des mesures qui ont été prises jusqu'à ce jour par les autorités militaires françaises.

« Article XI. — Le gouvernement de la République s'engage à prêter assistance à la Reine de Madagascar pour la défense de ses États.

« Article XII. — La Reine de Madagascar continuera comme par le passé de présider à l'administration intérieure de toute l'île.

« Article XIII. — En considération des engagements pris par la

Reine, le gouvernement de la République consent à se désister de toute répétition à titre d'indemnité de guerre.

« Article XIV. — Le gouvernement de la République, afin de seconder le gouvernement malgache dans la voie de la civilisation et du progrès, s'engage à mettre à la disposition de la Reine les instructeurs militaires, ingénieurs, professeurs et chefs d'ateliers qui lui seront demandés.

« Article XV. — Le gouvernement de la Reine s'engage expressément à traiter avec bienveillance les Sakalaves et les Antankares, et à tenir compte des indications qui lui seront fournies à cet égard par le gouvernement de la République. Toutefois le gouvernement de la République se réserve le droit d'occuper la baie de Diego-Suarez et d'y faire des installations à sa convenance.

« Article XVI. — Le Président de la République et Sa Majesté la Reine de Madagascar accordent une amnistie générale, pleine et entière avec levée de tous les séquestres mis sur leurs biens, à ceux de leurs sujets respectifs qui, jusqu'à la conclusion du traité et auparavant, se sont compromis pour le service de l'autre partie contractante.

« Article XVII. — Les traités de convention existant actuellement entre le gouvernement de la République et celui de Sa Majesté la Reine de Madagascar sont expresssément confirmés dans celles de leurs dispositions qui ne sont pas contraires aux présentes stipulations.

« Article XVIII. — Le présent traité ayant été rédigé en français et en malgache et les deux versions ayant exactement le même sens, le texte français sera officiel et fera foi sous tous les rapports aussi bien que le texte malgache.

« Article XIX. — Le présent traité sera ratifié dans le délai de trois mois ou plus tôt, si faire se pourra.

Fait en double expédition à bord de la *Naïade* en rade de Tamatave, le 17 septembre 1885. »

(*Suivent les signatures*).

Que penser de ce traité ?

Beaucoup d'hommes l'approuvèrent comme ce que l'on pouvait obtenir de mieux dans les circonstances présentes.

M. Grandidier fut surpris des avantages que nous obtenions.

M. de Freycinet enfin, on le voit dans le *Livre jaune*, multiplie ses compliments aux plénipotentiaires. Mais cela ne compte pas, car c'était lui-même qu'il félicitait. Quant à l'opinion publique, elle l'accueillit avec soulagement, mais sans enthousiasme.

La Chambre l'approuva dans le même esprit, et Monseigneur Freppel qui le vota, le fit à regret, parce que c'était un fait accompli. Et puis ce traité était tel qu'il ne pourrait être appliqué, et de nouveau amènerait une guerre qui serait définitive et nous vaudrait la possession complète de Madagascar.

Le grand évêque voyait loin et bien.

Du reste, il paraît que c'était justement là ce qu'avait voulu l'amiral Miot, faire un traité, puisqu'il fallait en faire un, qui reculât la solution de la difficulté et la renvoyât à quelques années plus tard, quand l'opinion publique, plus formée et moins effrayée, accepterait volontiers, et, peut-être réclamerait, une expédition définitive.

Si c'est vrai — et c'est l'amiral lui-même qui me l'a affirmé — cela doit être d'un grand poids dans le jugement que l'on portera et sur le traité et sur son auteur.

Dans ce cas, en effet, au lieu de reproches ou de regrets, ce sont des félicitations et des éloges qu'il faudrait lui adresser pour avoir réservé l'avenir et sauvegardé une situation qui semblait désespérée.

Mais une approbation que je n'aime pas, et une satisfaction qui me fait peine, c'est la satisfaction presque bruyante et les approbations réellement indiscrètes du parti anglais.

Quoi qu'il en soit il nous faut en arriver maintenant à l'examen même du traité.

Il renferme plusieurs clauses réellement favorables à la France.

La première et la plus importante de toutes et celle-là précisément que l'on a le plus attaquée, c'est-à-dire celle qui reconnaissait la Reine des Hova le titre « Reine de Madagascar » et lui conservait le pouvoir de « présider à l'administration de *toute l'île*. »

Par là, en effet, si nous abandonnions notre protectorat de la côte nord-ouest et sacrifiions nos alliés les Sakalava et les Antankara, au moins mettions-nous les autres puissances européennes ou américaines dans l'impossibilité de fonder un établissement à Madagascar. Car si les États de la Reine étaient sous notre protection, dans un sens très restreint, mais réel cependant pour les chancelleries — si la Reine était reine de l'île entière — il s'ensuivait que l'île entière, était sous notre protection, et sa possession exclusive nous était ainsi garantie.

C'était un succès réel et il correspondait bien à la préoccupation de l'amiral de nous garder pour plus tard la possession de Madagascar, puisqu'il lui était interdit de s'en emparer pour le moment.

Ce premier avantage, inappréciable au point de vue stratégique, était complété par un autre très important dans le même ordre d'idées. — Je veux dire le « droit d'occuper la baie de Diego-Suarez et d'y faire des établissements à notre convenance. » (Art. 15.) Quand ce nom fut, un peu auparavant, prononcé au ministère par M. Suberbie, il souleva des orages. Cependant il ne peut y avoir d'hésitation sur la valeur de ce point. Déjà Louis-Philippe y avait songé et le sentiment de tous les hommes du métier est unanime. C'est à tous égards, une possession de premier ordre. En outre nous devions représenter Madagascar dans toutes ses relations extérieures » (art. 1er). Nous devions avoir un Résident général à Tananarive pour présider aux relations extérieures de Madagascar (art. 3). Ce Résident aurait une escorte militaire, avec « droit d'audience privée et personnelle avec Sa Majesté la Reine » (art. 3). Enfin en obtenait une forte indemnité de 10 millions à répartir à toutes les personnes lésées dans leurs droits ou leurs biens (art. 4).

Tels étaient les principaux avantages du traité.

Il avait aussi ses lacunes, ses désavantages et surtout ses obscurités. On n'en sera pas surpris quand on se rappellera les circonstances si défavorables dans lesquelles il fut conclu. — Il faut cependant les signaler.

D'abord nous renoncions aux deux principaux avantages que nous avions déjà, au moins en droit, et dont la négation par les Hova avait motivé la guerre, c'est-à-dire le droit de posséder, et le protectorat de la côte nord-ouest. Le but poursuivi n'était donc pas atteint. C'était aux yeux de tout le monde, et plus encore des Hova, un pas en arrière, dont l'effet moral pour notre influence ne pouvait être que désastreux.

L'article 6 nous donnait bien le droit de « faire des baux emphytéotiques renouvelables au seul gré des parties, et de prendre à notre service « tout Malgache libre de tout engagement » ; mais ces baux et ces contrats devaient être passés devant le Résident et les magistrats du pays, c'est-à-dire que pratiquement ils dépendraient de l'arbitraire du premier ministre. Enfin, par l'article 15, nous abandonnions tous nos alliés, en particulier les Sakalava et les Antankara que « le gouvernement de la Reine s'engageait à traiter avec bienveillance. » C'était vague ; mais s'il ne le faisait pas, et s'il ne tenait pas compte des observations que notre Résident aurait le droit de lui faire à cet égard, il violerait le traité et nous donnerait le droit d'intervenir.

Enfin, question d'étiquette, si l'on veut, mais qui a aussi son importance pratique, alors qu'en Europe, c'est le français qui est la langue des instruments diplomatiques, ici nous donnions au texte malgache la même valeur officielle qu'au texte français. Il est vrai que le précédent existait dans les traités antérieurement conclus avec le gouvernement malgache.

Il y a plus, même dans les clauses qui nous paraissent le plus favorables, le texte du traité était rédigé de telle façon qu'on pouvait toujours susciter des difficultés et arriver à l'éluder.

J'en ai déjà cité quelques points, par exemple dans les baux et les contrats de louage. Il y en a bien d'autres.

En effet que veulent dire ces mots de l'article 2 « présidera aux relations extérieures de Madagascar » surtout quand le texte malgache présente à la place du mot *présider* un terme à double sens ?

Je sais bien que le gouvernement malgache l'entendait comme nous au commencement, et la preuve en est dans une pièce officielle fort importante. C'est la conclusion des instructions que le gouvernement malgache adressait à M. Suberbie, nommé son consul général à Paris pour les affaires commerciales, lui recommandant bien *de ne se mêler d'aucune affaire politique parce que de telles affaires devaient passer par l'intermédiaire du gouvernement français*. Mais depuis, il a changé d'avis, et ce n'est pas là une de nos moindres difficultés avec lui.

Par l'article 11 le gouvernement s'engageait à prêter assistance à la Reine de Madagascar pour la défense de ses États. Mais que ferait-on si cette assistance n'était point réclamée ? — Nous offrions plus loin des instructions militaires, ingénieurs, professeurs et chefs d'ateliers ; mais ici encore, il suffirait de ne pas les demander pour éviter leur influence que l'on redoutait.

Pratiquement, ce traité n'était pas né viable. Car il ne faut pas l'oublier, les Hova n'accordaient que le moins possible avec l'arrière-pensée de nous enlever en détail ce que par force ils accordaient en bloc. D'ailleurs, il y avait le parti anglais qui prétendait bien annihiler toutes les obligations de ce contrat, et amener les Malgaches à n'en tenir aucun compte. On avait donc de part et d'autre mille moyens d'éluder les obligations de ce traité, d'en discuter les conclusions ; et il devait être une source de difficultés continuelles entre le palais et la Résidence de France, une occasion de relations difficiles et de conflits sans cesse renaissants, qui devaient fatalement nous conduire à la situation intenable que nous avons vue. C'était ce que Monseigneur Freppel avait prédit.

Une lettre que MM. Miot et Patrimonio durent adresser au premier ministre, pour expliquer certains points du traité, vint encore ajouter à toutes ces difficultés et précipiter le conflit que tout le monde prevoyait.

Le traité avait été signé le 17 décembre à Tamatave. Willougby partait aussitôt à Tananarive le soumettre à l'approbation du premier ministre, en même temps que la nouvelle en était télégraphiée en France. Au bout de dix jours, il était de retour à Tamatave, demandant des explications sur trois points principaux : le sens du mot « présider », le sens du mot « escorte », et l'étendue de notre possession de Diego-Suarez.

Sinon le premier ministre n'accepterait jamais le traité.

Nos plénipotentiaires donnèrent ces éclaircissements et écrivirent leur fameuse lettre explicative, que je donne ici en entier au risque d'être long, parce qu'elle est presque introuvable, et que l'on n'en voit aucune trace dans les documents officiels. La voici :

« A bord de la *Naïade*, Tamatave, 9 janvier 1885.

« Monsieur le Plénipotentiaire,

« Conformément au désir que vous avez bien voulu nous exprimer, et afin de lever les doutes manifestés par le gouvernement malgache, relativement à l'interprétation de certaines expressions du texte du traité du 17 décembre 1885, nous consentons volontiers à vous fournir les explications suivantes :

« Son Excellence le premier ministre vous a chargés de préciser le paragraphe 1er de l'article 2 du traité à savoir :

« Un Résident, représentant le gouvernement de la République, « présidera aux relations extérieures. »

« Cela veut dire que le Résident aura le droit de s'ingérer dans les affaires ayant un caractère politique extérieur, qu'il aura le droit de s'opposer, par exemple, à toute cession de territoire à une nation étrangère quelconque, à tout établissement militaire et naval, à ce qu'un secours quelconque en hommes ou en bâtiments, sollicité du gouvernement de la Reine de Madagascar par une nation étrangère, puisse être accordé sans le consentement du gouvernement français.

« Par l'article 3 du traité, il est stipulé qu'il (le résident) résidera à Tananarive avec une escorte militaire.

« Le premier ministre désire savoir ce que nous entendons par escorte militaire. Nous consentons à lui déclarer que, qui dit escorte ne dit pas corps d'armée, et pour mieux préciser, nous prenons l'engagement que cette escorte ne dépassera pas cinquante cavaliers ou fantassins. Cette escorte n'entrera pas dans l'intérieur du palais royal.

« A l'article 6, l'expression bail emphytéotique signifie bail spécial d'une durée de quatre-vingt-dix-neuf ans, et renouvelable au gré des parties. Dans le paragraphe 3 du même article, en stipulant qu'ils (les citoyens français) pourront choisir librement et prendre à leur service, à quelque titre que ce soit, tout Malgache libre de tout engagement, nous avons nécessairement entendu exclure les soldats et les esclaves, puisque les soldats et les esclaves ont, plus que tous autres, engagé leur personne.

« Nous pensons que le gouvernement de la Reine n'a pas à se plaindre de cette omission. Elle a eu lieu dans un sentiment de bienveillance pour lui, car nous avons jugé préférable ces expressions dans le texte d'un traité de cette importance.

De même, par la clause en vertu de laquelle le gouvernement de la Reine de Madagascar s'engage à payer la somme de 10 millions, applicable tant au règlement des réclamations françaises liquidées antérieurement au conflit survenu entre les deux parties, qu'à la réparation de tous les dommages causés aux particuliers étrangers par le fait de ce conflit, nous avons entendu les dommages causés avant et pendant la guerre jusqu'au jour de la signature de paix.

« Le gouvernement de la République ne prêtera évidemment son assistance à la Reine de Madagascar pour la défense de ses États, que si cette assistance est sollicitée par la Reine.

« Quant au sens de l'article 15, il nous semble assez net et assez précis pour qu'il ne soit pas nécessaire de le commenter.

« Les avantages qu'il stipule en faveur du gouvernement de la Reine sont évidents, ce qui sera facile de démontrer au premier ministre lors de notre voyage à Tananarive.

« En ce qui concerne le territoire nécessaire aux installations que le gouvernement de la République fera, à sa convenance, dans la baie de Diego-Suarez, nous croyons pouvoir vous assurer qu'il ne dépassera pas un mille et demi dans tout le sud de la baie, ainsi que dans le contour de l'est à l'ouest, de quatre milles au nord de la baie, à partir du point de ladite baie le plus au nord.

« Il n'est pas superflu d'ajouter qu'à Diego-Suarez, les autorités françaises ne donneront pas asile aux sujets malgaches en rupture de ban ou qui ne pourront exhiber un passeport des autorités malgaches.

« Enfin, dans l'exécution de l'amnistie générale, pleine et entière, avec levée de tous les sequestres mis sur les biens des sujets respectifs des deux parties contractantes, le gouvernement de la Reine s'inspirera des sentiments de loyauté et de justice que nous sommes en droit d'attendre de l'expérience et de l'esprit éclairé de Son Excellence le premier ministre.

« Veuillez agréer, Monsieur le Plénipotentiaire, les assurances de notre haute considération.

« Le ministre plénipotentiaire,
« *Signé :* S. PATRIMONIO.

« Le contre-amiral commandant en chef,
« *Signé :* E. MIOT.

« *P. S.* — Vous nous avez demandé si le gouvernement de la Reine pourrait, comme par le passé, continuer à négocier des traités de commerce avec les puissances étrangères.

« Sans doute, autant que ces traités de commerce ne seront pas contraires aux stipulations du traité du 17 décembre 1885.

« Le ministre plénipotentiaire,
« *Signé :* PATRIMONIO. »

Il n'y a rien à dire sur le sens donné au mot *présider*. On ne pouvait que l'expliquer ainsi, sous peine de ne rien obtenir. Les deux restrictions sur le nombre de l'escorte et l'étendue du territoire de Diego-Suarez, et le post-scriptum autorisant le gouvernement malgache à « continuer de négocier des traités de commerce avec les nations étrangères » sont plus regrettables.

Sans doute, la dernière était limitée par la clause « en tant que ces traités de commerce ne seront pas contraires aux stipulations du traité du 17 décembre 1885 »; mais elle devait néanmoins être la source de nombreuses difficultés; de même la fixation des limites de Diego-Suarez, et encore plus le nombre si restreint des soldats de l'escorte. Ce dernier point surtout était regrettable : il devait nous lier complètement les mains à Tananarive.

Quelqu'un, qui avait le droit de parler ainsi, me disait, il y a

peu de temps : « Si nous avions 1,500 ou 2,000 hommes à Tananarive, je ne demanderais pas la guerre, nous nous chargerions de
tout. »

Mais que peut-on faire avec 50, même avec 95 hommes dont se
compose aujourd'hui l'escorte du Résident ?

Cette lettre est donc de tous points malheureuse. Seulement il
fallait ou l'écrire, ou renoncer au traité que, de Paris, on avait
ordonné de conclure à tout prix. Il y a plus. La nouvelle de
l'accord avait été officiellement annoncée par câblogramme. Quelle
impression désastreuse n'eût pas produit une nouvelle venant dix
jours après nous apprendre que tout était rompu! Aussi ne faut-il
pas être trop sévère contre nos plénipotentiaires. Ils disputèrent
pouce à pouce chaque concession, et ne les accordèrent pour ainsi
dire que le couteau sous la gorge, ou sans métaphore, pour ne pas
être obligés de continuer la guerre.

Mais on peut bien leur reprocher de n'avoir pas inséré dans
cette lettre une clause mettant bien en évidence que ces explications étaient personnelles, quoique probablement cette réserve
n'eût pas été acceptée.

Quoi qu'il en soit, cette lettre ne fut ni soumise à la Chambre,
ni ratifiée ; elle restait par conséquent pour la France nulle et non
avenue.

Mais elle allait néanmoins mettre notre Résident en bien fâ-
cheuse posture.

D'un côté le gouvernement malgache qui prétendait n'avoir
signé le traité qu'à cause de cette lettre, et qui affectait de la
considérer comme partie intégrante du traité. De l'autre le gouvernement français qui la regardait comme non avenue. Comment
se tirer de cette fausse situation ? — Nous allons voir comment ils
l'essayèrent en repassant rapidement les principaux faits qui
marquèrent l'administration de nos trois Résidents à Tananarive,
MM. Le Myre de Vilers, Bompard et Larrouy.

III

NOS RÉSIDENTS

Le traité conclu, il s'agissait donc d'en tirer le meilleur parti
possible. La France le prit au sérieux et essaya d'en faire, non une
trève qui serait le prélude d'une nouvelle guerre, mais une paix

durable. Et c'est dans ce sens que furent rédigées les instructions données à notre premier Résident général, M. Le Myre de Vilers; c'est bien dans cet esprit aussi qu'il accepta ce poste difficile et délicat entre tous. Il ne devait pas y réussir.

M. Le Myre de Vilers n'était cependant pas le premier venu. Successivement lieutenant de vaisseau, directeur, sous Chanzy, des affaires civiles en Algérie, préfet de la Haute-Vienne et gouverneur de la Cochinchine, il avait été brutalement révoqué pour son indépendance de caractère. Jeune encore — il avait 53 ans — sûr et dévoué, plein de ressources et travailleur infatigable; toujours soucieux de sa dignité et ayant un vif sentiment de l'autorité, il se mit de tout cœur à sa nouvelle besogne; mais il n'était pas assez soutenu à Paris, et il était comme perdu à Tananarive, en pleine Imerina, dans une ville de 100,000 habitants, avec une escorte de 50 hommes !

Mal reçu à son arrivée, très mal installé, entouré de défiances, et ne connaissant pas encore le pays et ses habitants, il débuta cependant par des succès.

Fort habilement, il arrêta et fit avorter les négociations de Kingdon qui, en retour d'un emprunt de 20 millions à 7 % consenti au gouvernement malgache, recevait le privilège d'une banque d'État avec pouvoir d'émettre des billets et la concession de la frappe de la monnaie. Le premier ministre se vit même contraint de s'adresser à un établissement français: le Comptoir d'Escompte. — Très fermement aussi, il refusa de reconnaître la lettre Miot-Patrimonio, malgré toutes les instances et toutes les roueries du premier ministre, et ne pouvant s'entendre avec lui pour les limites de notre colonie de Diego-Suarez, il laissa à cette colonie sa liberté d'action. Ce fut heureux, car aujourd'hui elle s'étend à 36 kilomètres vers le sud, au lieu de 24 kilomètres qu'il demandait.

Il rendit aussi d'autres services. Il fit établir la ligne télégraphique de Tamatave. Il fit envoyer en France, pour y perfectionner leur éducation, douze jeunes Malgaches des meilleures familles: cet essai ne donna aucun résultat, soit par la faute de ces jeunes gens, soit surtout par le parti pris de Rainilaiarivony de ne les employer à rien; mais au moment même on en espérait beaucoup.

Il favorisa enfin de tout son pouvoir le développement des intérêts économiques, fit agréer M. Rigaut comme ingénieur en chef du gouvernement malgache; établit deux succursales du Comptoir d'Escompte à Tamatave et à Tananarive, et obtint pour nos nationaux quelques concessions importantes. — Surtout il fit étudier et étudia lui-même avec acharnement le pays, ses ressources, ses usages, sa constitution sociale. Ces études devaient être plus tard d'une très grande utilité.

Mais le premier ministre de son côté fit tous ses efforts pour ne pas se laisser entamer. Dès le principe, il vit dans le Résident, non un aide, mais un rival et un ennemi. Il ne lui accorda que ce qu'il fut impossible de refuser; il envoya Willougby en Angleterre pour une mission quelconque politique et financière; il voulut fonder une représentation malgache à l'étranger et avoir à Tananarive son ministre des Affaires étrangères. Afin d'éluder l'article 2 de la Convention de paix de 1885, il s'efforça de négocier, en dehors de la France, des traités de paix avec les autres puissances; il reçut les remontrances de notre Résident sur la cruauté de ses gouverneurs envers les populations du nord-ouest, mais n'en tint aucun compte; forcé de s'adresser au Comptoir d'Escompte pour l'emprunt qui lui était indispensable, il ne lui accorda aucun des avantages qu'il avait promis à Kingdon, ni banque d'État, ni émission de billets, ni frappe de la monnaie; enfin il se hâta de payer l'indemnité de guerre, afin de nous voir évacuer au plus tôt Tamatave, et de nous enlever ainsi ce gage de sa bonne conduite, et cette preuve de sa défaite.

Tout cela n'était pas pour rendre les relations faciles entre lui et le Résident.

Malgré tout nous avancions et semblions avoir l'avantage, quand la question de l'exequatur fut inopinément posée en juin 1887 par l'arrivée simultanée à Tamatave de M. Campbell, consul d'Amérique, et de M. Haggard, consul d'Angleterre. Le premier demanda l'exequatur directement au premier ministre et l'obtint; le second, qui devait s'adresser au Résident, préféra attendre. Mais le quai d'Orsay fit des représentations à leurs gouvernements, et tous les deux remirent leur demande d'exequatur à M. Le Myre de Vilers, qui les transmit aussitôt au premier ministre. Celui-ci refusa net de rien accorder, et l'on ne parvint pas à trouver de terrain d'accommodement malgré les concessions du Résident.

C'est alors que M. Le Myre de Vilers voulut frapper un grand coup, amena son pavillon et fit partir son escorte. Il avait espéré effrayer le premier ministre; et, s'il avait réussi tout le monde l'eût approuvé. Il échoua parce que le premier ministre savait pertinemment qu'il ne serait pas soutenu à Paris. Le Résident, qui le savait aussi, dut revenir sur sa décision et fut heureux d'un arrangement que lui ménagea l'intervention de M. Suberbie.

L'exequatur demandé au premier ministre et délivré par lui, portait que toutes les affaires d'ordre politique, entre Madagascar et les puissances étrangères, seraient présidées par le Résident Général et ajoutait que le Résident *avait connaissance de ceci*. Ce n'était pas très clair.

M. Le Myre de Vilers perdait ainsi tout le terrain gagné par ses précédents triomphes. Bien plus, pour aggraver encore cet échec, le premier ministre en délivrant l'exequatur à M. Campbell, n'en avertit même pas notre Résident, prétendant que la formule « savait ceci » voulait dire qu'il savait devoir présider aux affaires politiques entre Madagascar et les étrangers.

En France, on ne ratifia pas l'accord survenu entre le Résident et Rainilaiarivony, et la question des exequatur resta en suspens. Elle l'est encore aujourd'hui.

M. Le Myre de Vilers partit alors en congé, et ne retourna à Madagascar en novembre 1888 que pour en repartir définitivement en juillet 1889.

M. Larrouy, qui le remplaça pendant son absence, profita de l'accalmie qui suivit la question de l'exequatur, pour fonder deux vices-résidences à Fianorantsoa chez les Betsileo et à Nosy-Ve, au sud-est, afin d'étudier le pays et de faire connaître la France à ces populations. M. Campan fut nommé à Nosy-Ve. — Un agent résidentiel fut également envoyé à Anorotsangana au nord-ouest, entre Nosy-Be et Mojanga.

Monsieur Bompard (juillet 1889 — août 1892). — La triple expédition des Hova contre Tulear, qui avait été commencée la dernière année du séjour de M. Le Myre de Vilers à Tananarive, continua après l'arrivée de son successeur M. Bompard, et attira presque exclusivement l'attention du gouvernement malgache.

M. Bompard, un homme jeune encore, qui avait cependant rendu de réels services dans l'organisation de la Tunisie sous M. Cambon, et qui aujourd'hui occupe une très haute situation au ministère des affaires étrangères, s'efforça de développer les intérêts matériels de nos nationaux à Madagascar. Le premier ministre du reste affectait de lui témoigner une confiance, d'autant plus grande qu'il s'était montré plus irrité envers son prédécesseur. Ainsi le capitaine Lavoisot était chargé d'organiser et d'instruire les cadets malgaches; un puissant syndicat financier de Paris envoyait une commission d'études pour connaître les mines de Madagascar en vue d'une vaste exploitation future.

M. Jully bâtissait la Résidence de France, et le service postal recevait une organisation définitive.

Mais voici qu'arrivent les nouvelles de l'accord anglo-français du 5 août 1890, par lequel l'Angleterre reconnaissait le protectorat de la France à Madagascar « avec toutes ses conséquences ». M. Bompard en fit la notification au premier ministre.

Dès ce moment, leurs rapports furent complètement changés; de cordiaux en apparence qu'ils étaient auparavant, ils devinrent tout à fait tendus. Rainilaiarivony se montra persuadé que M. Bompard était l'instigateur de cet arrangement, et il ne le lui pardonna jamais.

Du reste, il ne voulut pas admettre cet arrangement. L'Angleterre, pensait-il, ne pouvait pas donner ce qui ne lui appartenait pas. En conséquence, il ne voulut jamais nous permettre d'intervenir pour l'exequatur. Le nouveau consul des États-Unis, le nègre M. Waller, s'adressa à lui directement pour cela et l'obtint aussitôt. Celui d'Allemagne, M. Tappenbek le lui demanda par l'intermédiaire du Résident, et il l'attend encore.

Par suite de cette même convention les agents anglais devaient faire passer toutes leurs réclamations par l'intermédiaire du Résident. Ils l'ont fait. Mais le résultat a été que le premier ministre n'en a accepté aucune et a refusé de les examiner. Cela est allé très loin. Ainsi en 1893, sous M. Larrouy, après le terrible cyclone de l'année dernière, les habitants de Maurice ouvrirent une souscription pour venir en aide à leurs compatriotes de Madagascar et aux pauvres Malgaches, mais ils envoyèrent l'argent par la Résidence, et Rainilaiarivony refusa tout secours, plutôt que de le recevoir par M. Larrouy! Plus tard Kingdon, qui avait voulu renverser le premier ministre, avait reçu de celui-ci l'ordre de quitter Madagascar. Le Résident de France intervint, pour demander qu'on le lui livrât, ainsi que toutes les pièces établissant sa culpabilité. Le gouvernement malgache préféra le laisser impuni.

Il n'y a pas jusqu'à nos tribunaux établis en vertu d'une loi de 1891, dont le premier ministre n'ait refusé de reconnaître la juridiction sur les sujets anglais, parce que les Anglais « ne pouvaient céder à d'autres une juridiction qui ne leur avait été accordée en 1865 qu'à eux seuls. »

Il est vrai qu'ici la difficulté est venue surtout de l'Angleterre qui n'a pas voulu soumettre ses nationaux à ces nouveaux tribunaux, parce que l'appel de leurs sentences était réservé à Saint-Denis.

Néanmoins, malgré tous les mauvais vouloirs, le tribunal de Tamatave, établi par un décret du 24 août 1892, quoique sa compétence soit moins étendue que celle de l'ancien tribunal résidentiel[1], fonctionne à la satisfaction commune.

Il était donc bien évident que M. Bompard ne pouvait plus rendre de services à Tananarive que si on voulait l'appuyer de Paris, c'est-à-dire se décider à une nouvelle expédition. Et, comme on ne le voulait pas, il ne restait qu'à nommer un nouveau Résident.

Ici je dois dire un mot d'un douloureux incident qui jeta la désunion dans la colonie française et compromit notre influence, je veux dire le triste incident, aujourd'hui heureusement oublié, de la loge maçonnique.

Je voudrais le taire, mais l'intérêt de la vérité me force à parler, car même des hommes bien intentionnés comme M. Martineau par exemple, n'en donnent pas un compte rendu exact.

Un ingénieur, qui n'est pas sans talent, d'origine française ou espagnole, ancien partisan de la Commune, et 33e vénérable du G.·. O.·. de Paris, était allé à Tananarive pour diriger l'exploitation d'une concession de chaux, de poterie et un établissement de sériciculture de la Société Florent et Cie. Au commencement, il se montra l'ami et l'hôte assidu de la Mission catholique, prenant part à toutes les réunions et affectant une grande confiance dans les Pères. Ce fut même l'un de ces derniers, le Père Montaut, ancien propriétaire et directeur d'une filature de soie, avant d'entrer dans la Compagnie de Jésus, qui l'aida à établir sa filature de Tananarive.

Tout intelligent qu'il fût, M. Iribe était peut-être un peu utopiste. La Mission catholique ne pénétrait guère dans les classes élevées pour des raisons que nous avons déjà exposées; il espéra réussir à les gagner par une loge maçonnique, et arriva à faire partager cet espoir à plusieurs amis. C'est du moins ce qu'il déclara devant le tribunal de la Résidence. De plus, en bon maçon qu'il était, il voulut faire du zèle. Enfin un incident sans importance vint l'indisposer contre Monseigneur Cazet. On avait pris la décision, à la Mission, de réserver le collège d'Ambohipo aux seuls Malgaches et de ne plus recevoir d'Européens. Celui-là même, qui y était à ce moment, devait être remis à ses parents le plus tôt possible. M. Iribe présenta son fils. On le refusa. Il considéra ce refus comme un affront, et cela aussi put contribuer à le décider, de concert avec

---

1. Le tribunal résidentiel pouvait connaître des causes où un étranger était demandeur et un Français défenseur. Le tribunal de Tamatave ne le peut pas.

M. Rigaud, ingénieur du gouvernement malgache, et huit autres messieurs, de fonder sa loge.

On a dit que l'origine de cette fondation fut l'ennui et le désir d'avoir un lieu de réunion. Mais, outre que ces messieurs se rencontraient deux fois par semaine à la Résidence, pourquoi ne fondaient-ils pas simplement un cercle, un salon de lecture, etc.? Personne ne s'y fût opposé et il n'y aurait eu que des avantages. Quant au but politique poursuivi, outre qu'ils ne pouvaient l'atteindre, je ne sais même pas s'ils le voulaient. Comment, en effet, expliquer alors l'admission de membres *anglais* et *américains*?

Quoi qu'il en soit, Monseigneur Cazet ne pouvait transiger. Après avoir patienté et essayé de tous les moyens de persuasion, il publia l'encyclique du Souverain Pontife. C'était son droit et son devoir, comme M. Iribe le lui déclarait lui-même un peu auparavant. M. Iribe protesta par une affiche, imprimée chez les Anglais, en français, en anglais et en malgache, qui fut distribuée à Tananarive, Tamatave et jusqu'à Fianarantsoa, à 500 kilomètres. On lui répondit par une brochure où l'on attaquait assez vivement la franc-maçonnerie. L'évêque s'était bien gardé de donner des noms propres. Mais les francs-maçons se crurent lésés, surtout quand ils virent l'opinion malgache se tourner contre eux, et ils attaquèrent les Jésuites en diffamation.

Condamné par le tribunal résidentiel, Monseigneur Cazet en appela à la Cour d'appel de la Réunion. Une chinoiserie judiciaire permit à celle-ci de ne pas statuer au fond, parce que l'appel avait été reçu par M. d'Anthoüard « en chancellerie ». La Cour de cassation fit justice de cette étrange interprétation. Mais la Cour d'Aix ratifia la sentence de Tananarive. Une seconde fois la Cour de cassation réforma le jugement et renvoya l'affaire à la Cour de Montpellier qui, statuant en dernier ressort, débouta MM. Iribe et Rigaud de leur demande et les condamna aux dépens. Ce fut la fin de l'histoire. Depuis la loge maçonnique a disparu, avec la plupart de ses membres et l'union s'est rétablie, complète, dans la colonie.

Monsieur Larrouy (octobre 1892). — Le successeur de M. Bompard fut M. Larrouy, celui-là même qui avait déjà fait l'intérim pendant l'absence de M. Le Myre de Vilers, et dont le prince Henri d'Orléans vient de faire un si grand éloge dans la *Revue de Paris* (1er octobre 1894).

M. Lacoste qui géra la Résidence en attendant le nouveau Résident fit preuve d'un grand optimisme. Moi-même je lui ai entendu manifester clairement à Tananarive son espoir de réussir à

s'entendre avec le premier ministre. — Je fus assez impertinent
pour lui exprimer ma défiance, mais il ne me crut que lorsqu'il
eut échoué. C'était une nouvelle tentative, celle de la douceur;
elle ne réussit pas mieux que la menace ou que la fermeté. L'expérience se continuait et devenait de plus en plus concluante.

M. Larrouy renonça dès le principe à toute tentative de ce genre.
Il n'eut en vue qu'un seul but : liquider notre situation au double
point de vue économique et politique; maintenir ou réserver tous
nos droits et dresser le bilan de nos revendications et de nos
réclamations.

Pour cette œuvre, il s'adjoignit un homme de grande valeur et
de grande énergie, M. Ranchot, auparavant vice-résident à
Tamatave.

M. Ranchot était depuis six ans à Madagascar; il avait occupé
presque toutes les situations, il avait beaucoup étudié et il était,
depuis la mort de M. Campan, l'homme qui connaissait le mieux
Madagascar et les Malgaches. C'était donc un auxiliaire précieux,
si toutefois on voulait agir, car il avait trop de dignité pour se
plier à une politique d'effacement.

L'administration de M. Larrouy a été marquée par deux succès
de détail : l'établissement du tribunal et du commissariat de police
de Tamatave en 1892, et en 1893 son intervention dans les pour-
suites intentées contre Kingdon.

Par contre, les difficultés se multiplièrent. Ce furent d'abord, au
mois de mai 1893, le débarquement d'un convoi important d'armes
et de munitions à Vatomandry. M. Larrouy intervint vigoureusement
et ordre fut donné au commandant de la division navale de
l'océan Indien de surveiller les côtes. Mais le premier ministre eut
une seconde maladie diplomatique comme celle qu'il avait eue avant
le départ de M. Bompard. Il évita ainsi toute conversation avec
le Résident, ce qui ne l'empêchait pas de faire de nouvelles com-
mandes d'armes. Au mois de juillet de la même année, le malheureux M. Maller était assassiné, et l'enquête faite à ce sujet établis-
sait la complicité du gouverneur hova de Mandritsara. Il fut
impossible d'obtenir justice.

Ce fut ensuite l'assassinat de M. Silangue, dans le Boina, les
attaques réitérées des fahavalo contre l'exploitation Suberbie, avec
la complicité reconnue du gouverneur de Maevatanana.

Bref, la situation devint intenable, et elle a nécessité les graves
décisions du gouvernement et du parlement.

Ce n'est pas la faute de nos Résidents; tous les trois étaient des

hommes, à des titres divers, capables de réussir si le succès eût
été possible. Mais le traité était mauvais, les Hova étaient résolus
à ne pas en tenir compte et les Anglais ne manquèrent pas une
occasion de les y exciter.

Dans ces conditions il n'y avait rien à faire, sauf une expérience
jugée nécessaire. — Le désordre, le gâchis, l'insécurité augmen-
taient chaque jour. La France avait une situation sans prestige,
sans autorité, et son avenir dans la grande Ile était très compromis.
M. Larrouy dans une lettre écrite au gouverneur de Bourbon et
que tout le monde a lue, lui conseillait de ne pas laisser venir de
créoles à Madagascar, où ils n'obtiendraient rien et ne seraient pas
en sécurité. D'un jour à l'autre une catastrophe pouvait se produire. C'était donc le devoir absolu de la France d'intervenir. Elle
s'apprête à le faire. La question est maintenant entre les mains de
nos marins et de nos soldats. On peut s'en rapporter à eux.
Avant dix mois Madagascar sera sous notre dépendance.

CONCLUSION

———

Il me reste maintenant à tirer les conclusions du travail que je viens de terminer. Je le ferai aussi brièvement, mais aussi nettement que possible.

1o J'affirme d'abord que la France ne pouvait sous aucun prétexte quitter Madagascar. Il y allait de son honneur, et personne pendant la discussion des crédits n'a osé le proposer.

Ce n'est pas, en effet, quand son drapeau a été planté pendant près d'un siècle sur un territoire, quand elle a sur ce pays les droits séculaires les mieux établis et reconnus par les autres puissances, quand surtout le sang de ses enfants y a coulé et a jalonné les montagnes et les vallées de ces contrées, qu'une nation comme la France peut plier bagages et se retirer.

Il n'y a déjà eu que trop de défaillances, trop de recul, trop d'abandon. Celui-ci serait nécessairement définitif, et nous couvrirait de honte et de ridicule.

Du reste Madagascar vaut la peine d'être conquise et ce sera bientôt une de nos plus belles colonies, d'autant plus précieuse qu'une fois acquise, nous la conserverons.

On peut s'en rapporter à l'Angleterre pour la valeur d'un pays. Or, si Madagascar était si pauvre qu'on veut parfois le dire, aurait-elle pendant quatre-vingt ans consacré tant d'efforts, tant d'argent, tant de souplesse et de diplomatie pour nous empêcher de nous y établir? Cette raison déjà pourrait nous suffire.

Mais nous connaissons l'Ile. Or, nous savons qu'elle est très riche en mines, m , d'or surtout, de cuivre, de plomb, de fer; très riche aussi en bois de toutes sortes extrêmement précieux; nous savons aussi que dans les trois quarts de son étendue, le sol de

cette île est fertile, qu'il peut donner tous les produits semi-tropi-
caux et être cultivé sur les plateaux, même par des mains européennes; surtout qu'il peut nourrir d'innombrables troupeaux. Il y
a donc là, pour la colonisation et pour de vastes entreprises d'élevage et d'extraction de métaux le plus magnifique avenir.

Ce qui est un danger aujourd'hui en même temps qu'un très grave
embarras, c'est la superproduction de produits manufacturés. Partout, en France, comme en Angleterre ou en Allemagne, on cherche
des débouchés pour les fabriques. Or Madagascar nous en fournira
un immense, qui grandira avec l'argent et les besoins qu'y intro-
duiront la mise en œuvre des richesses naturelles du pays.

Enfin, et c'est le point de vue qui a le plus frappé nos hommes
d'Etat, nous aurons dans cette île un magnifique point d'appui pour
nos navires, et par lui nous pourrons retrouver la part d'influence
qui nous revient dans l'océan Indien; sans lui, et surtout si l'Angleterre le possédait, nos vaisseaux ne pourraient pas en temps de
guerre atteindre l'Indo-Chine, et nos possessions de l'Extrême-
Orient seraient fatalement perdues. Il est certain en effet qu'en cas
de guerre européenne, ou simplement entre la France et l'Angleterre, la route de Suez serait aussitôt complètement barrée. Il ne
resterait plus, par conséquent, que la route du Cap, et il se pourrait bien alors que le « Spectator » approchât de la vérité lorsqu'il
écrit que « les Français, une fois en possession de Madagascar,
menaceraient notre route vers Natal et Zanzibar, et notre route de
réserve vers les Indes, qu'ils augmenteraient aussi énormément la difficulté de nos relations avec l'Afrique du Sud[1] ». Mais l'inverse est
encore plus vrai. Les Anglais, une fois maîtres de Madagascar,
nous chasseraient complètement de l'océan Indien.

Ce qui augmente la valeur de cette possession de Madagascar
au point de vue naval, c'est que, même si nous étions complètement vaincus sur mer, que nos flottes fussent détruites, et que nous
fussions chassés des petites îles : Bourbon, Mayotte, Nossi-Bé,
Sainte-Marie que l'artillerie moderne pourrait bombarder de part en
part, nous pourrions encore tenir dans la grande Ile et en conserver
la possession. « Une fois les Français en possession complète de
Madagascar, écrit un voyageur anglais qui y a résidé longtemps et
connaît parfaitement le pays, Thomas Wilkinson, de Madagascar
qui est un petit continent long de mille milles et large de plusieurs
centaines, avec la sympathie des indigènes de leur côté, ni flottes
ni blocus, ni invasion ne pourraient les en chasser. Avec des milliers

1. *The Spectator*, 20 janvier 1894.

de troupes indigènes dont l'endurance est plus grande que celle de nos
recrues indiennes, conduites par des officiers français — dans la
contrée la plus inaccessible du monde par ses montagnes et ses
ravins, avec des troupeaux, du riz et autres productions en abondance, où presque chaque pas nous révèle une forteresse naturelle
dans une île qui se suffit à elle-même, avec ses innombrables baies,
rades et ports naturels, d'où des croiseurs pourraient s'élancer pour
détruire notre commerce, les Français ne pourraient en être
chassés... »

Voilà pourquoi nous ne pouvons jamais et à aucun prix abandonner la possession de Madagascar, qui nous appartient de droit,
et qu'il nous importe souverainement de posséder.

2° Mais alors, et ce sera ma seconde conclusion, *c'était la guerre
devenue absolument nécessaire et urgente.* Evidemment, et c'est
pour cela qu'on l'a déclarée.

Je l'ai dit, en effet, clairement dans le dernier chapitre de ce
travail, et je n'ai pas besoin d'y revenir ici : Notre situation à Madagascar était devenue vraiment intenable. Il n'y avait rien à tirer
du traité de 1885, et il était absolument impossible de rien obtenir
par des moyens pacifiques. Par conséquent, il était de toute nécessité d'en employer d'autres, et dans le plus bref délai possible.
Toute hésitation, tout retard pouvait entraîner des malheurs peut-
être irréparables. Telle était l'opinion unanime de tous ceux qui
ont habité Madagascar et de tous ceux qui ont étudié la question.

Il n'y avait donc plus d'hésitation possible. Au reste, ce sera une
campagne facile, et l'on sera surpris en France, de la rapidité avec
laquelle elle sera conduite.

Il y a quelque temps on m'écrivait de Tamatave, que les Hova,
incapables de résister, se rendraient aussitôt qu'une marche en
avant vers la capitale serait sérieusement esquissée. Mettons qu'il y
ait là un peu d'exagération. Mais il est certain, du moins, qu'il n'y
aura pas de résistance sérieuse. Je l'ai surabondamment démontré
en parlant de l'armée.

Seulement il faut marcher tout de suite sur Tananarive et
rompre complètement avec les errements passés au lieu de nous
user sur les côtes et de bombarder des villages inoffensifs. Tout
le reste importe peu aux Hova, et ils seront intraitables tant qu'on
ne sera pas à la capitale.

La nature du terrain, les immenses obstacles naturels, fleuves,
forêts, montagnes, déserts dont la route de Tananarive est couverte, ont pu nous effrayer tant qu'on ne connaissait pas le pays.

Mais aujourd'hui on a relevé un chemin, dressé un plan de marche en avant qui évite les forêts et les pentes les plus abruptes, et qui conduit sûrement à la capitale. — Toutes les mesures sont prises, la guerre est préparée comme seule l'expédition d'Alger l'avait été, et le succès en est certain. Elle coûtera cher. On a décidé d'y consacrer 15,000 hommes, et les crédits demandés s'élèvent à 65 millions. Ce sont des chiffres élevés. Mais au moins il n'y aura pas de surprises comme au Tonkin ! il n'y aura pas de moments d'angoisse comme lorsque le général Dodds était sur Abomey, presque incapable d'aller en avant ! Il ne sera pas besoin d'une seconde campagne. Le gouvernement semble avoir définitivement rompu avec la politique d'atermoiements et de demi-mesures, comme aussi avec le système des petits paquets. Il a raison, et il sera lui-même étonné des succès qui l'attendent.

3° Mais une fois la guerre finie et les Hova réduits, que fera-t-on ?

Il faut à tout prix, à mon avis, éviter l'annexion et même l'administration directe de l'île. Car outre les complications de politique internationale qu'elle entraînerait, cette mesure nécessiterait des dépenses incalculables comme en Algérie et les résultats obtenus ne pourraient être en proportion de ces énormes dépenses. Le protectorat au contraire est un régime simple qui n'entraîne que peu de frais et permet la collaboration et la coopération du protégé.

C'est même cette crainte de l'annexion qui explique, qu'on ne l'oublie pas, la répugnance qu'éprouvent encore certains hommes contre une action décisive.

Mais je crois que personne n'y songe.

Évidemment on pourra, et l'on devra prendre quelques situations stratégiques, Tamatave, Mojanga, Fort-Dauphin peut-être, ou d'autres. Mais il faudra s'en tenir à un protectorat réel, effectif, sur le modèle de celui que nous avons en Tunisie et dont tout le monde est content.

Comment sera organisé ce protectorat ? Quels en seront les éléments ? Quelles limites donnera-t-on à son autorité ? Quelles attributions seront les siennes ? Autant de questions qu'il ne m'appartient pas d'étudier.

Quelques idées générales seulement.

1° Il faut que la France ait entre ses mains, par son Résident Général, la direction des Affaires étrangères et le contrôle du gouvernement intérieur.

2° Qu'un de nos ingénieurs soit chargé des travaux publics.

3° Que le Protectorat surveille et règle la perception des impôts et l'emploi des fonds publics.

4° Que le droit de propriété, de vente et d'achat, soit garanti à nos nationaux.

5° Que nos tribunaux connaissent de droit de toutes les questions concernant les étrangers, ainsi que des contestations qui pourraient intervenir entre les Français ou les étrangers avec des sujets malgaches.

6° Qu'il y ait auprès de chaque gouverneur de province un vice-résident français dépendant du Résident Général, et remplissant auprès de lui à peu près les mêmes fonctions d'inspiration et de contrôle que le Résident Général lui-même auprès du gouvernement central.

Ce sera très suffisant.

J'estime que de cette manière, peu de fonctionnaires pourront suffire pendant de longues années, et, s'ils sont habiles et intègres, tenir complètement Madagascar.

Évidemment le Résident Général aura sous la main une forte escorte, 1,500 ou 2,000 hommes. Il faudra aussi une petite garnison à Fianarantsoa, à Fort-Dauphin peut-être, et dans deux ou trois autres postes. Mais le moins possible, et ces garnisons, même celle de Tananarive, pourront peu à peu encadrer un contingent indigène de plus en plus fort qui diminuera d'autant le nombre des soldats français.

Cela ne sera pas fort coûteux et pourra être supporté par les finances locales. Pour tout le reste, il faudra autant que possible garder ce qui existe, l'améliorer, le corriger, le modifier en partie, mais lentement et avec beaucoup de tact — et laisser faire le temps.

On conservera l'institution de la royauté à peu près telle qu'elle existe; on gardera aussi la même division administrative, et les mêmes cadres, sinon les mêmes hommes.

Tout le monde estime qu'il faudra pour cela continuer à se servir des Hova. Il est sûr, en effet, qu'ils ont déjà une certaine organisation, un réel esprit de discipline et un vrai talent d'administration.

Sous la direction d'un bon Résident, ils sauront mieux que nous manier les diverses peuplades, ne pas heurter leurs préjugés, prendre contact avec elle et en tirer parti. Le tout sera de bien les tenir en main, d'être toujours sur ses gardes, de leur enlever tout désir et toute velléité de révolte ou de rébellion.

On y réussira surtout en leur montrant bien que leur intérêt

dépend de leur fidélité. Au reste, il faudra avoir grand soin de ne
pas engager l'avenir, de se réserver le droit de choisir tel ou tel
gouverneur en dehors d'eux, peut-être même de laisser leur autonomie à telle ou telle peuplade plus intelligente et qui y aura des
titres particuliers.

Un autre point d'une extrême importance et qu'il faudra
ne jamais négliger si l'on veut arriver à former quelque chose de
durable, et vraiment améliorer la situation actuelle et sauver
l'avenir de ces populations qui nous sont confiées et dont nous
répondrons : c'est le côté moral.

Pour cela trois choses seront nécessaires :

Le choix des fonctionnaires.

La prédication évangélique.

L'éducation.

Le choix des fonctionnaires. On en comprendra facilement
l'importance si l'on veut bien se reporter au portrait moral des
Hova que nous avons tracé plus haut, portrait qui s'applique à tous
les Malgaches.

C'est tout un peuple à refaire à ce point de vue. Il importe donc
de leur donner de bons exemples et de ne leur donner que de ceux-là.

Le gouvernement n'a de pouvoir que sur ses fonctionnaires.
Mais là du moins qu'il l'exerce avec soin et avec énergie.

Je voudrais, autant que possible, des hommes mariés, et pouvant
par leur exemple enseigner aux indigènes ce que sont, et ce que
doivent être le mariage et la famille.

Je voudrais absolument des hommes consciencieux, droits,
honnêtes, incorruptibles, de qui les Malgaches pussent apprendre
la loyauté dans les affaires, la vérité dans les relations, la justice
dans toute la conduite.

Je voudrais aussi des hommes respectant toujours, et autant
que possible pratiquant leur religion. Il ne s'agit pas ici de prosélytisme, ni de rien qui en approche. Mais il est bien certain qu'on
ne fera rien de sérieux, pour civiliser un peuple, si l'on ne met de
fortes croyances à la base ; il est bien certain que les missionnaires
seront les meilleurs ouvriers, les plus écoutés et les plus efficaces
pour régénérer, relever, refaire ce pauvre peuple, ses mœurs, sa
conduite, sa nature doublement viciée et doublement dégradée.
Certains instincts, certaines passions pourront n'y pas trouver leur
compte ; certains préjugés également, qu'il faudra savoir laisser
dans la vieille Europe, où ils ne devraient pas du reste exister.

Il faudra par conséquent accorder aux missionnaires le concours le plus bienveillant et le plus généreux, en augmenter le nombre, et leur donner les moyens de vivre et d'agir largement, comme il convient à la France, la nation qui peut avoir ses moments d'égarement et de faiblesse, mais qui dans le fond reste toujours généreuse, grande, bienfaisante.

Évidemment l'on ne proscrira pas, l'on ne persécutera pas les protestants natifs ou étrangers. Ils n'ont rien à craindre. Mais sera-ce être trop exigeant que de demander au gouvernement malgache, le protégé de la catholique France, d'accorder aux catholiques quelques-unes des faveurs qu'il prodigue maintenant aux protestants?

Reste l'éducation. Ce qu'il y aurait de mieux à faire serait de la laisser entre les mains des missionnaires qui connaissent bien le pays et les Malgaches, qui feraient mieux, plus vite et à meilleur marché que le pouvoir civil. Il semble hardi de demander cela quand, en France, le pouvoir a pris une ligne de conduite diamétralement opposée. Mais la situation n'est pas la même, les moyens d'action non plus. Oh! que l'on ne renouvelle pas à Madagascar, en fait d'éducation et de religion, les errements de l'Algérie. Il y avait des apparences de raison dans une contrée musulmane et arabe. Il n'y en a pas l'ombre à Madagascar. Nos missionnaires, par eux-mêmes et par leurs maîtres d'écoles, continueront à faire aimer et bénir le nom français à ces populations encore bien primitives et souvent très naïves; et par leur contact, par leurs services, par leur dévouement, corrigeront ce que le pouvoir civil devra nécessairement avoir de plus fort, de plus rude, de plus exigeant.

Une fois la France établie à Madagascar, il y aura là-bas un fort courant d'immigration venant de la France, de Bourbon, de Maurice et des autres contrées européennes et étrangères.

Quelle conduite tenir à l'égard de cette immigration?

D'une manière générale, du moins au commencement, il ne faudra favoriser que les immigrants sérieux et pouvant, par leur qualité personnelle et leurs capitaux, tenter des entreprises d'une certaine valeur. Ce qu'il faudrait tout d'abord ce seraient des compagnies minières, de grands commerçants, de grands propriétaires.

D'autres viendraient après, à leur suite et comme à leur ombre, occuper les postes subalternes que les premiers auraient créés, et, à côté des grandes entreprises, en fonder de nouvelles moins importantes, mais cependant pouvant vivre. Les soldats libérés, les sous-officiers seront évidemment parmi les plus sûrs et les meilleurs colons.

Du reste, ni les capitaux, ni les hommes ne manqueront. Il en viendra de France et beaucoup. On dit que nos capitaux sont timides. C'est malheureusement vrai. Mais là, comme pour tout ce qui regarde la colonisation, notre éducation se fait sûre et rapide. Notre essor colonial ne date pas de quinze ans, et déjà que de résultats obtenus !

Il y aura aussi des hommes et de très bons.

Il ne faut pas en effet avoir vécu et vu beaucoup, pour se rendre compte du grand nombre de jeunes gens, riches et instruits, qui ne demanderaient pas mieux qu'à faire quelque chose, se créer une situation, devenir indépendants et augmenter leur fortune. Beaucoup de ceux-là iront à Madagascar.

Il viendra des colons des pays étrangers. Il faudra les accueillir, surtout ceux d'Europe, pourvu qu'ils se soumettent à nos lois et à notre influence. Bientôt, en effet, s'ils réussissent, ils se feront naturaliser, eux ou au moins leurs enfants; et ainsi s'augmentera le nombre des Français de la France Orientale.

Il n'y a qu'une seule race que je voudrais voir exclure à tout prix de Madagascar. Je ne veux pas dire la race chinoise. Je ne crois pas que les Chinois y aillent nombreux, et puis les Malgaches sauront bien s'en défendre. Mais la race arabe. Il n'y en a déjà que trop et ils font un mal énorme. Ils peuplent les Commores, ils sont nombreux à Nosy-Be et dans les îles adjacentes; ils s'établissent aussi à Diego-Suarez et on les retrouve dans plusieurs autres points de la côte occidentale de la grande Ile.

Partout où il y a du commerce à faire, de l'argent à gagner, des esclaves à vendre, l'Arabe arrive sur ses boutres — larges barques plates parfois pontées, plus ordinairement ouvertes, longues de 10 à 15 mètres, large de 3 à 5, profondes de 1 à 2 — dans lesquelles il entasse toutes sortes de marchandises : cocos, bananes, riz, ivoire, esclaves. Avec eux, il s'aventurera en pleine mer, traversera le canal de Mozambique ou ira de Mayotte à Zanzibar.

Jamais fléau pareil à cette invasion arabe ! Il s'établit d'abord en un point, et puis comme une plaie contagieuse, comme un chancre immonde, il s'étend jusqu'à ce qu'il ait tout envahi, tout accaparé, tout corrompu. Car où il se fixe il n'y a plus place ni pour la vérité, ni pour la vertu.

Sa religion, toute de rites extérieurs et sans morale, sert uniquement à endormir sa conscience. Par ses pratiques minutieuses elle satisfait à ce besoin inné qu'a l'homme d'un culte; et d'un autre côté, en régularisant le vol, la rapine, l'immoralité sous toutes ses formes, elle abaisse les caractères, fausse et flétrit les consciences, atrophie la nature humaine et la rend incapable de pratiquer et même de comprendre la vertu, la morale et l'Évangile.

Donc, si l'on ne peut pas chasser ceux qui sont déjà établis dans le pays, qu'on fasse tout pour arrêter cette sinistre et dangereuse invasion.

Une dernière indication et un dernier souhait.

Qu'à tout prix et pendant longtemps, l'union la plus complète et la concorde la plus parfaite règnent entre les divers membres de la colonie française. Il y aura des prêtres, il y aura des religieuses, il y aura des soldats, il y aura des employés, des fonctionnaires, des marchands, des propriétaires, des ingénieurs, etc., qu'ils oublient en touchant ce sol nouveau leurs querelles et leurs tristes divisions d'antan. C'est possible, j'allais dire, c'est facile. Il n'est pas nécessaire pour cela d'avoir les mêmes idées ni les mêmes croyances. Il faut simplement un peu d'indulgence, un peu de largeur d'esprit, de la condescendance, et par-dessus tout, l'amour de la France.

Le même drapeau flottera sur tous. Que par amour pour lui et la patrie absente dont il sera l'emblème, tous se réunissent sous ses plis!

A ce prix on prospérera, on se multipliera, on fera du bien.

Peut-être, pour obtenir ce résultat, on devra renoncer aux élections, au moins pour longtemps, aux luttes politiques, etc. Il n'y aura pas si grand mal. Les attributions de chacun devront être bien fixées. Ce ne sera pas si mauvais et il n'y en aura que plus d'ordre. — Il faudra enfin que le pouvoir central soit fort et respecté et puisse vigoureusement agir à l'occasion. C'est une nécessité pour les États qui commencent.

Quoi qu'il en soit, j'ai une confiance très grande dans l'avenir de Madagascar. Je ne regrette qu'une chose : de n'avoir pu y rester; je désire une chose par-dessus tout : pouvoir y retourner.

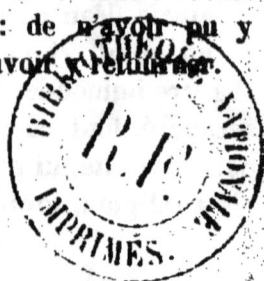

TABLE DES MATIÈRES

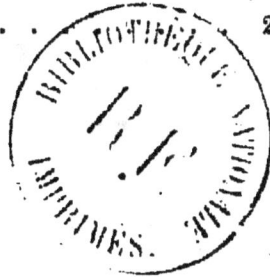

ENVIRONS D'ANTANANARIVO (MADAGASCAR)

Par le P. ROBLET S. J.

ENVIRONS D'ANTANANARIVO (MADAGASCAR)

Par le P. ROBLET S. J.

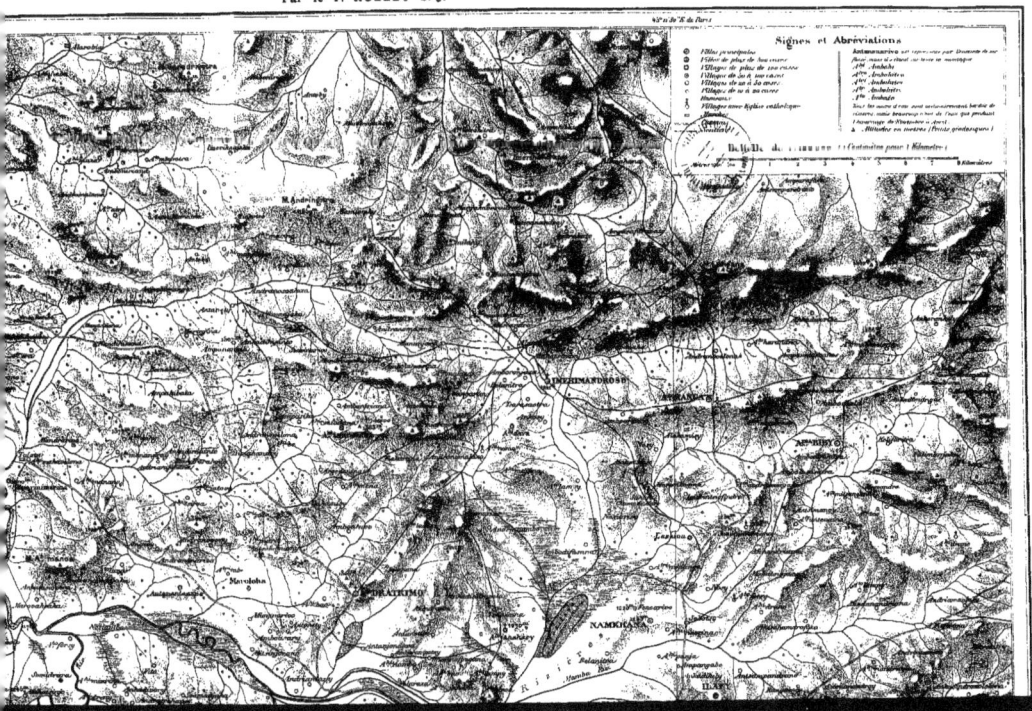

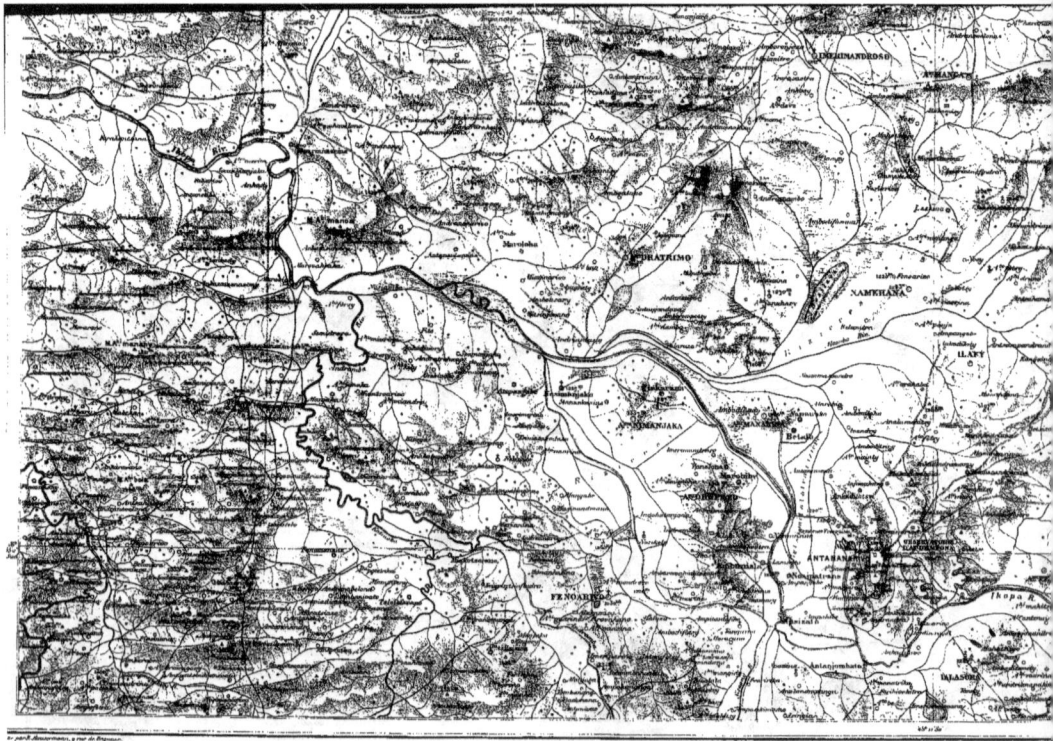

www.ingramcontent.com/pod-product-compliance
Lightning Source LLC
Chambersburg PA
CBHW070754270326
41927CB00010B/2138